Kunst-Reiseführer in der Reihe DuMont Dokumente

Zur schnellen Orientierung – die wichtigsten Kunststätten Guatemalas, Honduras' und Belizes auf einen Blick

(Auszug aus dem ausführlichen Register S. 263 ff.)

In der vorderen Umschlagklappe: Karte von Guatemala und Belize

In der hinteren Umschlagklappe: Karte von Honduras

Cozumalhuapa (Cotzumalguapa)-Kultur: Stele 5, im Museum für Völkerkunde in Berlin-Dahlem mit Darstellung eines Menschenopfers. Der Priester steht auf dem Rumpf des Geopferten und hält dessen Haupt in der Linken und in der Rechten das Opfermesser. Um ihn herum vier Hilfspriester; jeder trägt einen Menschenkopf davon

Hans Helfritz

Guatemala

Honduras · Belize

Die versunkene Welt der Maya
und die Kunst der Eroberer

DuMont Buchverlag Köln

Umschlagvorderseite: Pyramide II von Tikal, Guatemala

Umschlagrückseite: India des Hochlandes von Guatemala

In der Innenklappe: Monolithische Skulptur der Cozumalhuapa-Kultur, heute auf der Plaza von La Democracia, Guatemala

© 1977 DuMont Buchverlag, Köln
5. Auflage 1990
Alle Rechte vorbehalten
Satz, Druck und buchbinderische Verarbeitung: Boss-Druck, Kleve

Printed in Germany   ISBN 3-7701-0805-1

Inhalt

Vorbemerkung

Mit der 4. Auflage hat dieses Buch eine thematische Erweiterung um ›Die Kunst der Eroberer‹ erfahren. Neu hinzugekommen sind ebenfalls die Kapitel ›Ergebnisse der Unterwasser-Archäologie im Amatitlán-See‹ und ›Jade im Kult der Maya‹.

Darüber hinaus wurden neuere Ausgrabungs- und Forschungsergebnisse eingearbeitet, Dr. Wolfgang Vollrath hat die Fundstätten in Belize (außer Altun Ha) beschrieben. Von ihm stammen auch die Abschnitte über Río Azul und El Mirador (S. 28 f.), desgleichen zwei Absätze zu Copán (»1978 begann ...« und »Diese Deutung ...«).

Die ›Praktischen Reiseinformationen‹ wurden völlig neu erstellt und im Umfang wesentlich erweitert.

Umwelt und Lebensraum der Maya

»Ich kann mir keinen furchtbareren Gegner vorstellen als diese endlosen Meilen von Dschungel und Urwald, ein Goliath, den der Maya-David mit Feuer und Stein-axt bekämpfte.«

J. Eric S. Thompson

Darstellung des Jaguars mit einer Seerose als Kopfschmuck: Symbol des Erdinnern und der Nacht. Aus dem Codex Dresden

Das Gebiet, in dem die Maya Zeugnisse einer Hochkultur ersten Ranges hinterlassen haben, erstreckt sich über fast ganz Guatemala, Belize, den westlichen Teil von Honduras und El Salvador. In Mexiko lagen ganz Campeche und Yucatán, das Territorio Quintana Roo und der größte Teil von Tabasco und Chiapas in ihrem Bereich. Obwohl die Huaxteken, die am Golf von Mexiko wohnen, heute noch eine Maya-Sprache sprechen und deren Vorfahren sicherlich einmal einen Teil des großen Maya-Volkes bildeten, gehört ihr Land nicht zum eigentlichen Maya-Gebiet. Das Siedlungsgebiet der Maya hat J. Eric S. Thompson, einer der bedeutendsten Maya-Forscher, in drei Zonen eingeteilt, die sich geographisch und kulturell voneinander unterscheiden: Die Nordzone, die die ganze Halbinsel Yucatán und einen Teil der Staaten Campeche und Chiapas umfaßt, die südliche Zone mit dem Hochland von Guatemala und dem gebirgigen Teil El Salvadors sowie die Zentralzone, die mit dem ausgedehnten Petén-Distrikt, mit Belize und dem Tiefland von Honduras zu dem größten zusammenhängenden Gebiet tropischer Regenwälder Mittelamerikas gehört. Im Tiefland des Petén und der ihn umgebenden Landstriche erreichte die Kultur der Maya, ja die des gesamten präkolumbischen Amerika, ihren absoluten Höhepunkt. Hier haben wir die klassische Maya-Kultur des Tieflandes zu suchen, doch sowohl ihre Anfänge wie ihr plötzliches Ende um 900 n. Chr. sind in Dunkel gehüllt.

Das riesige Urwaldgebiet des Petén bedeckt fast die Hälfte von Guatemala. Der Name Petén wurde von den alten Bewohnern auf die ganze Halbinsel Yucatán bezogen und bedeutete ›das Umrundete‹ oder ›die Insel‹. Heute beschränkt sich der Name auf das nördliche Tiefland Guatemalas. Im Halbdunkel seines Urwaldes liegt unter dem undurchdringlichen Grün hoher, ineinander verschlungener Bäume verborgen, was einstmals unter unsäglichen Mühen von Menschenhand geschaffen wurde, darunter die großartigste Tempelstadt, die die Maya je errichtet haben: *Tikal* (Abb. 6). Dieser Urwald steckt immer noch voller Geheimnisse. Viele andere Plätze, die die Maya in dem weiten Gebiet angelegt hatten, wie *Uaxactún, Naranjo, Nakum, Yaxhá, El Ceibal, Piedras Negras* oder *Naachtún,* sind zwar bekannt, zum Teil auch freigelegt und partiell erforscht, aber wenn sie nicht ständig betreut und gesäubert werden, nimmt der Urwald sofort wieder Besitz von ihnen. Schlingpflanzen, Moose und Flechten breiten einen gespenstigen Schleier über die Bauten und steinernen Kunstwerke. Rote, gelbe und violette Blumen leuchten wie unheimliche Wesen plötzlich aus dem feuchtgrünen Laub hervor. Für den ungeübten Waldgänger ist es schwer, im Urwald Einzelheiten zu unterscheiden, ihn verwirren tausendfache Formen, Windungen, Verästelungen. Nur an den Gegenständen um uns herum können wir uns orientieren. Plötzlich erscheint vor uns ein Wirrwarr gelbroter Schlangen. Sie umklammern einen Baum und lassen ihn nicht mehr aus ihrer Umarmung. Es sind die Arme des Matapalo-Baumes, des ›Würgers‹, der ganze Bäume und Strauchgruppen überdeckt, umschlingt und schließlich erstickt. Unter einem üppigen Farbenspiel verrichtet er langsam seine schauerliche Mordarbeit am Tropenwald.

Geisterhaft still ist der Urwald am Tage. Doch schon bei Sonnenuntergang wird das Schweigen durch unheimliche Geräusche unterbrochen, die sich im Laufe der Nacht zu grandiosem Tonschwall steigern. Vögel, Affen und Myriaden von Insekten beteiligen sich an dem Urwaldkonzert. Und dann bricht plötzlich mit ungeheurer Gewalt ein tropisches Gewitter über die Natur herein, ganz unerwartet, ohne Vorzeichen. Es beginnt zu regnen, mit rasender Geschwindigkeit jagt der Sturm über die Baumwipfel und prasselt der Regen auf das Blätterdach, ein Höllenlärm, der alle anderen Geräusche übertönt und bald die Tierwelt zum Schweigen bringt.

Guatemala ist aber auch ein Hochgebirgsland, denn die mexikanischen Küstengebirge setzen sich mit einem ihnen vorgelagerten Küstenstreifen nach Guatemala hinein fort. Diese Gebirgslandschaft Guatemalas zeichnet sich vor allem durch mehr als dreißig Vulkane aus, die schon oft durch verheerende Ausbrüche die Bevölkerung in Schrecken und Panik versetzt haben. Der *Tajumulco* ist mit seinem 4748 m der höchste, am bekanntesten sind der *Santa María* (3768 m) mit seinem Staukegel, dem Santiaguito, der eigentlich ständig in Tätigkeit ist, der *Atitlán* (3525 m), der *Fuego* (3835 m) und der *Agua* (3752 m). Auch dieses Hochland ist Maya-Land. Hier leben in einer herrlichen Landschaft mit ihren mächtigen Vulkanen und tiefblauen Seen in malerischen Indio-Dörfern etwa 60% der Gesamtbevölkerung Guatemalas, die noch ihre alten Maya-Dialekte sprechen. Dieses Hochland, dessen Wohnbereich zwischen 1000 und 2000 m liegt, wird oft das ›Land des ewigen Frühlings‹ genannt. So farbenprächtig wie das schillernde Gefieder des Tropenvogels Quetzal, des schönsten Vogels Guatemalas, seines Wappentiers, ist auch seine Natur, seine Fauna und seine Flora. Guatemala ist die ureigene Heimat dieses schönsten Vogels von Amerika. Heute trifft man ihn hier nur noch selten in der Alta Verapaz an, es ist strengstens verboten, ihn zu töten oder zu fangen. Nicht nur seiner außerordentlichen Schönheit halber ist der Quetzal zum Symbol des schönsten zentralamerikanischen Landes geworden, sondern weil man ihn für einen wahrhaften Freiheitsvogel hielt, der in der Gefangenschaft nicht leben könne. Doch dieser Glaube hat sich keineswegs bewahrheitet, ebenso wie die Annahme, daß das Nest des Vogels zwei Öffnungen besitze, eine davon für seine ungewöhnlich langen Schwanzfedern. Der Quetzal hält sich meist in den obersten Wipfeln der Bäume auf, gewöhnlich immer an demselben Platz. Bewegungslos balanciert er auf seinen kleinen Füßen, nur den Kopf wendet er bald nach der einen, bald nach der anderen Seite, denn er hält Ausschau nach Nahrung. Hat er etwas entdeckt, reife Früchte frißt er besonders gern, so verläßt er plötzlich seinen Platz und schwebt wie ein funkelndes Juwel durch die Lüfte, während seine meterlangen Schwanzfedern wie seidene Bänder hinter ihm her flattern. Sein Federkleid schillert in allen Farben des Regenbogens von leuchtendem Grün bis zu tiefem Blau. Seine Brustfedern sind von funkelndem Rot. Schon in vorspanischer Zeit schätzte und bewunderte man den Quetzal. Seine langen Schwanzfedern waren so kostbar, daß die Maya-Quiché-Indios, deren Nachkommen heute das Hochland Guatemalas bevölkern, sie während der Zeit ihrer Abhängigkeit neben Gold als Tribut zahlten. Eine Chronik des 16. Jahrhunderts berichtet, daß allein in der Alta Verapaz jährlich 10 000 Federn in den Handel gekommen seien. Diese Zahl scheint freilich übertrieben, wenn man bedenkt, daß jeder Vogel nur drei bis vier lange Schwanzfedern besitzt.

Im Hochland Guatemalas leben die meisten reinblütigen Indios aller Staaten Zentralamerikas. Dieses herrliche Land meinte es von jeher gut mit seiner indianischen Bevölkerung, es schenkte ihr die Wälder, die Flüsse, die Berge und fruchtbares Land, auf dem sie ihren Mais bauen konnte – aber es schenkte ihr keine ertragreichen Bodenschätze. So blieb Guatemala von einer restlosen Ausplünderung und Vernichtung seiner Bewohner durch die Spanier verschont. Gewiß, der erste spanische Ansturm war nicht weniger grausam als in Mexiko und in den anderen zentralamerikanischen Ländern. Der spanische Eroberer Guatemalas, Pedro de Alvarado, »durcheilte das Land wie ein Blitz«, schrieb Antonio de Remesal 1619, »den größten Teil unterwarf er mit Waffengewalt, und die übrigen ergaben sich aus Furcht«.

Bedroht wurde und wird die indianische Welt der Hochland-Maya nicht nur von den spanischen Eroberern und von den häufigen Vulkanausbrüchen, bedroht wird das Land ständig von Erdbeben, die bis in unsere Zeit immer wieder mehr oder weniger große Katastrophen hervorgerufen haben. Noch heute denken die Bewohner Guatemalas mit Schrecken an das Beben vom 4. Februar 1976 zurück, an die größte Naturkatastrophe, die Zentralamerika jemals heimgesucht hat. Das Beben erreichte die Zahl 7,5 nach der Richter-Skala und wurde von Mexiko bis Costa Rica wahrgenommen. 23 000 Todesopfer forderte die Katastrophe, und 77 000 Verwundete wurden registriert. Dieses Beben war 90mal stärker als das Erdbeben, das 1972 Managua, die Hauptstadt Nicaraguas, zerstörte.

Die Hochland-Maya finden in einer alten Legende folgende Erklärung für derartige Naturereignisse: Die Welt ist ein irdener Kubus, der an seinen vier Ecken von vier Gottheiten, den Vashakmen, getragen wird. Immer wenn unter den Völkern der Erde ein übermäßiges Wachstum eintritt, geraten die Vashakmen durch die Überbelastung aus dem Gleichgewicht, so daß die Welt ins Wanken kommt. Und im ›Popol Vuh‹, das zu den großen Schriften des Menschheitsmorgens gehört, dem »Bericht einer Welt, in welcher weder die Götter noch die Menschen in atomische Rauchpilze zerblasen, sondern zu einer metaphysisch-physikalischen Ordnung gebunden sind« (W. Cordan), heißt es von einer bösen Gottheit Cabracán: »Ich bin es, der die Erde bewegt, ich will sie vernichten.«

Für die Seismologen ist die Erde kein von Göttern getragener Kubus, sondern eine flüssige Kugel glühender Lava mit einer Kruste schwimmender Schollen, den Kontinentalplatten, die ständig in Bewegung sind. Dort, wo sie zusammentreffen, entstehen Spannungen und Reibungen, es sind die am meisten durch Erdbeben gefährdeten Zonen der Welt, und mitten in einer solchen Zone liegt Guatemala. Bei den Erderschütterungen entstehen dann zahlreiche Verwerfungen. Eine dieser Verwerfungen läuft quer durch Guatemala längs dem Motagua-Tal, wo denn auch bei dem letzten Beben besonders starke Verheerungen zu verzeichnen waren. Inzwischen ist in Guatemala die Erde wieder zur Ruhe gekommen. Neue und erdbeben-resistentere Häuser werden errichtet, und die teilweise zerstörten alten Kirchen werden wieder restauriert. Das alltägliche Leben geht seinen gewohnten Gang. Die Maya-Städte im tropisch heißen Tiefland sind von der Katastrophe so gut wie verschont geblieben. Die Landschaft hat in keiner Weise etwas von ihrer außerordentlichen Schönheit verloren, Guatemala ist wieder das beliebteste Touristenland Zentralamerikas geworden.

Materiell stellte die südliche Zone, das Hochland, mit dem guten Klima und der fruchtbaren Erde den günstigsten Lebensraum der Maya dar, doch in geistiger und künstlerischer Beziehung hat dieses Gebiet nicht annähernd einen so hohen Stand in seiner Entwicklung erreicht wie die Zentral- und Nordzone. Die wenigen hinterlassenen baulichen Reste sind bescheiden; keine großartigen Tempelstädte entstanden hier. Kalenderwesen und Hieroglyphenschrift waren den Hochland-Maya unbekannt. Man hat im Hochland nicht eine einzige Stele mit Inschriften gefunden. Allerdings wurden hier auch viel weniger archäologische Grabungen vorgenommen als im Tiefland. Erst als vor nicht langer Zeit ganz in der Nähe der Hauptstadt Guatemalas, in *Kaminaljuyú*, umfangreiche Ausgrabungen stattfanden, sah man ein, daß es sich lohnt, auch in der Südzone umfangreiche Forschungen vorzunehmen, und diese Forschungen gehen weiter. Schon jetzt kann man sagen, daß dieses Gebiet kulturell weitgehend unter dem Einfluß von Teotihuacán gestanden hat.

Deutliche Spuren dieses Einflusses weisen die Funde einer Zone auf, die immer mehr in die Interessensphäre der Archäologen getreten ist, deren Probleme jedoch bei weitem noch nicht gelöst sind: die *Cozumalhuapa* (Cotzumalguapa)-Kultur, deren Fundorte sich in der alluvialen Zone mit tropischem Regenwald, im Küstengebiet des Pazifischen Ozeans befinden. Obwohl die Cozumalhuapa-Kultur nicht in den Maya-Horizont einzugruppieren ist, sondern mit dem mexikanischen in Verbindung steht, werden wir uns im folgenden auch mit den außerordentlichen Funden dieses Raumes beschäftigen. Dagegen befassen wir uns mit den Kultplätzen der nördlichen Zone in Yucatán und Chiapas hier nicht. Darüber habe ich in meinem DuMont Kunst-Reiseführer ›Mexiko. Ein Reisebegleiter zu den Götterburgen und Kolonialbauten Mexikos‹, als dessen Fortsetzung das vorliegende Buch angesehen werden kann, ausführlich berichtet.

I Kultstätten der klassischen Maya-Zeit in Guatemala, Honduras und Belize

Die ›Junge Göttin‹ mit Schlangenkopfputz. Aus dem Codex Dresden

Alle die großartigen Plätze der klassischen Maya-Periode liegen in dem unermeßlich erscheinenden Urwaldgebiet zwischen dem Usumacinta- und dem Motagua-Fluß, in einer menschenfeindlichen, ungesunden, grünen, feuchten Welt. Etwa dreihundert solcher Kultstätten sind allein in Guatemala bekannt, doch die meisten von ihnen ruhen noch unberührt unter der Decke des tropischen Urwaldes. Ungelöst ist immer noch das Rätsel einer der größten untergegangenen und vergessenen Kulturen der Welt. Wie ein schöner, buntschillernder Schmetterling offenbart sich uns die Kultur der Maya: In wenigen Stunden hat sich aus der unansehnlichen Puppe ein prachtvoller Falter entwickelt, der in den Strahlen der mittäglichen Sonne das einförmige Grün des Urwaldes durch den Glanz seiner Flügel belebt, am Abend dahinwelkt und dann vergessen im Dickicht des Waldes untergeht.

Hier in dieser unheilvollen Umgebung haben die Maya eine so hohe intellektuelle Kultur entwickelt, daß man sie mit Recht die ›Griechen Amerikas‹ genannt hat, nicht zuletzt wegen ihrer hohen künstlerischen Begabung. Alle jene zahllosen Zeremonialzentren, die oft als ›Städte‹ bezeichnet werden, variieren in Größe und Ausmaßen von strohgedeckten Hütten-Tempeln auf einfachen Plattformen bis zu enormen Anhäufungen von Pyramiden, Tempeln, Ballspielplätzen und Palästen wie in *Tikal, Naranjo, Nakum* und *Holmul*.

Wie war es möglich, daß sich gerade hier in dem am wenigsten einladenden Gebiet Amerikas große religiöse, kulturelle und administrative Zentren einzelner kleiner Stadtstaaten entwickelten, die von Anfang an in voller Blüte zu stehen scheinen? Das bleibt ein einzigartiges, unerklärliches Rätsel. Im Gegensatz zu den großen Kulturen der Tolteken und der Azteken deutet fast alles darauf hin, daß die Stadtstaaten der Maya miteinander in Frieden und Eintracht lebten; freilich sieht man Kriegsszenen in *Bonampak*, und in *Tikal* errichtete man einen Schutzwall gegen Uaxactún. Aber die sogenannten Städte besaßen keine Stadtmauern und keine Befestigungseinrichtungen. Nur der Adel und die Priesterschaft hatten in unmittelbarer Nähe der großen Kultplätze gewohnt, das Volk siedelte verstreut im Umkreis bei seinen Äckern in Hütten aus vergänglichem Material; nichts ist von diesen Behausungen übrig geblieben. Wie viele Menschen müssen hier gelebt haben, um die Errichtung jener riesenhaften Bauwerke zu bewerkstelligen! Die Arbeit, die diese Menschen mit Besessenheit vollführten, war gewiß nicht leicht. Ohne Kenntnis des Rades und ohne Maschinen beförderten sie hunderte Tonnen Baumaterials, und nur mit steinernen Werkzeugen schnitten sie Reliefbilder und Inschriften in den Stein. Aber an den wissenschaftlichen Bestrebungen der regierenden intellektuellen Priesterschaft hat das Volk anscheinend keinen Anteil genommen.

Für die Maya war »die Zeit ein Weg mit Meilensteinen«, und diese Meilensteine, nämlich die Stelen, errichteten sie in regelmäßigen Abständen vom Ende des 3. Jahrhunderts bis zum Ende des 9. Jahrhunderts n. Chr. Was auf ihnen geschrieben steht, können wir nur teilweise entziffern, nämlich die Daten der Steinsetzung. Die hier eingemeißelten Botschaften gehörten einer geistigen Welt, der Welt der Astronomie und der Zeitrechnung, an, in der die Maya lebten. Die Tage der Maya wurden von »göttlichen Trägern« getragen. Der Priester, der gleichzeitig Astronom und Astrologe war, kannte die Tage und die Träger, die in bestimmter Ordnung aufeinander folgten. Er hatte die Möglichkeit, den Menschen die glücklichen und die unglücklichen Tage zu prophezeien. Immer wieder müssen wir uns vor Augen führen, daß diese Steinzeitmenschen, die die Maya doch waren, als Astronomen alle zeitgenössischen Völker der ganzen Welt übertrafen.

Ungelöst wie das Rätsel des Entstehens der klassischen Maya-Epoche ist auch das ihres Endes. Dieses Ende trat nach einer Dauer von 600 Jahren schlagartig ein. J. Eric S. Thompson setzt alles auf die eine Erklärung: »Das Volk war der von den Priesterherrschern erhobenen steigenden Ansprüche auf Arbeitsleistung für Tempelbauten und Lieferungen aller Art müde, hatte die Tyrannei der Theokraten satt. Und da die Priester die Macht – die Verbindung zu den Göttern, die Regen, Wachstum und Ernte gaben – hatten, sie aber vernachlässigten, gab es nur einen Ausweg: Auswanderung.« Andere Maya-Forscher wie Sigvald Linné stellen eine andere Theorie auf: »Plötzlich, im Süden beginnend, könnte eine alles erstickende Vegetation zur Auswanderung gezwungen haben.« Linné nimmt an, daß das Land der Maya ursprünglich kaum ein Urwaldgebiet gewesen sein könne. Diese Theorie wird wiederum von Naturwissenschaftlern angezweifelt, nach deren Ansicht der Urwald dort schon zu Beginn der klassischen Maya-Epoche bestanden hat.

In *Quiriguá* befindet sich eine Stele mit Hieroglyphen, die einen Tag errechnen, der 90 Millionen Jahre zurückliegt. Die Erforschung und Erfassung der göttlichen Ordnung, welche die Welt regiert, waren für die Maya oberstes Gesetz. Mit ihrer Inbrunst und mit ihrem Glauben haben sie unerhörte Leistungen vollbracht, aber diese waren nicht praktischer Art. Sie machten keine Erfindung, die praktischen Nutzen hatte und etwa ihre Arbeitslast hätte mindern können.

Der große Unternehmungsgeist der Maya beim Errichten unzähliger Pyramiden, Tempel und Opfersteine erlischt ganz plötzlich, das steht auf jeden Fall fest. Im Jahre 889 wurde im klassischen Maya-Gebiet, in *Uaxactún*, das letzte Bauwerk errichtet und die letzte Stele mit einem Datum versehen. Die eine oder andere Kultstätte genoß gewiß später auch weiterhin Verehrung, doch die meisten wurden von ihren Bewohnern aufgegeben und verlassen. Die Menschen wandten sich, auch das ist erwiesen, nach Yucatán, gründeten aber nicht, wie man früher annahm, das ›Neue Reich der Maya‹, sondern mischten sich mit dort schon ansässigen Maya-Stämmen, die bis zu diesem Zeitpunkt durchaus nicht untätig gewesen waren, sondern deren Kultur ebenfalls ein hohes Niveau erreicht hatte. Doch entwickelte sich jetzt in Baukunst und Plastik ein neuer Stil, zu dem beide ihren Anteil gaben. Später, in der sogenannten Periode der mexikanischen Verschmelzung, im 11.–12. Jahrhundert, kam noch der toltekische Einfluß

Zeichnung deformierter Köpfe aus Tikal, 700–800 n. Chr.

hinzu, der von nun an der Kunst der Maya eine neue Note verlieh. Doch auch diese Entwicklung fand ein Ende. Neue Götter hielten ihren Einzug in die Tempel, und die Tempelstädte wurden allmählich zu weltlichen Machtzentren. Als Chac Xib Chac (1185–1204), der damalige Herrscher von *Chichén Itzá*, während eines Festmahles die Braut des Herrschers von *Itzámal* raubte, führte dies zum Krieg zwischen Hunac Ceel, dem Herrscher von *Mayapán*, und Chac Xib Chac. Die Itzá wurden aus Chichén Itzá vertrieben und flüchteten in das Innere des Petén. Mitten im Petén-See, der damals *Hatunnah* hieß, gründeten sie auf einer Insel die Stadt *Tayasal*. Dort blieben sie noch lange Zeit, als die Spanier schon Mexiko und Guatemala erobert hatten, unbehelligt. Erst im Jahre 1697 bereiteten die Spanier ihrer Unabhängigkeit ein Ende.

Schon viel früher, nämlich als Cortés im Jahre 1524 auf seinem denkwürdigen Zug nach Honduras Tayasal erreichte, kamen die letzten Itzá, deren Herrscher oder König sich Canek nannte, mit den Spaniern in Berührung. Von diesem Häuptling wurden die Spanier »mit dem Anschein großer Herzlichkeit«, wie Cortés an seinen König schreibt, aufgenommen. Als Cortés die Insel verließ, schenkte er den Itzá ein lahmes Pferd, das die Weiterreise kaum mehr überstanden hätte. Die Indios, die bisher noch niemals ein solches Tier gesehen hatten, verehrten es wie eine Gottheit. Sie gaben ihm Blumen und Vögel zu fressen, die es gar nicht mochte, und so wird es wohl vor den Augen des untröstlichen Itzá-Volkes verhungert sein.

Im Jahre 1618 erschienen wiederum Spanier in Tayasal, Franziskanermönche, die von *Merida* aus die beschwerliche Reise durch den Urwald unternommen hatten. Zwölf Tempel habe es dort gegeben, so berichteten sie, »die so groß waren, daß in jedem von ihnen tausend Personen Platz fanden«. Und in einem von ihnen stand ein großes steinernes Götterbildnis in Form eines Pferdes, auf der Hinterhand sitzend mit erhobenen Vorderbeinen. Einer der Mönche, Juan de Orbita hieß er, nahm einen Hammer und wollte das Bildnis zerschlagen, doch die Itzá beförderten daraufhin die frommen Männer liebenswürdig, aber bestimmt aus der Stadt hinaus; sie meinten, die Zeit ihrer Bekehrung wäre noch nicht gekommen. Um das steinerne Pferd, das die Itzá ›Tzimin Chac‹ nannten, nicht der Gefahr weiterer Zerstörungen auszusetzen, wollte man das Bildwerk auf das Festland hinüber schaffen und an irgendeiner verborgenen Stelle unterbringen. Doch beim Transport über den See fiel es ins Wasser, und noch heute zeigen einem die Bewohner der Insel die Stelle im See, wo sich bei ruhigem Wetter, wenn das Wasser ganz klar ist, mit etwas Phantasie das göttliche Pferd erkennen läßt.

Die Insel ist heute vollständig bebaut und durch einen Damm mit dem Festland verbunden. Die Stadt, die sich über ihr erhebt, heißt *Flores,* sie ist in erster Linie Treffpunkt und Handelszentrum der Chicleros, die oft wochen-, ja monatelang den Urwald durchstreifen und die wilden Chicozapote-Bäume anzapfen, aus denen sie den Latex, den Rohstoff für Chicle, den in Amerika so beliebten Kaugummi, gewinnen. Diesen Chicleros, die sich immer wieder neue Wege durch den mächtigen Urwald schlagen, haben wir so manche Entdeckung von Maya-Ruinen zu verdanken. Es gehört schon ein ganz besonderer Sinn dazu, wie ihn die Chicleros haben, um sich unter den uralten Baumriesen mit dem dichten Unterholz zurechtzufinden. Ein Unerfahrener, der sich in das Dickicht hineinwagt, hat sich schon nach wenigen Minuten hoffnungslos verirrt.

Unermeßlich ist das Erbe an Bauwerken und steinernen Denkmälern, das uns die Maya hinterlassen haben. Erst sehr spät wurden die gebildeten Kreise Europas und Amerikas auf die versunkene Welt der Maya aufmerksam, eigentlich erst nach den eingehenden Forschungen und Studien, die der nordamerikanische Reisende John Lloyd Stephens und sein Begleiter, der englische Maler Frederick Catherwood, in den Jahren 1839 bis 1841 im Land der Maya unternahmen. Die von Stephens lebendig geschriebenen und von Catherwood glänzend illustrierten beiden Bücher ›Incidents of Travel in Central America, Chiapas and Yucatán‹ und ›Incidents of Travel in Yucatán‹ wurden noch zu Stephens' Lebzeiten Bestseller und erweckten überall ein derartiges Interesse, daß bald nach ihrem Erscheinen ein wahrer Propagandafeldzug für die Erschließung der Wunderwelt altamerikanischer Kulturen einsetzte. Eine Auswahl aus beiden Werken erschien 1980 unter dem Titel ›In den Städten der Maya‹ im DuMont Buchverlag. Die großzügigen Unterstützungen wissenschaftlicher amerikanischer Institute und millionenschwerer Privatleute erlaubten es, sich nicht nur auf das Sammeln wertvoller Kunstobjekte zu beschränken, sondern auch verfallene, oft kaum noch erkennbare Bauwerke zu restaurieren, wobei man sie oft ganz neu wieder aufbauen mußte. Daß hierbei manche stilwidrigen Irrtümer unterliefen, besonders in der ersten Zeit, ließ sich nicht vermeiden. Die künstlerische Komplexität, die ein eingestürzter Tempel ehemals besessen haben mag, ließ sich eben nicht nachbilden, denn es fehlte den Neuschöpfern der ›göttliche Funke‹, von dem die Maya beim Bau ihrer Heiligtümer beseelt waren. Kunsthistoriker und Archäologen taten jedenfalls ihr Bestes, um zu vermeiden, daß baufreudige Mäzene in ihrem Restaurationseifer allzu willkürlich vorgingen. Mitten im Schweigen des Urwaldes vollzog sich so ein Wunder: das Wunder der Auferstehung alter Maya-Städte.

1 Tikal und benachbarte Zentren

»Andere sehnen sich nach dem Mars, um festzustellen, was sich abseits der Erde entwickelt hat. Wir ziehen es vor, in *Tikal* zu bleiben und zu entdecken, warum und wie die amerikanischen Indios die Herausforderung ihres Lebensbereiches annahmen und wie Priester und Bauern die hohen Tikal-Tempel bauten.«

Mit diesen Worten vertritt der amerikanische Archäologe William R. Coe die Meinung aller Archäologen, die sich seit Jahren um die Lösung des großen Rätsels vom Werden und Vergehen des alten Maya-Volkes bemühen; eine erregende Tätigkeit, die nicht nur die Sachverständigen, sondern jeden Kunstinteressierten in stetem Bann hält, denn *Tikal* gilt als der Gigant unter den klassischen Maya-Zentren, es ist die größte und wahrscheinlich auch die älteste Maya-Kultur in der Mitte eines Gebietes, das 300 000 km² umfaßt.

Wie die anderen besonders wichtigen Kultplätze der Maya, wie *Copán, Quiriguá* oder *Palenque,* ist auch Tikal verhältnismäßig spät entdeckt worden, mit letzter Sicherheit erst 1848 von einem guatemaltekischen Colonel namens Modesto Méndez, der mit einer 23 Mann starken Expedition von *Flores-Petén* aus die Tempelstadt erreichte. Möglicherweise war jedoch der Padre Andrés Avendaño ihr eigentlicher Entdecker, der im Jahre 1696 nach einer abenteuerlichen Reise durch den Petén berichtete, seltsame verfallene Bauwerke gesehen zu haben. Méndez folgte erst wieder der Schweizer Botaniker Dr. Gustav Bernoulli, der 1877 Tikal erreichte. Ihm verdankt das Basler Museum für Völkerkunde jene reich verzierten Oberschwellen aus den Tempeln I und IV, die aus dem äußerst harten Holz des Chicozapote-Baumes geschnitten sind (Abb. 18). Bernoulli selbst hat seine Heimat nicht mehr erreicht, er starb 1878 auf seiner Rückreise in San Francisco. Ähnlich kunstvoll bearbeitete Balken gelangten später in das Britische Museum, London, aus Tempel IV, und in das University Museum, Philadelphia, aus Tempel III (Abb. 17). Der berühmte Maya-Forscher Alfred Maudslay besuchte 1881–82 Tikal. Nach ihm kam 1895 und 1904 Teobert Maler, der nicht nur mit staunenswerter Genauigkeit das, was man damals von den Ruinen Tikals sah, beschrieb, sondern auch einen Gesamtplan der Anlage und architektonische Pläne zahlreicher Tempel wie Gebäude anfertigte und vor allem erstaunlich gute photographische Aufnahmen machen konnte. Alle Negative hat er an Ort und Stelle selbst entwickelt. Sein Bericht wurde von Alfred M. Tozzer vervollständigt. Beide Forscher arbeiteten damals im Auftrag des ›Peabody Museum of the Harvard University, New York‹.

Weitere wichtige Vorarbeiten zu den großangelegten Forschungsarbeiten der letzten Jahre wurden von Morley, Spinden, Thompson und Blom geleistet. Keinem von ihnen blieb die damals wochenlange beschwerliche Reise durch den Dschungel erspart, durch den man sich immer wieder erneut mit dem Buschmesser unter größter Gefahr für Leib und Leben einen Pfad schlagen mußte.

Heute ist alles viel leichter geworden. Vor einigen Jahren konnte man sogar in einem kurzen Flug von Guatemala City aus Tikal erreichen und dicht neben den acht großen Pyramiden landen, die zum Teil aus dem 50 m hohen Wald herausragen und mit ihren Häuptern das weite Ausgrabungsgebiet beherrschen (Abb. 6). Der Flug war ein Erlebnis, das einem stets im Gedächtnis bleibt.

Wir fliegen von Guatemala aus zunächst über zerrissene Erosionstäler, über braune Geröllhalden und einige bebaute Felder, die dann allmählich in grünes Weideland, später in Baumpflanzungen übergehen. Ein Fluß zeichnet eine bewegte dunkelbraune Linie in das saftige Grün. Und ehe wir es recht gewahr werden, breitet sich unter uns das weite Urwaldgebiet des Petén aus. Kein Fluß, kein Weg und keine Siedlungen sind mehr zu sehen. Hin und wieder kreist ein großer weißer Vogel in gleitendem Flug über den Wipfeln der Bäume. Doch jetzt taucht zur Linken eine blau schimmernde Fläche auf, der große Petén-See mit der Insel *Tayasal,* die heute *Flores-Petén* heißt. Auch am Ufer des Festlandes sind Ortschaften zu erkennen, die sich in den letzten Jahren, nachdem dieses Gebiet über eine Fernstraße von Guatemala City zu erreichen ist, zusehends entwickelt haben.

Unsere Maschine senkt sich allmählich tiefer und fliegt so dicht über den Wald, daß wir deutlich große gelbe und grellrote Farbtupfen auf dem satten Grün aufleuchten sehen: die über und über mit Blüten bedeckten Kronen gewaltiger Urwaldriesen. Kurz darauf umfliegen wir den riesigen Komplex, aus dem die fünf größten Pyramiden mit ihren Tempeln herausragen, und landen mit unserer zweimotorigen DC-3 auf der Landebahn. – Inzwischen ist die Flugpiste in

Der Regengott Tlaloc

Tikal für den Linienverkehr geschlossen worden. Besucher müssen nun in Flores landen und werden mit Bussen zu den Ruinen gebracht.

»Der Ort, wo Geisterstimmen ertönen«, so erklärt Teobert Maler das Wort ›Tikal‹, den Namen, den die Indios von *San Andrés* und *San José* den Ruinen gaben, als sie schon bekannt waren. Aber wie die Maya selbst diese einzigartige Offenbarung ihrer Kultur genannt haben, wissen wir nicht; nicht ein einziger wirklicher Name der zahlreichen Kultstätten aus der klassischen Maya-Zeit ist uns bekannt. Doch der Name Tikal ist sicherlich nicht schlecht gewählt: Jeder, der heute vor diesen nirgends sonst übertroffenen Schöpfungen der Neuen Welt steht, spürt etwas von der Heiligkeit des Platzes. Daß wir heute die wieder auferstandene Stadt Tikal so leicht erreichen können, verdanken wir dem bisher größten und sorgfältigsten Unternehmen der Altamerika-Forschung, das von der Regierung Guatemalas und dem University Museum of Pennsylvania gefördert wurde. Als im Jahre 1937 die ersten Areal-Luftaufnahmen von Tikal veröffentlicht wurden, wurde man sich erst der Bedeutung dieser gewaltigen Kultstätte recht bewußt. Zusammen mit E. M. Shook prüfte das Carnegie-Institut in Washington an Ort und Stelle die Möglichkeiten der Erschließung von Tikal, und im Jahre 1948 wurde von Wissenschaftlern der Pennsylvania University der Plan zur Freilegung der größten Maya-Stadt entworfen. In einem Team von zeitweise 90 Mann haben hier amerikanische Archäologen seit 1950 elf Jahre im Urwald von Guatemala gegraben. Das große Werk der Erschließung und Restaurierung stand unter der Leitung von Edwin M. Shook, der schon bei Grabungen in *Mayapán, Kaminaljuyú* und *Uaxactún* besondere Fähigkeiten gezeigt hatte. Ihm zur Seite stand William R. Coe als Assistent Field Director. Gleich zu Beginn der Erschließung Tikals wurde eine Zone von 576 km², in deren Mitte die Ruinen liegen, von der Regierung zum Nationalpark erklärt. Tikal umfaßte das größte urbane Einzugsgebiet von allen Maya-Zentren, einen Kreis mit einem Durchmesser von etwa 14 km, das war eins der wichtigsten Ergebnisse jahrelanger kartographischer Aufnahmen, die jetzt vollständig vorliegen. Tikal ist bis heute die einzige Maya-Stadt, von der ein vollständiger Plan existiert. Selbst die Plätze der Häuser und Gehöfte in unmittelbarer Nähe des Zeremonialzentrums konnten berücksichtigt werden, denn diese hatten die Maya zum Schutz gegen die sommerlichen Überschwemmungen der Regenzeit auf Erdhügeln angelegt. So hat man errechnet, daß sich auf einer Fläche von ungefähr 16 km² etwa 3000 Bauwerke befanden, von den höchsten Tempel-Pyramiden und wuchtigen Palästen bis zu den strohgedeckten Hütten. Und hieraus konnte man für das Tikal der spätklassischen Zeit auf eine Bevölkerung von 10 000 bis 11 000 Personen schließen.

Schon in der ersten vorklassischen Epoche, die von 600 v. Chr. bis 250 n. Chr. reicht, scheint das Tiefland des Petén besiedelt gewesen zu sein. Aus dieser Epoche stammen auch die ältesten Keramiken, die in Tikal gefunden wurden; sie zeigen keine archaischen Formen, sondern einen durchaus kultivierten Stil. Aus den ersten Berichten, die über die Kampagne vorliegen, geht hervor, daß Tikal schon um 200 v. Chr. dicht besiedelt gewesen sein muß und schon um diese Zeit Tempelbauten geschaffen wurden, die allerdings dann wieder zerstört oder überbaut wurden, da ständig Neubauten entstanden.

Aber das war nicht die einzige Aufgabe, die sich das Grabungsteam gestellt hatte. Man fragte sich auch: Warum haben die Maya gerade diesen Platz für ihr größtes Kultzentrum gewählt, woraus erklärt sich sein erstaunlicher Aufschwung und aus welchem Anlaß trat der plötzliche Verfall ein? Die Grabungen wurden nach sorgfältiger Planung durchgeführt. Man fand Wasserreservoire, Pyramiden mit und ohne Bauten auf ihren Plattformen und gepflasterte Straßen. In wochenlanger, mühsamer Arbeit wurden eingefallene Mauern, zerstörte Terrassen und Plattformen vorsichtig entfernt und später wieder aufgebaut; überall wurde der Boden nach verschütteten Steinreliefs, nach Knochen und Tonscherben durchsucht. Systematische Schichtengrabungen, Vergleiche unzähliger Artefakte und Untersuchungen von beinahe tausend einzelnen Anlagen haben gezeigt, daß die Entwicklung dieses riesigen Komplexes mehrere ganz bestimmte Phasen durchgemacht hat, wobei ganze Bauwerke von neuen überbaut wurden. Auch konnten die Archäologen feststellen, daß in der Nähe der großen Plaza und bei der Terrasse der Nord-Akropolis 40% von vierundsiebzig Monumenten nicht an ihrem ursprünglichen Standort gefunden wurden.

Doch wurde bisweilen auch unerwartet eine große Entdeckung gemacht, wie zum Beispiel an einem heißen Nachmittag im März des Jahres 1958. Tagelang waren einige Arbeiter damit beschäftigt gewesen, die durch den Schutt eingestürzter Gemäuer verdeckten Räume des Gebäudes 34, einer von 16 Tempeln der nördlichen Akropolis, zu säubern. Als sie sich im hintersten Raum an das Abtragen einer 2 m hohen Schuttmasse machten, stießen sie auf die Trümmer einer zerbrochenen Stele, die noch Reste ihrer roten Bemalung aufwies. Diese ›Stele 26‹ gilt heute als eines der wichtigsten Beispiele früher klassischer Maya-Bildhauerkunst. Eine noch wichtigere Entdeckung wurde im Jahre 1959 gemacht, als man etwa 200 m von der großen Plaza entfernt eine wahrscheinlich absichtlich von den Priestern (oder von einer revoltierenden unzufriedenen Bevölkerung?) zerbrochene Stele fand. Sie trägt heute im wissenschaftlichen Katalog von Tikal die Nummer 29. Die Datierungszeichen hat man entziffern können. Sie ergeben das Jahr 292 n. Chr. unserer Zeitrechnung. Diese Stele trägt demnach die älteste uns bis jetzt bekannte genaue Zeitangabe. Zuvor galt eine Stele aus *Uaxactún* mit dem Datum 328 n. Chr. als die älteste, während die sogenannte ›Leidener Platte‹ mit dem Datum 320 n. Chr. das älteste datierte Artefakt ist. Die Leidener Platte, ein Objekt aus Jade, wurde in der Nähe von *Puerto Barrios* 1864 gefunden; sie befindet sich jetzt im Leidener Museum. Die hier dargestellte Person ist einigen auf den in Tikal gefundenen Reliefs so ähnlich, daß man wohl berechtigt ist, Tikal als den Herstellungsplatz der Leidener Platte zu bezeichnen.

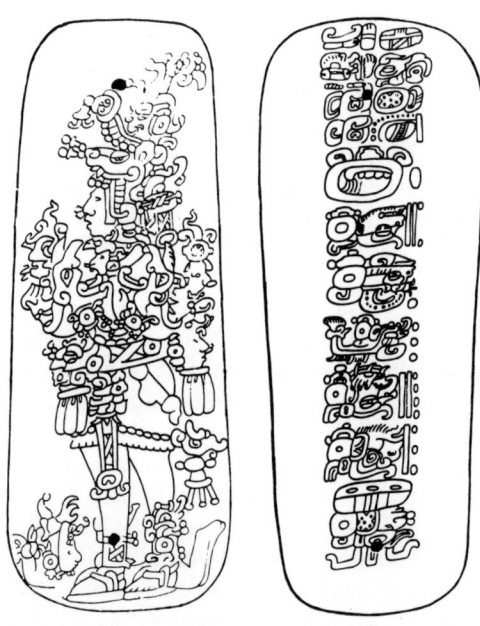

Die Leidener Nephritplatte, gefunden in der Nähe von Puerto Barrios, zeigt den typischen Maya-Stil von Tikal. Daneben: Rückseite der Leidener Platte mit einer kompletten Zeitbestimmung (320 n. Chr.)

Die Grabungen des Jahres 1961 brachten noch eine weitere Überraschung: Im Tempelzentrum von Tikal wurde ein in den Stein gehauenes Grab gefunden, dessen Wände mit Stuck überzogen und mit Hieroglyphen bemalt sind. Unter ihnen befinden sich Glyphen, die deutlich das Datum 457 n. Chr. erkennen lassen. Doch die übrigen Hieroglyphen, unter ihnen neun Zeichen, die bisher noch nirgendwo sonst aufgetreten sind, konnten nicht entziffert werden.

Diese bemalte Grabkammer ist einmalig in der Maya-Archäologie. Eine Besonderheit stellt auch der Inhalt dar. Das Skelett der Hauptperson – Kopf und Hände fehlen – war nicht wie sonst üblich ausgestreckt beigesetzt, sondern der Tote hat sicherlich aufrecht in der Mitte der Grabkammer gesessen. Das Grab enthielt ferner die Reste zweier weiterer Toter und zahlreiche kostbare Beigaben, darunter eine Alabasterschale mit stucküberzogenem Rand und fein geschnittenen Glyphen.

Je mehr Stelen im Verlauf der Grabungen geborgen wurden, desto klarer stellte sich heraus, daß die Stelen der frühklassischen Zeit aus einem anderen Kalkstein gefertigt waren als die des späten Klassikums. William Coe schließt hieraus, daß man auch die zahlreichen glatten Stelen ohne Reliefs je nach der Beschaffenheit des Kalksteins dem frühen oder späten Klassikum zuschreiben darf. Er hält es jedoch für ausgeschlossen, daß diese Stelen einmal bemalt gewesen sind, wie andere vermutet haben.

Die Stele 29 trägt das bisher früheste Datum, doch die Stele 31 zeigt den längsten Text. Er ist nicht entziffert, aber die besonders schönen Reliefdarstellungen, die eine von zwei Kriegern begleitete Zentralfigur zeigen, einen Herrscher oder Priester, lassen deutlich Einflüsse der

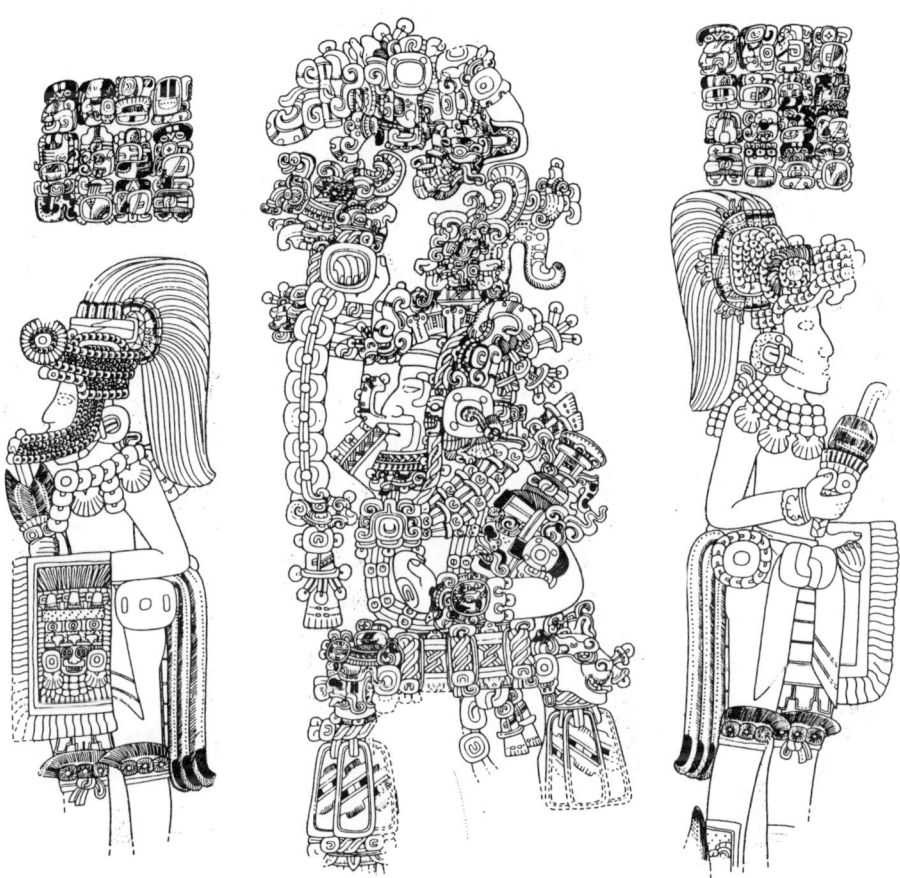

Tikal Stele 31. Das Relief zeigt den Einfluß von Teotihuacán

Teotihuacán-Kultur erkennen. Auch aus anderen Funden geht hervor, daß sich ca. 300–600 n. Chr. im Petén Einflüsse der Teotihuacán-Kultur bemerkbar machten. Sicherlich kam dieser Einfluß nicht direkt aus Mexiko, sondern vom Hochland Guatemalas, aus *Kaminaljuyú*, das vielleicht von Kriegern aus Teotihuacán erobert und nach dem Vorbild Teotihuacáns neu errichtet wurde. Der Einfluß Teotihuacáns machte sich im Tiefland jedoch hauptsächlich in *Tikal* und in *Yaxhá* bemerkbar, er erstreckte sich auf die Anlage religiöser Bauten und auf die Töpferei. Bei der Stele 31 sind besonders der eckige Schild, der Helm mit Wangenschutz und die Speerschleuder fremdartig, sie waren bei den Maya nicht in Gebrauch, sie sind typische Waffen aus Zentral-Mexiko. Ebenso zeigt die fragmentarische Stele 32 das typische Gesicht des mexikanischen Regengottes Tlaloc. Auch sie stammt aus der frühklassischen Zeit und trägt das Datum 445 n. Chr.

Knochenritzung mythischer Wesen, um 800 n. Chr.; gefunden im Tempel I in Tikal

Der künstlerische Wert der in Tikal gefundenen Stelen und Altäre ist nicht überragend. Von den 86 bisher bekannten Stelen sind nur 21 mit Reliefs versehen, und von ihnen sind wiederum die künstlerisch wertvollsten jene aus der frühen Epoche. Mit den Bildhauerarbeiten aus Copán und Quiriguá können diese nicht konkurrieren. Daß es aber auch in Tikal hervorragende Künstler gegeben hat, läßt sich nicht abstreiten, ihr Gebiet war vor allem die Holzschnitzkunst. Zwölf Oberschwellen aus dem äußerst widerstandsfähigen Sapodilla-Holz sind erhalten geblieben. Die Schnitzwerke zeigen religiöse Zeremonien und galten als Verzierungen der Türöffnungen zu den Tempeln (Abb. 17, 18).

Nicht weniger kunstvoll sind jene auf das feinste ziselierten Knochen mit ihren Darstellungen vermenschlichter Göttergestalten. Diese Knochen wurden im Jahre 1962 in einem Grab unter dem Tempel I zusammen mit reichem Schmuck aus Jade und Muscheln gefunden; auch mit Speisen gefüllte Töpfe sollten den Toten, sicherlich eine hochgestellte Persönlichkeit, auf dem Weg ins Jenseits begleiten. Die kalligraphischen Darstellungen auf den Knochen lassen ahnen,

Tänzerfigur aus Jade, um 450 n. Chr.

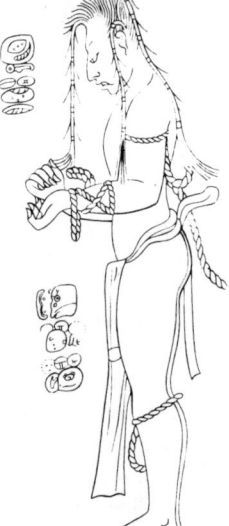

Zeichnung mit Glyphen im Tiefrelief, um 700 n. Chr.

Knochenritzung eines gefesselten Gefangenen; gefunden im Grab 116 von Tikal

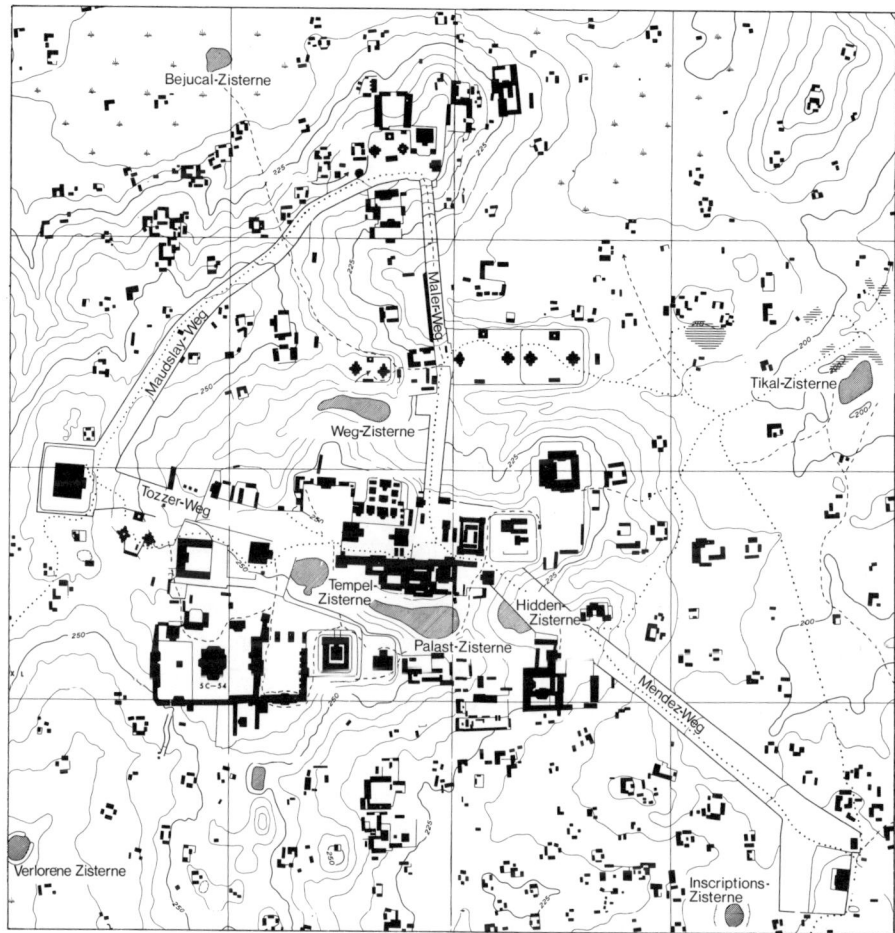

Tikal, Plan der Ruinen. Die Gebäude sind vereinfacht wiedergegeben, die kleinen schwarzen Rechtecke sind Stelen. Nach Tozzer und Werwin, mit späteren Zusätzen

mit welcher Sorgfalt und Kunstfertigkeit ihre Codices angefertigt waren, von denen leider keine erhalten geblieben sind.

Halten wir jetzt Umschau in der Tempelstadt selbst, deren Architektur an Größe und Kühnheit von keiner anderen Maya-Stätte übertroffen wird.

Sylvanus G. Morley, der Autor des Buches ›The ancient Maya‹, besuchte Tikal 1914 und 1937 und hat die Stadt in neun Gruppen eingeteilt. Diese Einteilung von A bis I hat man beibehalten. Die bedeutendste ist die Gruppe A. Sie ist zwischen zwei Schluchten auf einer künstlich angelegten Landzunge errichtet. Hier gruppieren sich um den ›Großen Platz‹ mit zahlreichen Gebäu-

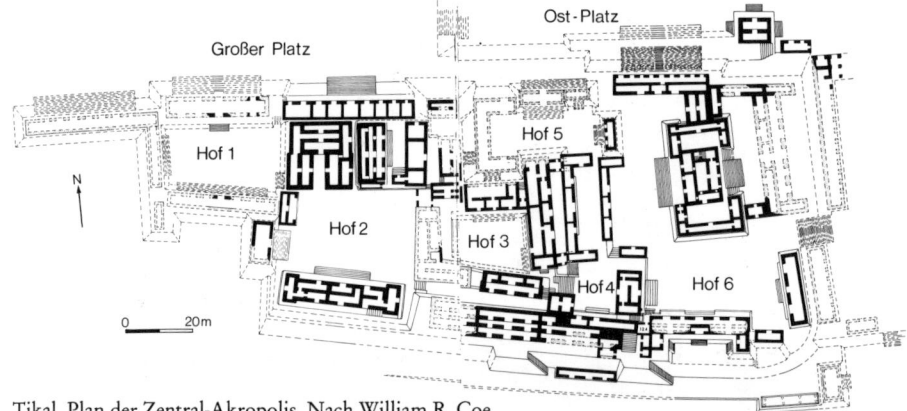

Tikal, Plan der Zentral-Akropolis. Nach William R. Coe

den die Nord-Akropolis und die Zentral-Akropolis, ferner die Tempelpyramiden I und II (Abb. 1, 7–10), während gegenüber der tiefen Schlucht, die einstmals das größte Wasserreservoir darstellte, die Süd-Akropolis mit der Tempelpyramide V liegt. Nach Osten schließt sich ihnen der ›Platz der sieben Tempel‹ an. Von der Gruppe A führen drei breite Dammwege, die man nach berühmten Maya-Forschern benannt hat, in verschiedene Richtungen. Nach Norden führt zur Gruppe H der Maler-Weg, und zur Gruppe D und der Tempelpyramide IV führt der Tozzer-Weg. Mit diesen beiden Wegen bildet der Maudslay-Weg ein Dreieck, während von der Gruppe A ein vierter Weg, der Mendez-Weg, nach Südwesten zur Gruppe I führt, die auf unserem Plan (S. 23) nicht mehr zu sehen ist.

Die Eigenart der Maya-Architektur besteht in den Pyramiden und Treppen und den Masken an den Gebäuden, die aber stets lokale Varianten aufweisen; in Tikal wird das in den überwältigenden Konstruktionen der fünf gigantischen Tempelpyramiden, die zum Teil die Höhe eines zwanzigstöckigen Gebäudes erreichen, am sinnfälligsten deutlich. Welch gewaltigen Eindruck hinterläßt dieser einzigartige Platz heute! Von einer der Plattformen der Nord-Akropolis sehen wir hinüber zu dem gewaltigen Gebäudekomplex des ›Palastes der Noblen‹; rechts und links ragen die beiden steilen Pyramiden I und II (Umschlagvorderseite) gen Himmel, eingerahmt vom bizarren Blattwerk der Urwaldbäume. Jetzt, da das Rekonstruktionswerk zum größten Teil vollendet ist und manche Bauwerke von den Archäologen und Architekten vollständig wieder aufgebaut sind – zum Teil aus verstreut herumliegenden Einzelteilen –, kommt die Wirkung jener unerreichten Meisterwerke wieder voll zur Geltung.

Der große Platz, ehemals vollständig gepflastert, einstiger Schauplatz prunkvoller Zeremonien, erstreckt sich über 9300 m². Mit der Nord-Akropolis zusammen umfaßt er ein Gebiet von etwa zwölf Morgen. Von hier aus dehnt sich die Ruinenstadt mit Hunderten von wichtigen Bauten rund acht Kilometer nach allen Richtungen hin aus. Schon im Jahre 1941, bevor die großangelegte Forschungs- und Grabungskampagne startete, besuchte Edwin M. Shook von der Carnegie Institution Tikal und konnte genaue Messungen der Tempelpyramide II, die auch

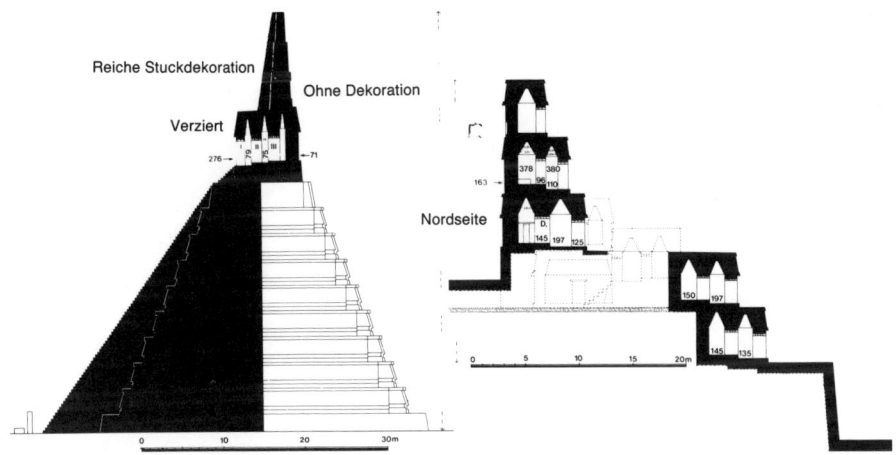

Tikal, Aufriß von Tempel I und Querschnitt des Palastes der fünf Stockwerke, Südansicht. Nach Zeichnungen Teobert Malers aus dem Jahre 1895

›Pyramide der Masken‹ genannt wird, vornehmen, so daß man die später durchgeführte Rekonstruktion als korrekt bezeichnen kann (Abb. 7, 8). Leider waren ihre Stuckverzierungen fast vollständig zerstört. Die Pyramide mit dem ›Tempel der Masken‹ ist 43,50 m hoch, die Tempelpyramide I oder ›Tempel des großen Jaguar‹ mißt 47,20 m. Auch diese Tempelpyramide ist weitgehend restauriert worden (Abb. 1, 9). Beide Tempel sind aus Kalkblöcken errichtet, die mit Mörtel verbunden wurden. Gegenüber der Südwand der Pyramide I befindet sich ein Ballspielplatz.

Nicht wiederhergestellt sind die Tempel II, IV und V. Die Tempelpyramide VI mit dem ›Tempel der Inschriften‹ hat man wohl gesäubert, aber nicht restauriert. Die mächtigste aller Maya-Pyramiden ist die Pyramide IV, die zusammen mit dem Tempel 69,70 m mißt. Sie ist noch vollständig vom Urwald zugewuchert, überragt aber selbst die Giganten der tropischen Baum-

Bemalter Teller aus Tikal mit Darstellung eines Fisches, um 650 n. Chr.

25

Tikal, Ritzzeichnungen von verschiedenen Innenwänden gegenüber dem Tempel V und von anderen Bauwerken. Nach Teobert Maler

welt, die bis zu 50 m hohen Mahagoni- und Chicozapote-Bäume. In den letzten Jahren sind im Mundo Perdido genannten Bereich Strukturen freigelegt worden, die deutlich den Einfluß von Teotihuacán erkennen lassen. An einer dieser Pyramiden traten dabei Mascarons (oder Stuckmasken) zutage, wie sie schon in den Innenschichten der Nord-Akropolis gefunden wurden.

In Tikal können wir deutlich zwei Gebäudearten unterscheiden: Tempel und profane Bauten oder ›Paläste‹. Charakteristisch für die Tempel sind die quadratischen oder rechteckigen Sockel; mit einer Reihe stufenförmiger Absätze führt über die besonders steile Pyramidenwand eine Treppe ohne Unterbrechung vom Erdboden bis zum Sockel des Tempels hinauf. Einige Tempel haben nur eine Kammer, andere dagegen bis zu drei parallellaufende Räume, die durch enge Türöffnungen miteinander verbunden und deren verschieden hohe Fußböden durch Abstufungen einander angeglichen sind. Ein hoher Zierkamm, eine ›Crestería‹, erhebt sich über dem hinteren Teil des Tempelgebäudes. Die Mauern der Tempel haben eine Dicke von bis zu sechs Metern, während die einzelnen Kammern gewöhnlich nur einen Meter breit sind.

Auch bei den Profanbauten sind die Mauern im Verhältnis zu den Innenräumen sehr dick, sie alle stehen auf künstlich errichteten Plattformen. Bei den einfachen Gebäuden liegen die Innenräume, die untereinander durch Türöffnungen in Verbindung stehen, auf einer Ebene, während die komplizierten Behausungen zwei parallellaufende Flure haben, die beide durch den Haupteingang zu erreichen sind. Es gibt auch Gebäude mit drei, ja sogar mit fünf Stockwerken, wie bei der Struktur 10, doch nur die beiden unteren Stockwerke liegen übereinander, während die drei oberen zurückweichend auf einem massiven natürlichen oder künstlich geschaffenen

Tikal, Ritzzeichnungen an den Innenwänden verschiedener Konstruktionen. Nach Teobert Maler
(rechts und rechts unten)

Ritzzeichnungen aus Tikal, um 700 n. Chr.
▽

Sockel ruhen. Bei diesen Gebäuden bestehen die beiden unteren Stockwerke aus zwei Galerien,
die oberen drei jeweils aus einer einzigen.

Alle Räume sind mit einem sogenannten falschen Gewölbe gedeckt, eine Konstruktion, die
nur bei schmalen, aber beliebig langen Räumen angewendet werden kann. Die Tempel und auch
viele profane Gebäude waren mit Stuckverzierungen geschmückt; von den meisten fanden sich
nur Reste, so daß es schwerfiel, sie zu rekonstruieren, besonders bei den Kolossalmasken, die die
Tempel schmücken. Der Versuch ist jedenfalls gemacht worden. Außer den großen Tempelpyramiden gibt es in Tikal eine stattliche Anzahl kleiner pyramidaler Bauten mit quadratischem
Grundriß und Treppen an jeder Seite bis zur Plattform, die Teobert Maler Opferaltäre genannt
hat. Nach Morley sind es 54 an der Zahl.

Das zuletzt errichtete und mit Inschriften versehene Monument in Tikal ist nach unserem
jetzigen Erkenntnisstand die Stele 11. Sie trägt die Jahreszahl 869 n. Chr. Daß keine späteren mit
Inschriften versehenen Monumente gefunden wurden, deutet wohl auf den Zusammenbruch
der Priesterhierarchie einer 600 Jahre lang dauernden klassischen Periode hin. Was weiter in
Tikal geschah, hat ebenfalls schwierige Fragen aufgeworfen, so daß die Aufgabe der Stadt mit
dem letzten bisher bekannten Datum noch keineswegs endgültig feststeht. Weitere Grabungen
und Forschungen haben gezeigt, daß noch in nachklassischer Zeit neue Plattformen oder Opferaltäre errichtet wurden, zu denen man das Material klassischer Bauwerke verwendete. Weitere
Untersuchungen ließen erkennen, daß sowohl hier wie auch an Stelen, die von ihrem ursprünglichen Standort an andere, weit entfernte Plätze versetzt waren, vor allem Weihrauchopfer dar-

Links und auf der gegenüberliegenden Seite: Tikal, Ritzzeichnungen von verschiedenen Bauwerken. Nach Teobert Maler

gebracht wurden, denn gerade hier wurden eine Menge Weihrauchgefäße und andere Töpferware gefunden, die einen späten Keramikstil zeigen. Aus diesen Funden schließt William R. Coe, daß Tikal noch bis in das späte 15. Jahrhundert – wenn auch als verlassene Stadt – zu gewissen Zeiten regelmäßig von Pilgern als Wallfahrtsplatz aufgesucht wurde.

Nahe dem Grenzdreieck im äußersten Nordosten des Petén, wo die heutigen Staaten Mexiko, Guatemala und Belize zusammentreffen, liegt das mittlere Zentrum *Río Azul,* das wohl 377 n. Chr. durch Tikal mit Hilfe von Teotihuacán erobert wurde und dann durch Mitglieder der Tikal-Dynastie regiert wurde. Neben einer hohen Pyramide, ähnlich den Tempeln I–V von Tikal, fanden Jan Graham und Richard E. W. Adams von der University of Texas reich ausgemalte, aber z. T. von Grabräubern geplünderte Gräber des fünften nachchristlichen Jahrhunderts. Dem Spätklassikum zugehörige Bauten wurden ummantelt. Die Archäologen vermuten, daß dies auch geschah, um Herrschaftszeichen der früheren, heimischen Dynastie verschwinden zu lassen. Die Grabungen begannen 1981 und sind noch nicht abgeschlossen, haben aber bereits prachtvolle Funde der vorklassischen und klassischen Zeit aufgedeckt.

Ebenfalls dicht an der mexikanischen Grenze, aber westlich von Río Azul, liegt mitten im Tropenwald – 350 km von Guatemala-City entfernt – *El Mirador.* Mit einer geschätzten Flächenausdehnung von 16 km² und demzufolge einer Bevölkerung, die in die Zehntausende ging, dürfte El Mirador die wohl größte Ansammlung religiöser und ziviler Bauwerke der Maya-Frühzeit bilden. Bereits 1926 wurde die Fundstätte entdeckt, aber erst 1962 durch Jan Graham aufgenommen. Seit 1978 graben dort Bruce H. Dahlin und Ray T. Matheny mit Unterstützung der National Geographic Society. Das erstaunlichste Ergebnis der bisherigen Untersuchungen war, daß diese gewaltige Anlage gewissermaßen an den Anfang der Maya-Geschichte zu datieren ist. Schon 150 v. Chr. und dann für rund 300 Jahre muß sie die Rolle eines das ganze Gebiet beherrschenden Vororts gespielt haben, bis ihre Bedeutung aus unbekannten Gründen

zurückging. In der klassischen Periode, die auch durch Grabfunde dokumentiert ist, wurden die riesigen Pyramidenbauten nicht fortgeführt.

Der El-Tigre-Komplex dürfte mit 18 Stockwerken wohl das größte Bauwerk sein, welches die Maya errichtet haben. Der El-Tigre-Tempel bildet den westlichen Abschluß des durch eine Umwallung abgeschlossenen heiligen Bezirks, der eine Zentralakropolis sowie weitere Tempelkomplexe und Höfe enthält.

Zwei Kilometer östlich dieses Bezirks – und durch eine befestigte Straße (Sacbe) mit ihm verbunden – liegt der nur wenig niedrigere Danta-Komplex auf einem Hügel, der das ganze Gelände beherrscht. Während die Fassade von El Tigre der aufgehenden Sonne zugewandt ist, öffnet sich die Danta-Pyramide der untergehenden Sonne. Eine zur Versorgung der Archäologen angelegte kleine Flugpiste bedeutet wohl noch für lange Zeit die einzige Verbindung mit der Außenwelt. Die Funde von El Mirador werden es notwendig machen, die Frühzeit der Maya neu zu deuten.

2 Quiriguá

Mitten in der heißesten Landschaft Zentralamerikas, dort, wo der Motagua, der längste Fluß Guatemalas, gerade aus einer Gebirgsschlucht heraustritt, öffnet sich das Tal etwa 100 km vor der Mündung des Flusses in den Golf von Honduras zu einer weiten Ebene von 8 bis 10 km Breite. In dieser fruchtbaren Tiefebene, die oftmals bei Hochwasser überschwemmt wird, hatten sich schon in vorspanischer Zeit Maya-Stämme angesiedelt und eine Kultstätte gegründet, die heute den Namen *Quiriguá* trägt. Die Gebirge, die hier die Landschaft rahmen, bestehen im Gegensatz zu dem vulkanischen Gebirgszug der pazifischen Seite Guatemalas aus Graniten, Gneisen, Serpentin, kristallinischen Schiefern und Glimmerschiefern, die an einzelnen Stellen im Landschaftsbild morphologisch hervortreten. Eine Kette mehr als 600 m hoher Berge der Sierra del Espíritu Santo begrenzt das Tal nach Südosten, und eine niedrigere, la Montaña del Mico, trennt die Ebene vom Izabal-See im Nordosten. Daß dieser überaus ertragreiche Boden, das fruchtbarste Land Guatemalas, trotz der großen Hitze und Luftfeuchtigkeit dem Menschen nutzbar gemacht werden konnte, erkannten nicht nur die Maya, sondern auch die Menschen unserer Zeit. Hier entstand die Anlage einer Bananenplantage der United Fruit Company, die allerdings, nachdem dort die gefürchtete Panamakrankheit die Pflanzungen unbrauchbar gemacht hatte, stillgelegt wurde. Mitten in diesem Gebiet findet sich ein prachtvoller tropischer Wald von 30 Hektar mit den Ruinen von *Quiriguá*. Aufnahmen aus den Jahren vor 1930 zeigen die Kultstätte noch mitten in einem richtigen Urwald. Heute, nachdem das Terrain gesäubert ist, stehen – inmitten eines kurzgehaltenen Rasens – die Ruinen der Heiligtümer, ihrer Tempel, Stelen und Opfersteine, unter prachtvollen Ceiba- und Amate-Bäumen zwischen den silbergrauen Stämmen der Jagote-Bäume.

Quiriguá hat keine hohen Pyramiden, und nur wenige steinerne Gebäude sind erhalten geblieben, doch seine monolithischen Denkmäler gehören zu den großartigsten Schöpfungen der Maya (Abb. 19–25). Wahrscheinlich ist dieses Kultzentrum in einem Zeitraum von nur 65 Jahren entstanden und wurde erst Ende des 5. oder Anfang des 6. Jahrhunderts n. Chr. gegründet, vermutlich von Siedlern aus dem nur 50 km entfernt liegenden Maya-Zentrum *Copán*, denn »der Charakter dieser Ruinen ist im allgemeinen derselbe wie der in Copán«. Dies schrieb John Lloyd Stephens, dem wir die Wiederentdeckung so vieler verlorener und vergessener Maya-Städte in Zentralamerika und Yucatán verdanken. Dabei hat er selbst die Ruinen von Quiriguá gar nicht gesehen. Doch die Beschreibung und Zeichnungen seines Mitarbeiters, des Malers Frederick Catherwood, waren so korrekt, daß Stephens sofort die Bedeutung und den

Quiriguá, Plan der Hauptgruppe der Ruinen. In der Mitte der Haupttempel mit einer Reihe von Plattformen. Der Innenhof steht nach Norden hin mit dem Hauptzeremonialplatz in Verbindung. Die kleinen schwarzen Rechtecke sind Stelen. Nach Sylvanus G. Morley

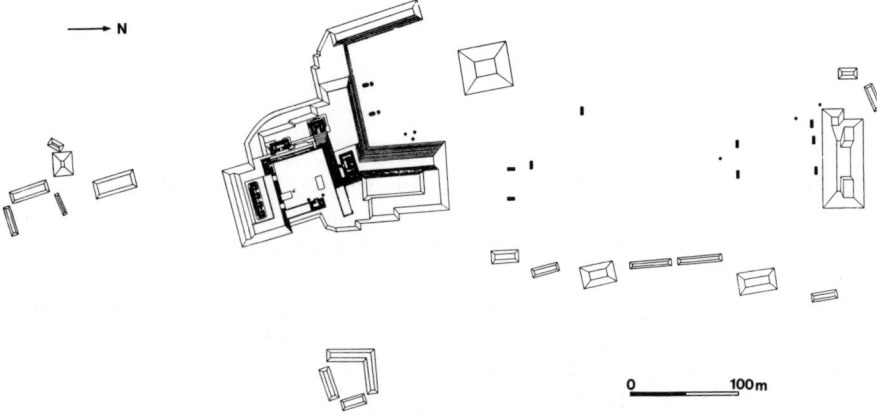

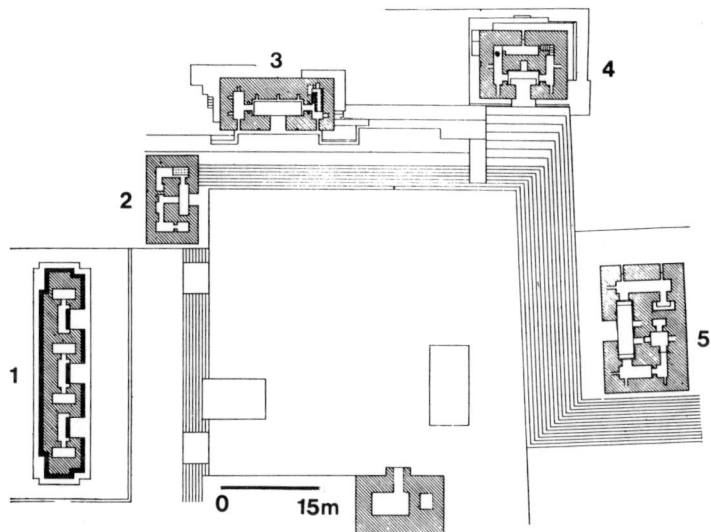

Quiriguá, Plan des kleinen Innenhofes vom Haupttempelkomplex. Nach S. G. Morley (zu den Ziffern vgl. Fig. S. 32)

künstlerischen Wert der Monumente von Quiriguá erkannte. Ja, er versuchte, nachdem ihm vorher der Kauf der Ruinen von *Copán* gelungen war, die Monumente Quiriguás ebenfalls zu erwerben. Doch die drei Brüder Payés, denen die Ländereien mit den Ruinen gehörten, verlangten einen für die damalige Zeit so horrenden Preis, daß der Handel nicht zustande kam. Stephens schreibt: »Aufgrund nebelhafter Gespräche mit Fremden, die niemals die Ruinen gesehen hatten und nichts von ihnen wußten, stellten sie (die drei Guatemaltecos) sich vor, daß alle Regierungen Europas miteinander um ihren Besitz wetteifern würden; außerdem ließen sie nicht ab von dem närrischen Glauben, daß der Autor (Stephens) im Auftrag seiner Regierung handle; und wenn der Präsident der Vereinigten Staaten von Nordamerika die Steine haben wolle, dann müsse er $ 20 000,– für sie zahlen. In der Zwischenzeit warteten sie auf Angebote aus England und Frankreich. Bei diesen Halluzinationen blieben sie.«

Die ersten sorgfältigen Untersuchungen der Ruinen von Quiriguá machte A. P. Maudslay auf vier Expeditionen, die er zwischen 1881 und 1894 durchführte. Seine Zeichnungen und Pläne zeugen von einer bewundernswürdigen Genauigkeit und sind von bleibendem Wert. Von 1910 bis 1914 setzte E. L. Hewett die Forschungen und Freilegungen der Monumente, die inzwischen zum Teil wieder unter dem wuchernden Grün des Urwaldes verschwunden waren, fort. Jetzt nahm sich auch die Carnegie Institution, Washington, der Kultstätte an. In ihrem Auftrag nahm Sylvanus G. Morley, der Nestor der Maya-Forschung, in dem Zeitraum von 1915 bis 1934 unter Mitarbeit von Ricketson, Morris und Strömsvik erneut Ausgrabungen und Restaurierungen vor.

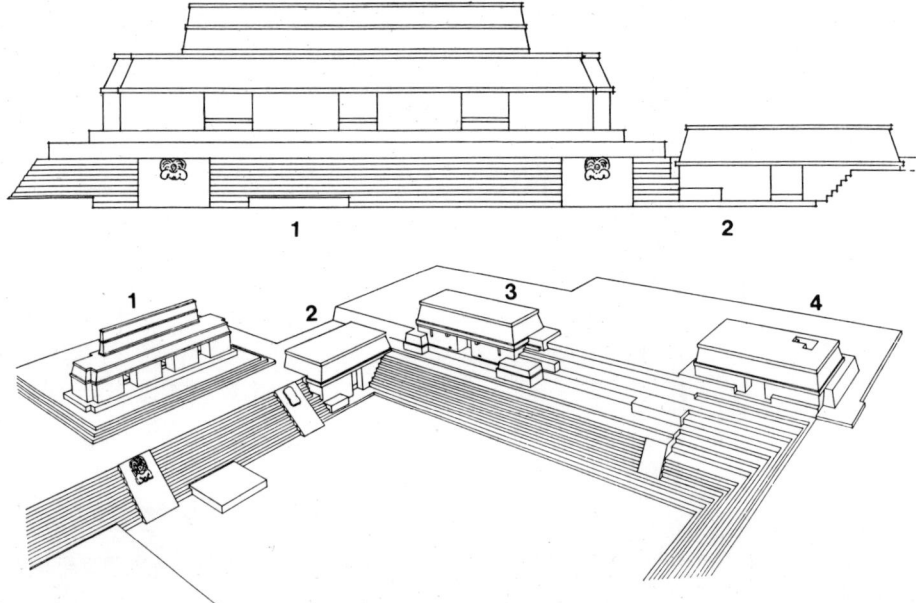

Quiriguá, Rekonstruktion der Hauptgebäude des Tempelkomplexes, vom kleinen Innenhof aus gesehen. Oben Struktur 1 und 2 von vorn gesehen, darunter Struktur 1, 2, 3 und 4 in der Perspektive. Nach S. G. Morley

Die Ruinen von Quiriguá lassen sich in drei, mit A, B und C bezeichneten Gruppen zusammenfassen. Die Untersuchungen haben ergeben, daß der älteste Kultbau auf der höchsten Erhebung eines kleinen Hügels angelegt wurde. Später verlegte man den Tempel ins Motagua-Tal. Auch dieser Platz befriedigte scheinbar die Maya nicht, denn eine neue Tempelanlage entstand jetzt näher am Fluß; die Archäologen nannten sie Grupo Principal, C. Erst als diese Tempelanlage entstand, wurde mit der Errichtung der bearbeiteten Stelen begonnen, die nun regelmäßig im Abstand von fünf Jahren Datierungen zwischen 746 und 810 n. Chr. aufweisen. Aus dieser Periode stammen zwölf bearbeitete Stelen (Abb. 19, 20, 22–24), vier zoomorphe Blöcke mit Darstellungen mythologischer Tiere (Abb. 21, 25) und ein Tempel.

Gruppe A, die erst im Jahre 1921 von einem Angestellten der United Fruit Company namens Frada entdeckt wurde, besteht aus einem einzigen Tempel und zwei Stelen, der Stele T und U. Der Tempel steht auf der künstlich nivellierten Fläche eines Hügels, er hat nur einen Raum mit einem breiten Zugang, seine Mauern sind 6 m lang, 4,25 m breit und 1,5 m dick.

Die Entdeckung dieses Tempels ist mit einer amüsanten Episode verbunden. Als Morley 1922 zum ersten Mal die Gruppe A der Ruinen von Quiriguá besuchte, erzählte ihm ihr Entdecker Frada, er habe bei Ausgrabungen neben dem Tempel, auf der Skizze Morleys mit »x« bezeichnet, in einem Versteck 24 wunderbar bearbeitete Objekte aus Obsidian gefunden. Als Morley

1 TIKAL Tempel I oder der ›Tempel des großen Jaguar‹, so genannt nach dem Motiv an einer hölzernen Oberschwelle (Lintel). Er wurde etwa um 700 n. Chr. erbaut

2 Der Atitlán-See mit dem Vulkan Tolimán

3 Indios in der Tracht von Sololá am Landesteg von PANAJACHEL am Atitlán-See

4 FLORES (ehemals Tayasal) auf einer Insel im Lago Petén-Itzá

5 Im Grenzgebiet zwischen Guatemala und Chiapas/Mexiko leben noch die letzten Reste eines fast erloschenen Maya-Volkes, die Lacandones

7, 8 TIKAL Tempel II oder ›Tempel der Masken‹ während der Restaurierungsarbeiten. Er steht gegenüber Tempel I, an der Schmalseite des Zeremonialplatzes. Unten derselbe Tempel nach der Wiederinstandsetzung. Im Vordergrund Stelen und Altarsteine

◁ 6 Luftaufnahme von TIKAL, der größten bis jetzt bekannten ›Stadt‹ der Maya

10 TIKAL Gebäude der Zentral-Akropolis. Man hat sie Paläste genannt. Die hier sichtbaren Bauten stammen aus der späten klassischen Periode (550–900 n. Chr.)

◁ 9 TIKAL Restaurierungsarbeiten am Tempel I. Im Hintergrund eine von der Vegetation befreite Pyramide der Nord-Akropolis, die gleichfalls wieder neu verkleidet werden muß

11 TIKAL Altar 5 aus Komplex N mit kalendarischen Zeichen, 711 n. Chr.

13 Stele 22 und Altar 10, 771 n. Chr., in einem
    Innenhof von Komplex Q

14 Gürtelschmuck eines Priesterfürsten von
    Stele 16 im Komplex N, 711 n. Chr.

◁ 12 TIKAL Stele 9 vor der Nord-Akropolis, um 475 n. Chr., eine der seltenen frühklassischen Stelen.
    Wie viele andere Reliefs ist sie mutwillig beschädigt worden

15 Fragment von Stele 23 mit Hierogly-
    phen und demolierter Priestergestalt, um
    530 n. Chr.

16 Fuß eines Priesters, besonders schönes Relief
    am Fragment der Stele 21, 736 n. Chr.

17 TIKAL Detail der geschnitzten Oberschwelle (Lintel) vom Tempel III, jetzt im University Museum, Philadelphia

18 TIKAL Detail der hölzernen Oberschwelle 3 vom Tempel IV, jetzt im Museum Basel ▷

19, 20 QUIRIGUÁ Oberer Teil der Stele C, um 775 n. Chr.; sie trägt außerdem die Jahreszahl 3888, nach Morley die Anzahl der Jahre seit der Erschaffung der Erde, die die Maya auf 3113 v. Chr. ansetzten. Rechts: Stele I, ungefähr um 800 n. Chr. errichtet   22 QUIRIGUÁ Stele K, ca. 805 n. Chr. ▷

21 QUIRIGUÁ Zoomorph B, ca. 780 n. Chr. Aus dem Rachen eines enormen Monstrums tritt eine menschliche Gestalt hervor, deren Kopf und Arme sichtbar sind

23, 24
QUIRIGUÁ Stele F, ca. 761 n. Chr., Vorder- und Rückseite. Die Köpfe der hier dargestellten Figuren haben auffallenderweise Bärte. Die Fußstellung (23) gleicht jener der Stelen von Copán

25
QUIRIGUÁ Zoomorph P mit zahlreichen symbolischen Ausschmückungen ▽

26 COPÁN Venus-Altar im oberen Teil der Jaguar-Treppe, 765 n. Chr. In der Mitte die große Maske des Sonnengottes, seitlich Symbole des Venusgestirns

27 COPÁN Die Plastik des jungen Maisgottes befand sich einst im Tempel 22, errichtet um 765 n. Chr. Sie steht heute im Museum

28 COPÁN Zoomorpher Altar G auf dem großen Zeremonialplatz, ca. 800 n. Chr.

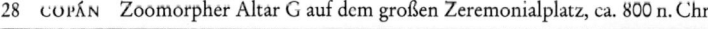

29 COPÁN Dieser große steinerne Kopf, ›Der Alte Mann von Copán‹, zierte einst die nordöstliche Ecke des Tempels 11; heute auf der östlichen Terrasse

ein Jahr später wieder nach Quiriguá kam, berichtete Frada, ihm sei vor kurzem im Traum eine Stelle an der Tempelwand erschienen, auf der Skizze mit »z« bezeichnet. Wenn er dort grabe, finde er einen großen Schatz. Tatsächlich fand er den Schatz, konnte jedoch seinen Fund nicht lange geheimhalten. Der Kommandant der nahen Ortschaft Los Amates wurde angewiesen, die Objekte zu beschlagnahmen und dem Ministerio de Relaciones Exteriores auszuliefern, wo sie Morley wenige Wochen später besichtigen konnte. Unter den zahlreichen Gegenständen aus Obsidian befindet sich einer, der mehrere menschliche Köpfe im Profil zeigt und der vielleicht als Knauf eines Zepters oder Zeremonialstabes gedient hat. Morley hält es für »das schönste Stück aus Obsidian, das jemals in ganz Amerika gefunden wurde«.

Gruppe B besteht aus drei kleinen Hügeln, die einen rechteckigen Platz an drei Seiten begrenzen. Sie liegt 3 km von der Eisenbahnstation Quiriguá entfernt. Von den Baulichkeiten dieser Gruppe ist sehr wenig erhalten geblieben. Hier wurde lediglich das Bauwerk II ausgegraben, eine Plattform aus rohen Flußsteinen und einigen behauenen Blöcken. Wahrscheinlich hat hier einmal ein Tempel aus vergänglichem Material, aus Holz und Stroh oder Palmblättern gestanden, denn Reste von steinernen Bauten wurden nicht gefunden. Die Stele S, die im Süden dem Hügel gegenüber steht, trägt die Zeitangabe 746.

4 km östlich der Bahnstation liegt die Hauptgruppe C der Ruinen. Auch hier hat jahrhundertelang die Vegetation des Urwaldes die Anlage weitgehend zerstört. In einem Raum von 1 km in der Länge und etwa 400 m in der Breite liegen die Ruinen verschiedener Bauten verstreut. Ungefähr in der Mitte des Komplexes erhebt sich der Haupttempel, der mit einer Reihe von Plattformen und mehreren Gebäuden einen quadratischen Innenhof umschließt. Nach Norden zu steht dieser Patio mit dem Hauptzeremonialplatz in Verbindung.

Doch was Quiriguá berühmt gemacht hat, sind nicht seine Bauwerke, sondern jene herrlichen, reich mit Skulpturen bedeckten Steine, die Stelen und zoomorphen Blöcke mit ihrer unendlichen Fülle von Figuren, Verschnörkelungen und seltsam ausladenden Zieraten. Besonders die Stele D ist ein einzigartiges Kunstwerk, sie muß von einem überragenden Bildhauer geschaffen worden sein und übertrifft an Bedeutung alle Bildwerke der Maya einschließlich derjenigen von *Copán*. Wie mit Zauberkraft scheinen diese Bildwerke aus dem Waldboden emporzusteigen. Die meisten Stelen zeigen auf der Vorder- und Rückseite stilisierte menschliche Figuren, die in vollendeten Proportionen bis in alle Einzelheiten durchgearbeitet sind und von großartigem Raumgefühl zeugen (Abb. 23, 24). Das Antlitz der Figuren ist von hoheitsvoller Strenge. Die Gesichter tragen Kinnbärte. Über diesen Häuptern erscheinen noch andere Göttergesichter, und gekrönt wird die ganze Figur von einem gewaltig aufsteigenden, wallenden Federschmuck. Die Seitenflächen der Stelen tragen nicht weniger sorgfältig modellierte Hieroglyphen, die in überaus strenger Gliederung die Fläche harmonisch aufteilen. Diese Zeichen dienten sicher dazu, späteren Geschlechtern vom Glanz und Ruhm der dargestellten Priesterfürsten zu berichten. Doch wir können heute von ihnen leider nicht mehr erfahren als die Zeit, aus der die Stelen stammen. Naturalistische Darstellungen an den Skulpturen der Maya sind sehr selten; so ausgeprägt finden wir sie eigentlich nur in Quiriguá und *Copán* (vgl. Farbt. 15–17).

Waren die Darstellungen menschlicher Figuren in den älteren Maya-Städten wie *Uaxactún* oder *Tikal* noch ziemlich grob, unproportioniert und oft auch schlecht gezeichnet, so sind die

Bildwerke Quiriguás völlig frei von solchen Unzulänglichkeiten. Nicht weniger erstaunlich sind die technischen Leistungen, die die Maya in Quiriguá vollbrachten. Das Material für ihre Kunstwerke holten sie aus Steinbrüchen, die 4 km Luftlinie von der Hauptgruppe entfernt sind. Die früh datierten Stelen sind noch verhältnismäßig klein, sie messen 2,40, 3 und 3,65 m. Später entstanden Stelen von 7,60, 9,10 und 10,60 m Höhe, wie zum Beispiel die Stelen D, F und E, die aus den größten jemals von den Maya bearbeiteten Blöcken entstanden. Das Material ist ein feinkörniger Sandstein, der sich, wenn er frisch aus dem Gestein gelöst ist, leicht bearbeiten läßt. Der Luft ausgesetzt, erhärten sich seine bearbeiteten Flächen sehr schnell. In fast allen anderen Maya-Städten wurde sowohl für die Bauten als auch für die Skulpturen Kalkstein verwendet. Eine Ausnahme finden wir in *Copán*, wo den Maya nur Andesit, ein vulkanisches Gestein, zur Verfügung stand.

Die Hauptwerkzeuge, die die Maya benutzten, waren Hammer und Meißel aus Stein. Die Meißel haben eine zugespitzte scharfe Kante, das entgegengesetzte Ende ist abgerundet. Die Steinhämmer sind rundlich geformt. Von solchen Werkzeugen wurde in Quiriguá eine Menge gefunden.

Um das Jahr 780 n. Chr. wurden die Stelen abgelöst durch Setzung mächtiger, in Form monströser Tiere rundum skulpierter Steine, sogenannter Zoomorphen. Sie wurden auf die verschiedenartigste Weise gedeutet, als Schlangen, Kröten, Gürteltiere, Schildkröten oder Jaguare. In Wirklichkeit handelt es sich bei ihnen aber nicht um ein bestimmtes Tier, sondern um phantasievolle Schöpfungen von Wesen, die charakteristische Züge verschiedener Tiere tragen. »Als mythische Geschöpfe zeigen sie, wie beim Zoomorph B, neben der Vogelgestalt auch Züge von Alligatoren und Schlangen, alles Kennzeichen der Himmelsdrachen oder Erdalligatoren, die mit dem regenspendenden Itzamná identisch sind« (Ferdinand Anders). Itzamná ist der alte Himmelsgott der Maya, er ist die wichtigste Gottheit des Maya-Pantheons und erscheint unter den verschiedensten Namen und Attributen. Itzam ist nach dem Chilam Balam das Erdkrokodil, ein Ungeheuer, das sich zu Beginn der Welt erhebt und eine Flut verursacht.

Das Zoomorph B (Abb. 21) trägt die früheste Jahreszahl dieser Kunstform, 780 n. Chr. Es ist 4 zu 2 m breit und etwa 3 m hoch und liegt auf einem enorm großen Stein, der wiederum über einer Aushöhlung ruht. Dem mythischen Geschöpf, das der Monolith darstellt, sieht ein menschlicher Kopf aus seinem Rachen. Es liegt vor der Nordgruppe an der Großen Plaza.

Im Norden des großen Innenhofes, der von Morley ›Plaza Ceremonial‹ genannt wird, befinden sich die Zoomorphen O und P in unmittelbarer Nähe von zwei Altären. Der Zoomorph O ist klein und weniger interessant, doch der Altar, neben dem er liegt, ist eins der großartigsten Exemplare altamerikanischer Bildhauerkunst. Seine Dimensionen sind 3,76 zu 3,56 m bei einer Höhe von 0,51 m. Die anthropomorphe Figur, die ein Drittel der nach Norden gerichteten Seite einnimmt, stellt einen Tänzer mit einer Maske dar. Die Skulpturen an diesem Stein wurden im Basrelief ausgeführt, das an manchen Stellen bis zu 15 cm tief ist. Die naturalistische Darstellung ist einzigartig und die anatomischen Proportionen vollkommen. Ebenso wie die anderen Monolithen von Quiriguá trägt auch dieser Altar eine Reihe von Hieroglyphen, die aber so kompliziert sind, daß man die Jahreszahl noch nicht entziffern konnte, doch ist anzunehmen, daß der Altar um dieselbe Zeit entstanden ist wie der Zoomorph O, also um das Jahr 790.

Nur 30 m entfernt vom Zoomorph O liegt in nördlicher Richtung der Zoomorph P (Abb. 25), der ein riesiges Monstrum darstellt, aus dessen Rachen eine vollständige menschliche Figur heraussieht. Dieser Stein ist 2,21 m hoch und mißt 2,95 zu 3,50 m. Von den Zoomorphen ist dieses Monument das größte und, wie W. H. Holmes meint, auch das schönste Exemplar der altamerikanischen Bildhauerkunst. Der Altar P ist dem Altar O sehr ähnlich, er zeigt sehr komplizierte Darstellungen, deren Qualität jedoch nicht mit der des Altars O zu vergleichen ist.

Alle mit Reliefs geschmückten Monolithen in Quiriguá tragen mehr oder weniger kompliziert umschriebene Daten, aber es sind nicht immer die Daten der Steinsetzung. Manche müssen als reine ›Spieldaten‹ angesehen werden. Ob diese Rechnungen, die in die grauen Vorzeiten zurückreichen, astronomisch oder religiös begründet sind, wissen wir nicht. Jedenfalls konnte man Kalenderbezeichnungen feststellen, die auf das Jahr 374, 440, ja an einer Stele Quiriguás sogar »zeitlich in die Tiefe von 90 Millionen Jahren zurückgehen« (Ferdinand Anton).

Inzwischen ist man zu der Erkenntnis gekommen, daß die Maya von einem mythischen Datum ausgingen, welches sie als das Jahr 1 ihrer Zeitrechnung betrachteten. Dieses Datum liegt mehr als 3000 Jahre vor den frühesten erschlossenen Zeitangaben. Vielleicht bezog sich dieses Datum auf die Erschaffung der Erde oder auf die Geburt der Götter, doch diese Frage ist bisher nicht gelöst.

Die reinen Datum-Hieroglyphen sind nach der sogenannten Long-Count-Rechnung schon an der besonders großen Einleitungs-Hieroglyphe zu erkennen. Die Einleitungs-Hieroglyphe enthält jeweils ein variables Element, das eindeutig mit den 19 Monatsabschnitten in Verbindung zu bringen ist. »Es bezeichnet demnach die Namens-Hieroglyphe der Gottheit, die der Patron des jeweiligen Monats ist. Die Angabe der seit dem Nullpunkt verflossenen Tage allein genügt nicht, um ein Datum vollständig zu wissen. Dazu ist noch die Stellung des Tages im 260tägigen und im 365tägigen Zyklus nötig. Aus diesem Grund besteht ein vollkommenes Datum der ›Initial Serie‹ aus der Position in der Langzählung, dem Tzolkin und dem Haab« (Ferdinand Anders).

Als Beispiel gebe ich auf Seite 219 ein Long-Count-Datum der Initial und Supplementary Series von der Ostseite der Stele E von Quiriguá nach der Auslegung von Morley wieder.

Von welcher Bedeutung der Brauch der Datierungen nach bestimmten Perioden bei den Stelen war, ist nicht geklärt. Daß sich die Stelensetzung mit astronomischen Phänomenen erklären läßt, ist kaum anzunehmen. Auch geschichtliche Ereignisse treten nicht so regelmäßig alle 5, 10 oder 20 Jahre auf. Da die Darstellungen auf den Stelen entweder einen aufs prächtigste gekleideten Priester zeigen oder einen Häuptling auf seinem Thron, vor dem Unterwürfige oder Sklaven knien, mag es sich dabei um Glorifizierung der herrschenden Priester oder Priesterfürsten handeln. Der oft sehr lange Hieroglyphentext könnte uns hierüber Auskunft geben, doch ist es den Wissenschaftlern bisher nicht gelungen, die Texte (außer den Datierungen) zu entziffern.

Zusammenfassend können wir von Quiriguá sagen, daß diese Ruinenstätte keine bedeutenden architektonischen Denkmäler besitzt, daß ihre bildhauerischen Werke jedoch von hervorragender Qualität sind, die nur noch in *Piedras Negras* oder *Copán* eine Parallele hat, und daß wir hier die größten Stelen finden.

Copán

»Die Stadt liegt vor uns wie das Wrack eines Schiffes mitten im Ozean, die Masten sind gebrochen, der Name ist verlöscht, die Mannschaft verschwunden, und niemand weiß, woher es kam und für welchen Hafen es bestimmt war.«

John L. Stephens (1813–1895)

Kein Besucher Guatemalas, der sich für die Kultstätten der Maya interessiert, sollte versäumen, *Copán* zu besuchen. Copán liegt nicht in Guatemala, sondern in Honduras, jedoch dicht an der Grenze, in einem Tal, das sich – etwa 13 km lang – mit einer durchschnittlichen Breite von 2,5 km zwischen dicht bewaldeten Höhenzügen erstreckt. Auf dem Landwege kann man heute Copán sowohl von Guatemala wie von Tegucigalpa, der Hauptstadt von Honduras, aus erreichen. Doch seitdem dicht bei den Ruinen ein Flugplatz angelegt wurde, werden regelmäßig von Guatemala aus Touristenflüge nach Copán unternommen. Die archäologische Zone von Copán ist nur 1 km von der im vorigen Jahrhundert als Zentrum der Tabakpflanzungen gegründeten Ortschaft *San José de Copán* entfernt.

Das ganze Tal, das trotz seiner Lage in den Tropen ein angenehmeres und gesünderes Klima als *Tikal* aufzuweisen hat, ist bedeckt mit Ruinen, ein Zeichen, daß es in früheren Zeiten dicht besiedelt war. Copán wurde wahrscheinlich im Jahre 460 n. Chr. gegründet. Es ist die südlichste und die zweitgrößte aller bis jetzt bekannten klassischen Maya-Städte. Die Stadt liegt am Ufer des Copán-Flusses, eines Nebenflusses des Motagua, der westlich von Omoa in den Golf von Honduras mündet. 30 ha umfaßt die Kultstätte, während sich weit hinaus über die hügelige Landschaft die Wohngebiete der ehemaligen Maya-Bevölkerung erstreckten.

Der erste schriftliche Bericht über diese Ruinenstätte stammt von Diego García de Palacio; in einem Brief an König Philipp II. von Spanien beschrieb er ausführlich die Ruinen. Da man aber in den kegelförmigen, von Vegetation überwucherten Hügeln keine Schätze fand, wurde dieser Bericht vom König und den Spaniern wenig beachtet und geriet in Vergessenheit. Erst im Jahre 1834 hörte man wieder etwas über die Stadt, als der Colonel Juan Galindo das Gelände von Copán und die Ruinen erreichte. Seine Forschungen waren jedoch oberflächlich, und seine phantasievollen Berichte sind lediglich in einigen amerikanischen und französischen Zeitungen erschienen. Der wahre Entdecker von Copán ist der schon erwähnte amerikanische Diplomat, Forscher und Schriftsteller John L. Stephens. Auf seiner Reise durch Zentralamerika und Yucatán (1838 bis 1840) begleitete ihn der englische Maler Frederick Catherwood, der mit seinen schönen Zeichnungen und Plänen nicht zuletzt zu dem großen Erfolg von Stephens' Buch ›Incidents of Travel in Central America and Yucatán‹ beigetragen hat, das noch zu Lebzeiten des Autors viele Auflagen erlebt hat.

Unter großen Schwierigkeiten waren die beiden Reisenden damals in einer politisch unruhigen Zeit von Guatemala aus nach Copán gekommen, nur um ein paar alte Steine zu sammeln, wie sie sagten. Doch das glaubte ihnen niemand, und so gerieten sie immer mehr in Schwierig-

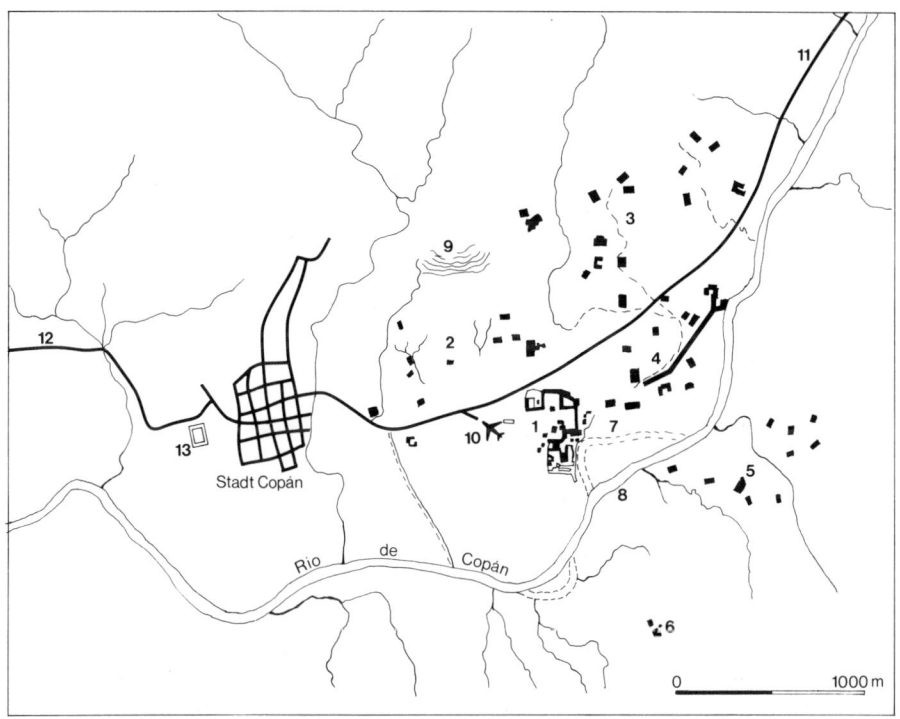

Copán, Lageplan der Ruinen
1 Hauptgruppe 2–5 Monticulos, Hügel mit bekannten, doch nur z.T. freigelegten Ruinen 6 Monticulo
›El Sapo‹ (der Frosch) 7 trockengelegter Flußarm 8 heutiger Flußlauf 9 Steinbruch 10 Flugplatz
11 Straße nach Tegucigalpa 12 Straße nach Zacapa 13 Friedhof

keiten. Dennoch drangen Stephens und Catherwood, ungeachtet auch der drohenden Malaria, in den Dschungel vor und standen hingerissen vor dieser Zauberwelt. Plötzlich, inmitten einer wildverschlungenen Vegetation, fanden sie sich einem riesigen steinernen Kopf gegenüber. Alle steinernen Bildnisse sind überwuchert von Ornamenten, von Tierleibern und Schlinggewächsen. Sind das nicht wirkliche Schlangenköpfe, die einen da anstarren? Doch sie sind aus Stein, und was man hier im Urwald auf Schritt und Tritt erblickt, ist im Kunstwerk noch tausendfach gesteigert.

Als Stephens Copán wiederentdeckte, gab es noch keine exakte Wissenschaft amerikanischer Archäologie. Aber daß Copán nicht eine beliebige von unzählig vielen Maya-Städten war, sondern eine der wichtigsten, das hatte auch Stephens schon erkannt. Copán war vielleicht das geistige Zentrum der klassischen Maya-Zeit. Zu gern hätte Stephens die ganze Stadt mit ihren alten Steinen eingepackt und nach New York geschafft. Warum sollte das nicht gehen? Zumindest konnte man einige wertvolle Stücke zum Fluß schaffen und auf dem Wasserwege abtransportieren. In New York wollte Stephens ein Museum eigens für die Kunst der Maya gründen. So etwas besaß damals nicht einmal das Britische Museum in London.

Stephens hatte sich daher vorgenommen, Copán zu kaufen. Er begab sich zu dem Eigentümer des Grundstücks, auf dem die Ruinen von Copán standen, und fragte ihn, was er für »die alten Steine« haben wolle. »Ich denke, Don José war nicht mehr erstaunt«, schreibt Stephens, »als wenn ich ihm gesagt hätte, daß ich sein armes altes Weib kaufen wollte ...« Der alte Don José wollte die Sache erst mit seiner Frau besprechen. Um der Angelegenheit besonderen Nachdruck zu verleihen, hatte Stephens das nächste Mal, als er vor Don José erschien, seinen alten Diplomatenrock angezogen und einen großen, vom Regen gezeichneten Strohhut auf den Kopf gesetzt. »Don José konnte den goldenen Knöpfen an meinem Rock nicht widerstehen, meine Kleider waren die feinsten, die er je gesehen hatte ... Der Leser ist vielleicht neugierig zu erfahren, welche Preise für alte Städte in Amerika erzielt werden. Ich bezahlte 40 US-Dollar für ganz Copán ... Don José hielt mich ob der Höhe des Betrages für verrückt.«

So gelangte Stephens in den Besitz einer ganzen Maya-Stadt, aber er trug sie doch nicht fort, sondern ließ sie stehen, und das zu unserem Glück! So blieb sie für spätere Forschungen erhalten. Besonders in ihrer natürlichen Umwelt stellt sie ein bedeutendes Zeugnis der alten amerikanischen Hochkultur dar.

Im Jahre 1881 gelangte durch Zufall Alfred P. Maudslay nach Copán. Begeistert von der Vielfalt und Schönheit der Skulpturen und Monumente faßte er sofort den Plan, diese Ruinenstätte gründlich zu untersuchen. 1885 hatte er die nötigen Mittel und Kräfte beisammen, um an Ort und Stelle mit seinen Forschungsarbeiten zu beginnen. Maudslay verdanken wir den ersten topographischen Plan und eine große Anzahl unübertrefflicher Photographien und Gipsabdrücke der meisten und schönsten Skulpturen, die sich heute alle im Britischen Museum in London befinden. Ihm verdanken wir auch die erste Nomenklatur der wichtigen Bauten und Monumente, die auch fernerhin beibehalten wurde. In der großartigen ›Biología Central Americana‹ ist die eingehende Beschreibung der Forschungsarbeiten Maudslays niedergelegt. Später, in den Jahren 1891 bis 1894, nahmen die Archäologen Saville, Owens, Maudslay und Gordon im Auftrag des Peabody-Museums in Harvard auf Grund eines Vertrages mit der Regierung von Honduras in vier Kampagnen Grabungen vor, durch die die große Hieroglyphentreppe der Akropolis freigelegt (Abb. 34) und zahlreiche Gräber entdeckt wurden, deren wertvoller Inhalt, darunter herrliche Skulpturen, zu gleichen Teilen zwischen dem Peabody-Museum und der Regierung von Honduras aufgeteilt wurde.

Doch alles, was bisher geforscht und entdeckt wurde, sollte nur eine Vorstufe zu den wirklichen Freilegungs- und Restaurationsarbeiten gewesen sein, die zur Regierungszeit des Staatspräsidenten Tiburcio García Andino von Honduras in den Jahren 1935 und 1936 durchgeführt wurden. Dies war jedoch nur mit Hilfe der Carnegie Institution of Washington möglich, und daß diese Zusammenarbeit zustande kam, war das Verdienst des außergewöhnlich begabten Maya-Kenners und Forschers Sylvanus G. Morley, den wir ja von *Quiriguá* her schon kennen. Als junger Student besuchte er im Jahre 1910 zum ersten Mal Copán, und seitdem galt sein Hauptinteresse bis zu seinem Tode dieser Maya-Kultstätte. Als Resultat jahrelangen Studiums hinterließ er das Monumentalwerk ›The Inscriptions of Copán‹, Carnegie Institution of

Washington Publ. Nr. 219, das noch immer die Forschungsgrundlage zur Erschließung der Maya-Inschriften bildet. Für die riesige Arbeit, die damals den Archäologen bevorstand, als sie sich an die Freilegung der Ruinenstätte von Copán heranwagten, hatte Morley einen exakten Plan entworfen und das Terrain vorbereitet.

Die Carnegie Institution hat in Copán Erstaunliches geleistet. So schön steht diese Kultstätte heute da, daß man meint, die Maya hätten den Platz eben erst verlassen. Gleichfalls erstaunt, daß bei dem überaus feuchten Klima und unter dem Einfluß der alles zerstörenden tropischen Vegetation überhaupt noch so viel übriggeblieben ist. Die größte Gefahr, die Copán bedrohte, war jedoch nicht der Wald, sondern der Fluß, der sein Wasser immer näher an die Stadt heranwälzte und schließlich, Jahr für Jahr, immer mehr von dem künstlichen Berg der Akropolis fortschwemmte. So war die erste Arbeit der Amerikaner in Copán, den Fluß abzuleiten: Man grub ein neues Bett und legte das alte trocken. Dann erst ging man an die Ruinen selbst heran. Auch hier hatten, wie in *Tikal*, die Wurzeln der Bäume und Sträucher die Verkleidungen der Erdaufschüttungen und die Fundamente der Baulichkeiten gesprengt und oftmals Steine wie Bauklötze durcheinander geworfen. Den Betrachter und Bewunderer der Kunst und der Architektur der Maya beeindrucken ihre Monumentalbauten und ihre plastischen Werke am meisten, für den Archäologen jedoch ist bei den Grabungen die Schichtenforschung nicht weniger interessant. Und da bot sich in Copán eine einzigartige Gelegenheit, auf einfache Weise zu studieren, was tief in der Erde verborgen lag: Die reißenden Fluten des Copán-Flusses hatten bei ihrem jahrelangen Vernichtungswerk den aus mehr als 2 Millionen Tonnen Erde und Schutt bestehenden, künstlich aufgeschütteten pyramidenartigen Hügel der Akropolis teilweise unterspült. So entstand ein über 30 m hoher und 300 m breiter Schnitt, der »größte archäologische Schnitt der Welt« (Morley), ein zuverlässiges Kulturdokument, das uns das Baumaterial der Pyramide und die einzelnen Bauperioden einwandfrei erkennen läßt.

Als man dem Fluß ein neues Bett grub, waren zwei Tempel und andere Baulichkeiten, von denen Stephens noch berichtete, schon vollständig verschwunden, doch konnten die wichtigsten Bauten gerettet werden. Waren die hauptsächlichen Restaurierungsarbeiten 1936 beendet, so wurden doch einzelne Arbeiten unter der Leitung des Archäologen Gustav Strömsvik bis zum Jahre 1942 fortgesetzt, ja die Wissenschaftler meinen, hier würde es sich lohnen, die Arbeiten noch hundert Jahre lang weiterzuführen, so reich an Material ist das archäologische Feld der zweitgrößten Stadt im südlichen Teil des Maya-Landes.

So begann 1978 unter der Federführung des Instituto Hondureño de Antropología e Historia ein großangelegtes, bis heute nicht abgeschlossenes Projekt, an dem Wissenschaftler aus vielen Ländern beteiligt sind, neben anderen Claude Baudez, William Fash, Berthold Riese und Linda Schele. Die Ergebnisse haben nicht nur zu einer neuen Deutung der Funktion vorhandener Bauwerke geführt. Vielmehr konnte man durch die Erschließung der Glyphen auch eine komplette Folge von Herrscherpersönlichkeiten aufstellen, die in Copán regiert haben. Außerdem ließen sich kriegerische wie dynastische Beziehungen zu anderen Zentren, besonders zu Quiriguá, nachweisen. Neben der Freilegung und Wiederaufrichtung von Teilen der Tempel 11 und 22 sowie des kleinen Tempels 18 am Ende des östlichen Akropolis-Hofes ist erstmalig eine Wohnsiedlung (Las Sepulturas) östlich des Zentrums umfassend freigelegt worden (bei Ziffer 7

Copán, Las Sepulturas. Reliefdetail, Schreiberfigur (nach L. Schele)

des Lageplanes). – Hier in Las Sepulturas ist auch die Palastanlage eines hohen Hofbeamten teilweise wiederaufgebaut worden. Die prachtvolle, reliefverzierte Bank und die vollplastischen Figuren der Fassade (die Archäologen bezeichneten die zugehörige Struktur mit 9 N-82) befinden sich im Museum von Copán. An Ort und Stelle sind Kopien angebracht. Die Gebäude geben eine Vorstellung davon, wie die Maya-Elite der klassischen Periode gelebt hat.

Die Topographie von Copán ist durch den Verlauf des Flusses bestimmt, dessen Windung einen Teil der Anlage umfaßte. Die Stadt besteht aus einer Hauptgruppe und 16 Nebengruppen, eine davon ist etwa 4 km vom Haupt-Zeremonialplatz entfernt. Die Hauptgruppe mißt in ihrer Nordsüdrichtung ca. 600 m mit einer durchschnittlichen Breite von 300 m; sie setzt sich aus der sogenannten Akropolis und aus fünf mit ihr verbundenen Plätzen oder Innenhöfen zusammen. Die Akropolis ist ein architektonischer Komplex, der aus Pyramiden, Terrassen und Tempeln besteht, eine endlose Folge von Überbauungen, die, wie die Ausgrabungen ergaben, durch die ständige Veränderung des Flußlaufes bedingt waren. Die Akropolis trägt drei Tempel: den Tempel 26 am Ende der Hieroglyphentreppe mit der Jahreszahl 756 – von diesem Tempel ist nur noch die Grundfläche zu sehen –, den Tempel 11, der im gleichen Jahr wahrscheinlich zum Gedächtnis an eine wichtige astronomische Entdeckung errichtet wurde, und den Tempel 22, der im Jahre 771 dem Planeten Venus geweiht wurde (Abb. 33). Dieser Tempel ist ohne Zweifel das Meisterwerk der Architekten und Bildhauer von Copán. Bei dem Erdbeben von 1934 stürzte er zusammen, so daß kaum ein Stein auf dem andern blieb. Aber zum Glück hatte Maudslay den Tempel in früheren Jahren schon einmal freigelegt sowie Photographien und Zeichnungen von den sehr komplizierten Skulpturen machen können, und deshalb war es während der Carnegie-Kampagne möglich, jeden Stein zu identifizieren und den Tempel wieder so aufzubauen, wie ihn Maudslay gesehen hatte.

Der Tempel erhebt sich über einer E-förmigen Plattform, er ist rechteckig und mißt 25,5 zu 12,5 m; er enthält einen Hauptraum oder Korridor, an dessen beiden Enden kleine Kammern liegen. Der Eingang zu dem Tempel befindet sich in der Mitte des Hauptraumes, er ist 2,8 m breit und stellt ein enormes, geöffnetes Schlangenmaul dar. Leider war es nicht möglich, den oberen Teil des Schlangenmaules zu rekonstruieren. Die erste Stufe im Eingang ist in Form von sechs Zähnen modelliert, und die zweite Stufe läßt das Innere des Schlangenmaules erkennen. Ein Rekonstruktionsversuch ist nunmehr im Museum von Copán ausgestellt.

Der Tempeleingang besitzt ferner eine plastische Umrahmung, deren reliefartige Figurationen schon fast als Vollplastik zu betrachten sind (Abb. 33). Als Basis der beiderseitigen Figuren erscheinen große steinerne Schädel, die je eine menschliche Figur tragen. In den Händen halten diese die Kinnladen eines Zoomorphen, dessen Körper den oberen Teil der Komposition darstellt und in dessen Windungen wiederum menschliche Figuren erscheinen. Diese allegorischen Darstellungen haben die Archäologen folgendermaßen gedeutet: Die großen Schädel symbolisieren den Tod. Die menschlichen Figuren dagegen stellen das Leben der Götter und Menschen dar. Die Zoomorphen bedeuten den Himmelsbogen und die Zoomorphen mit menschlichen Körpern und Klauen des Jaguars sind die ›himmlischen Geister‹. Das Ganze wird als die ›Beziehung des Menschen zum Universum‹ gedeutet.

Der Tempel 11 bildet den nördlichen Teil des östlichen Patio der Akropolis. Er ist einer der höchsten Bauten von Copán, aber da sein Fundament immer wieder im Laufe der Zeit zerstört wurde und da der Tempel mehrere Bauperioden erlebte, ist seine Struktur nicht so klar wie die des Tempels 22. Sein Grundriß hat die Form eines Kreuzes mit ungleichen Armen. Beide Toreingänge an den Kardinalpunkten der kreuzförmigen Kultstätte sind mit Hieroglyphen geschmückt, im ganzen sind es 140 Glyphen-Blöcke, die den Namen ›Tempel der Inschriften‹ rechtfertigen, denn kein anderes Gebäude besitzt so viele Hieroglyphen. Der Tempel ist zweistöckig und die enorm große südliche Wand war sicherlich dazu bestimmt, einen Aufbau zu tragen. Die beiden Ecken der Südmauer sind in außergewöhnlicher Weise mit zwei großen steinernen Eidechsen geschmückt, deren Köpfe nach unten und deren Körper nach oben gerichtet sind. Die Mauer zeigt ferner acht rechteckige Nischen.

Copán, zoomorphes Relief von Altar 41 am Fuß des Tempels 11. In der Mitte die Glyphe für ›Wasser‹. Das Relief soll den Kampf zwischen Trockenheit und Regen versinnbildlichen, dargestellt durch den Kopf des Jaguars und den der Schlange

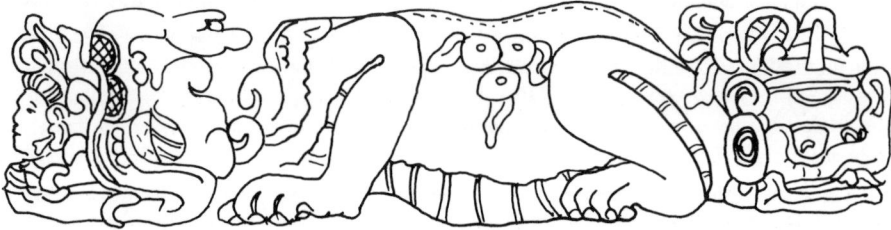

An der Westseite des Osthofes erhebt sich eine 16 m breite Freitreppe, die von zwei wunderbar modellierten steinernen ›Wächterfiguren‹, zwei aufrecht stehenden Jaguaren, flankiert wird (Abb. 30). Ihre Körper zeigen runde Vertiefungen, die ehemals mit blank polierten schwarzen Obsidianscheiben inkrustiert waren. Der Jaguar wurde von den ersten Anfängen an im Maya-Kult als Gottheit verehrt. Seine Flecken symbolisierten den Mond, ein Zeichen dafür, daß die Jaguarverehrung mit dem Mondkult in Verbindung gebracht wurde. Eine der oberen Mauern der Anlage, zu der die Treppe führt, ist durch einen großen viereckigen Mauerblock gekrönt, der die sogenannte ›Venus-Maske‹ trägt; die kolossale Maske eines menschlichen Gesichtes ist an beiden Seiten durch die Symbole des Planeten Venus gekennzeichnet (Abb. 26).

Die größte Aufmerksamkeit und Sorgfalt widmeten die Archäologen den Restaurierungsarbeiten an der ›Treppe der Hieroglyphen‹, nach Ansicht Strömsviks das wichtigste Monument, das die Architekten von Copán geschaffen haben (Abb. 34). Diese 30 m lange und 10 m breite majestätische Freitreppe liegt in der Mitte der Hauptgruppe von Copán und wird der Ausgangs- und Endpunkt der Zeremonien bei den großen religiösen Festlichkeiten gewesen sein. Annähernd 2500 Hieroglyphen bedecken die Stufen, sie stellen den längsten bis jetzt bekannten Maya-Text dar, doch leider kennen wir seinen Inhalt nicht. Vielleicht gäbe er uns Aufschluß über wichtige Ereignisse in der Geschichte dieses Volkes. Von den 63 mit Hieroglyphen geschmückten Stufen wurden nur 15 an ihrem originalen Ort gefunden. Einige Stufen waren im Ganzen verrutscht, so daß die Reihenfolge der Glyphen noch erkennbar war. Alle anderen lagen am Boden durcheinander gewirbelt. Tozzer und Morley haben in wochenlanger minuziöser Arbeit versucht, hier Ordnung zu schaffen und die Treppe so gut wie möglich wieder aufzubauen. Während dieser Arbeit konnte Morley ungefähr 30 verschiedene Datierungen feststellen, die sich über 200 Jahre erstrecken, von 544 bis 744 n. Chr.

Die Balustraden zu beiden Seiten der Treppe sind mit komplizierten Darstellungen von Schlangen und vogelähnlichen symbolischen Figuren geschmückt. Am Fuß und in der Mitte der Treppe steht ein Altar, und jeweils im Abstand von fünf Stufen befinden sich sitzende menschliche Figuren. Zwischen der dritten und vierten Figur, die dreizehn Stufen Abstand haben, ist eine besonders kunstvolle verzerrte menschliche Figur eingefügt. Den oberen Teil der Freitreppe unterbricht ein Absatz, sie endet dann nach acht engeren Stufen an der Basis des Tempels 26, der einstmals ein architektonisches Kleinod von unschätzbarem Wert gewesen ist. Seine Wände waren im Innern mit einem Fries von kleinen Skulpturen menschlicher Gestalten geschmückt, die in ihrer Folge einen Hieroglyphentext darstellten.

Von dem Platz vor der Hieroglyphentreppe gelangt man an der Nordost-Ecke der Akropolis vorbei auf einer Schneise zwischen dem Monticulo 11 und 8 zum Westhof der Akropolis. An der südlichen Basis des Tempels 11 finden sich vier breite Stufen oder Reihen von Sitzen, die man die ›Tribüne der Zuschauer‹ genannt hat. Die Glyphen am oberen Teil der Stufen lassen das Datum 771 n. Chr. erkennen. In der Mitte der oberen Stufe wird die Hieroglyphenreihe durch die Skulptur eines menschlichen Kopfes unterbrochen. Flankiert wird die obere Stufenreihe von zwei hockenden menschlichen Gestalten, die sich mit einem Knie auf den Boden stützen. Sie tragen ein Halsband aus Kakaofrüchten, einen Schlangengürtel und im Mund eine Schlange. In der linken Hand halten sie eine Art Rassel, die mit Federn geschmückt ist und das Zeichen

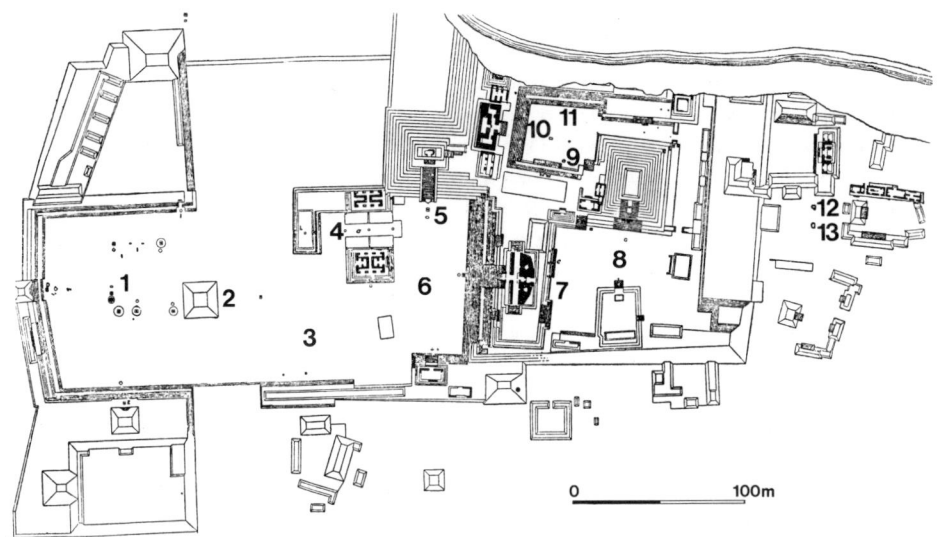

Copán, Plan der Akropolis
1 Hauptplatz 2 Pyramide 3 mittlerer Platz 4 Ballspielplatz 5 Treppe der 2500 Hieroglyphen 6 Platz vor der Treppe der Hieroglyphen 7 Tribüne für Zeremonien 8 westlicher Hof 9 Treppe 10 östlicher Platz 11–13 Grabmäler

Copán, Rekonstruktion der Akropolis

›IK‹ trägt. Es bezeichnet den ›Wind‹ und entspricht direkt dem aztekischen Windgott Eecatl. Das IK-Zeichen gilt aber auch als Symbol des Lebens.

Zwischen dem Hauptplatz und dem Platz vor der Hieroglyphentreppe liegt der sehr schöne und vollständig restaurierte Ballspielplatz (Abb. 35). Er wird im Hintergrund von einem Monticulo auf einer Seite begrenzt, zu dem eine Treppe hinaufführt. An die beiden schrägen Seitenflächen, deren Gefälle weniger als 40° beträgt, schließen sich überwölbte Bauwerke an. Die großen steinernen Blöcke, mit denen die Flächen des Ballspielplatzes gepflastert sind, waren früher mit Stuck überzogen. Die Anlage mißt 28,45 m Länge zu 7 m Breite. Auf der mittleren Fläche stehen drei rechteckige Blöcke mit skulptierter Oberfläche, die man ›Marksteine‹ genannt hat, und je drei ›Marksteine‹ in Form von Köpfen des Guacamayo (Ara Macao) befinden sich an den Enden der schrägen Flächen zu den senkrecht zu überwölbten Baulichkeiten aufsteigenden Wänden. Was diese Marksteine wirklich bedeuten, ist nicht bekannt. Über den Spielverlauf in der klassischen Maya-Zeit wissen wir nichts Genaues, wir wissen nur, daß das Spiel in Guatemala und in Yucatán ›Hom‹ genannt wurde, das sonst allgemein unter dem Nahua-Namen ›Tlachtli‹ bekannt war.

In der Mitte der geneigten Fläche befinden sich Reihen mit Hieroglyphen. Die Inschrift auf der östlichen Seite trägt das Datum 775 n. Chr. Somit ist dieser Ballspielplatz der einzige, der mit einem Datum ausgezeichnet ist. Es fixiert den Zeitpunkt der letzten Umgestaltung des Ballspielplatzes von Copán. Die Ausgrabungen der Carnegie Institution haben nämlich gezeigt, daß an dieser Stelle schon früher mehrere Ballspielplätze angelegt worden waren, die ungefähr dieselben Ausmaße hatten wie der letzte, jetzt renovierte. Der älteste Ballspielplatz hatte Marksteine aus Stuck. Bei der letzten Anlage wurden drei steinerne Ringe mit Skulpturen von Ballspielern in der typischen Ballspielkleidung gefunden: breiten Gürteln, Handschuhen und Knieschützern.

Der Typ des Ballspielplatzes mit drei Marksteinen ist bisher nur in Copán gefunden worden, während fast alle Ballspielplätze in Mexiko und in Zentralamerika, außer bei den Zapoteken, an den beiden Seitenwänden je einen steinernen Ring aufweisen. Diese beiden Steinringe bedeuten in der Ballspielsymbolik diejenigen Stellen am Horizont, an denen die Gestirne auf- und untergingen. Sie waren ebenso wichtig wie die Mittellinie, die den Boden des Spielfeldes von Ring zu Ring überquerte und die Grenze zwischen Tag und Nacht darstellte. Die mythologische Bedeutung des Ballspiels ist die Vernichtung und die Wiederauferstehung des Mondes: »Der Mond, der bald unterliegt, d. h. zum Neumond schwindet, bald gewinnt, d. h. zum Vollmond sich rundet« (Seler). Es ist der Kampf zwischen Licht und Finsternis. Das Loch in dem Ring, durch das der Spieler den Ball zu treiben hat, dürfte mit der Öffnung der Erde zu vergleichen sein, in der die Sonne nach Auffassung der alten Mexikaner verschwindet, wenn sie untergeht.

Die Maya sahen in Sonne und Mond Federbälle, mit denen die Götter am Firmament Ball spielten. Tag für Tag schwebten sie von einem Ende des Himmelszeltes zum anderen. Der Ballspielplatz galt daher als Symbol des Taghimmels. Das, was wir über das Ballspiel der alten Mexikaner wissen, stammt hauptsächlich aus Berichten und bildlichen Darstellungen der Azteken. »Man gewinnt aber fast den Eindruck, als hätte das Spiel bei den Maya seine eigentliche Heimat gehabt und sich erst in jüngerer Zeit nach Norden verbreitet« (Krickeberg). Vielleicht waren sogar die Olmeken die Erfinder des Ballspiels. In allen Codices, die allerdings stets Ereignisse aus der Spätzeit der altamerikanischen Völker beschreiben, ist das Ballspiel als eine von Priestern zelebrierte Sakralzeremonie dargestellt.

Copán besitzt den schönsten von allen bis jetzt bekannten Ballspielplätzen aus der klassischen Maya-Zeit, nicht zuletzt, weil er mit seinem reichen ornamentalen Schmuck aus grünlichem Tuffgestein viel edler wirkt als die meisten Ballspielplätze der anderen Maya-Stätten. Dies gilt vor allem auch für die nicht weniger als 20 Stelen und 14 Altäre, durch die Copán berühmt geworden ist (Farbt. 15–17). Die meisten dieser Monolithen stehen am Nordende des großen Zeremonialplatzes.

Die naturalistische Darstellung, die als Dekor in der Architektur von Copán eine so wichtige Rolle spielt, wird besonders deutlich bei den Stelen. Die menschlichen Figuren, die an anderen Kultstätten oft noch als sehr flaches Relief erscheinen und gerade durch ihre Zurückhaltung ein hohes Maß künstlerischen Empfindens bezeugen, treten hier aus dem Untergrund hervor und werden fast zu Rundfiguren, doch bei dem Schwelgen in Quantität geht zuweilen in dem Übermaß an Details der Rhythmus verloren. Hier sind die Figuren von steinernen Pflanzen- und Tierornamenten umschlungen – man möchte fast glauben, der Dschungel selbst habe diese Denkmäler geschaffen. Wie in Indien wirkte sich hier sicherlich die verschwenderische Fülle der tropischen Natur auf die Phantasie der Menschen aus.

Die meisten Figuren auf den Stelen von Copán sind frontal gestellt, die Füße nach auswärts gerichtet, parallel zur Grundfläche. Manche Stelen haben Figuren an jeder Breitseite (Stele C) und an den Schmalseiten von oben bis unten Hieroglyphenfelder (Stele A, B, C). An anderen wiederum ist die ganze Rückseite mit Hieroglyphenfeldern bedeckt (Stele M; Farbt. 16). Auch diese tiefgeschnittenen Reliefs, wahrhafte Hieroglyphen-Teppiche, sind kleine Meisterwerke, die mit ihren horizontalen und vertikalen Linien harte Schatten werfen.

Die Stelen – der Name ist griechischen Ursprungs und wird, besonders in der Maya-Archäologie für vertikal aufgestellte rechteckige Säulen gebraucht – sind Darstellungen von Priestern oder Priester-Fürsten. Ihnen sind alle möglichen göttlichen Attribute beigegeben, mit denen man sie sich nach ihrem Tode vorstellte (Farbt. 15). Sie wurden zu Beginn der klassischen Maya-Zeit nach Ablauf eines Katuns, einer Periode von 20 Jahren, später nach Ablauf eines halben, zuletzt eines viertel Katuns errichtet.

Die meisten Stelen befinden sich auf dem Hauptplatz und auf dem Platz vor der Hieroglyphentreppe. Viele von ihnen lagen am Boden und mußten wieder aufgerichtet werden, einige waren ganz oder teilweise verschüttet. Man glaubt jedoch, daß sie jetzt alle wieder an ihrem ursprünglichen Platz stehen. Es war nicht so schwer, ihre Basis zu lokalisieren, denn die Stelen in Copán stehen ohne Ausnahme auf kreuzförmigen, gemauerten Podesten mit Kammern, in denen Opfergefäße, Gegenstände aus Jade und zahlreiche Knochen von Vögeln und Fischen gefunden wurden. Die Stelen selbst sind durchschnittlich 3 bis 4 m hoch.

Die Stele B zeigt in ihrer Ausschmückung besonders originelle Verzierungen, denen orientalische Motive zugrundezuliegen scheinen. Das Gesicht der Figur ist gekennzeichnet durch ein Ornament, das man als einen vom Kinn herabhängenden Bart, wie bei den alten Ägyptern, deuten könnte. Auch die Handhaltung der Figur über der Brust ist hier ebenso wie bei der Stele C orientalisch. Und die beiden kleinen Figuren, die den oberen Teil der Stele über dem

Kopfputz der Figur begrenzen, haben lange Zeit zu Meinungsverschiedenheiten unter den Wissenschaftlern geführt, jemand hielt sie sogar für Elefantenrüssel. Tozzer, Spinden und Morley konnten aber beweisen, daß es sich hier um Köpfe und Schnäbel von Papageien (der amerikanischen Guacamayos) handelt; andere wiederum, wie Rafael Girard, sehen in der Darstellung eine Mischkomposition Guacamayo–Tapir. Der Tapir gilt als heiliges Tier des Regengottes, und sein Gesicht mit dem herabhängenden Rüssel hat die Gestalt des Regengottgesichtes stark beeinflußt, besonders auch in der späten Maya-Zeit. Die im Puuc-Stil in Yucatán so häufig auftretende Maske des Regengottes mit der stilisierten bogenförmigen Nase läßt als Vorbild den Kopf des Tapir erkennen. In der Mythologie der Maya spielt der Tapir eine große Rolle. Sein Name ›Tzimin‹ findet sich häufig in Verbindung mit ›Chac‹, dem Namen des Regengottes, also Tzimin-Chac. In den Urwäldern Guatemalas kommt der Tapir heute noch häufig vor, so daß man annehmen möchte, seine Beziehung zum Regen habe hier ihren Ursprung.

Eine wichtige Rolle spielt der Tapir in der Mythologie selbst der Hochland-Maya von Guatemala, der Cakchiquel. Das geht aus einer Stelle ihrer Annalen hervor, die sich mit der Schöpfung der Menschen befaßt: »... Diese Menschen konnten jedoch weder sprechen noch gehen. Auf der Suche nach einem Stoff kam man auf den Mais. Nun brauchte man etwas zum Kneten des neuen Werkstoffes. Ein Kolibri brachte aus dem Innern des Meeres das Blut des Tapir und der Schlange. Daraus bereitet der Schöpfer das Fleisch des Menschen.«

Neben den Stelen stehen oft, aber nicht immer, mehrere Tonnen schwere Monumente, die man Altäre oder Opfersteine genannt hat (Abb. 28, 31, 32) und deren Funktionen verschieden gedeutet werden. Sie unterscheiden sich stark voneinander sowohl in der Größe wie in der Form. Es gibt Steine in Form kleiner grotesker Köpfe, aber auch große zoomorphe Gebilde. Die ältesten Altäre sind rechteckig oder rund, noch sehr einfach und fast ganz mit Hieroglyphen bedeckt, während die jüngeren, wie die Stelen, reich mit Ornamenten geschmückt sind und selten Inschriften tragen. Hinter den Stelen F und H stehen die beiden Altäre G (Abb. 28), sie repräsentieren zweiköpfige Schlangen und sind mit der Jahreszahl 801 n. Chr. versehen, der zweitjüngsten Datierung, die man in Copán gefunden hat.

Auch die Altäre oder Opfersteine waren teilweise verschüttet und mußten ausgegraben werden. Als Maudslay in Copán die ersten archäologischen Grabungen vornahm, gab er E. P. Dieseldorff die Erlaubnis, das Fundament der Stele C zu untersuchen. Hierüber schreibt Dieseldorff: »Die Öffnung dieses vor vielen Jahrhunderten hergestellten Fundamentes war für mich mit großer Lebensgefahr verbunden, noch nie war ich dem Tode so nahe; denn als einer der großen Stützsteine gelockert wurde, wand sich aus der Höhlung eine äußerst giftige Schlange heraus und berührte fast mein Bein. Als Bausteine des Fundamentes waren verwandt ein quadratischer Altar, auf welchem zwei Figuren (Tzultacá und Sonnengott) festgebunden waren und außerdem der kopflose Körper eines unförmig dicken Idols. Der Altar lag mit der Bildseite nach unten. Ich nehme an, daß Idol und Altar dem Mam geweiht waren und während der letzten Tage des Zeitabschnittes verehrt wurden. Am letzten Tag des alten Zeitabschnittes wurden die Mam-Idole zerstört und eingegraben und die Stele errichtet, die beim Anfang des neuen Zeitabschnittes ungeheuren Eindruck erweckt haben muß und zu großer Freude Anlaß gegeben haben wird. Dieser Sieg der neuen Epoche über die alte, des Tzultacá über den Mam, finden wir in den Ruinenstätten auf verschiedene Art ausgedrückt. In Copán unter anderem durch die erwähnte Einsenkung des Mam-Idols und -Altars in die Fundamente.«

Nach Dieseldorff gab es in Copán und überhaupt zur klassischen Maya-Zeit hauptsächlich zwei Gottheiten, die verehrt wurden: den jungen Gott und den alten Gott, Tzultacá und Mam. Mam ist in der Vorstellung der Maya der alte und der böse Gott, Tzultacá dagegen die Personifikation des Maises; er ist der gute junge Gott, der die Pflanzen vor den Tieren schützt.

Im Zentrum der Akropolis erhebt sich der höchste pyramidale Bau, der Monticulo 16 mit Resten eines Tempels, der höchste Punkt der Ruinen von Copán, 40 m über der Talsohle gelegen. Gegenüber der Treppe des Monticulo steht eins der bedeutendsten Monumente von Copán: der Altar Q, der wegen seiner besonders schönen Reliefs und seiner außergewöhnlichen Darstellungen zu den interessantesten Kunstwerken Copáns zählt (Abb. 32). Es ist ein etwa 0,70 m hoher, quadratischer Stein mit 1,50 m langen Seitenflächen, an denen mit gekreuzten Beinen je vier turbangekrönte Gestalten sitzen. Sie sind einigen Skulpturen an der großen Pyramide von Xochicalco in Mexiko auffallend ähnlich. Die Oberfläche des Altars Q ist mit sechs Reihen von Hieroglyphenblöcken ausgefüllt; die Reliefs zeigen insgesamt 36 Glyphen. Das Datum, das hier eingemeißelt ist, entspricht dem Jahr 776 n.Chr. und fixiert wahrscheinlich den Zeitpunkt der Einweihung des Altars. Nun erscheint aber an seiner westlichen Seite in der Mitte von je zwei sich gegenübersitzenden Figuren ein Datum, das 13 Jahre, 5 Monate und 7 Tage vor der Einweihung liegt. Zunächst vermutete man, daß die Maya von Zeit zu Zeit Korrekturen ihres Kalenders vornahmen. Zu diesem Zweck, so glaubte man, fanden sich die Priester-Astronomen in einem ›Kongreß‹ zusammen, und dieser Altar Q sei anläßlich eines solchen Kongresses gesetzt worden; die hier dargestellten Figuren sollten demnach die Kongreßteilnehmer darstellen.

Diese Deutung ist jedoch durch die neuen Erkenntnisse überholt. Altar Q stellt zweifellos die Herrscherfolge von Copán dar. Die dritte sitzende Figur auf der Westseite des Altars zeigt den 16. Herrscher Yax-Pac, rechts von ihm sein Vorgänger (›Eichhörnchen‹), dann folgen an der Südseite im umgekehrten Uhrzeigersinn die Vorgänger Herrscher 14, 13 (›18 Kaninchen‹), 12 (›Rauch-Jaguar‹) und 11, im Osten die Herrscher 10, 9, 8, 7 sowie im Norden 6, 5, 4, 3, schließlich wieder an der Westseite Herrscher 2 und – dem Stifter des Altars Yax-Pac gegenüber – der erste Herrscher von Copán. Das links von Yax-Pac erscheinende Glyphen-Datum 6 Caban 10 Mol des Maya-Kalenders findet sich auch auf einer der Glyphentafeln des Tempels 11 und bezeichnet die »Thronbesteigung« dieses 16. Herrschers, dessen Name auf so vielen Monumenten von Copán erscheint.

Altar L vor Stele 2 wurde 1987 als Monument zum Amtsantritt des Nachfolgers von Yax-Pac identifiziert. Wenn Linda Schele und Daniel Stuart die Datierung (10. Februar 822 n.Chr.) richtig gelesen haben, ist dieses das letzte bisher dokumentierte Datum im Copán-Tal.

Nicht nur auf der Akropolis und den dazugehörigen Plätzen und Bauwerken stehen so schön bearbeitete Monumente, auch noch weit verstreut in dem fruchtbaren Copán-Tal finden wir Stelen und Altäre. Zum Beispiel stehen die Stelen 10 und 12 etwa 4 km östlich und westlich von der Zentralgruppe entfernt. Man hat sie die »bemalten Steine« genannt, da sich an ihnen noch

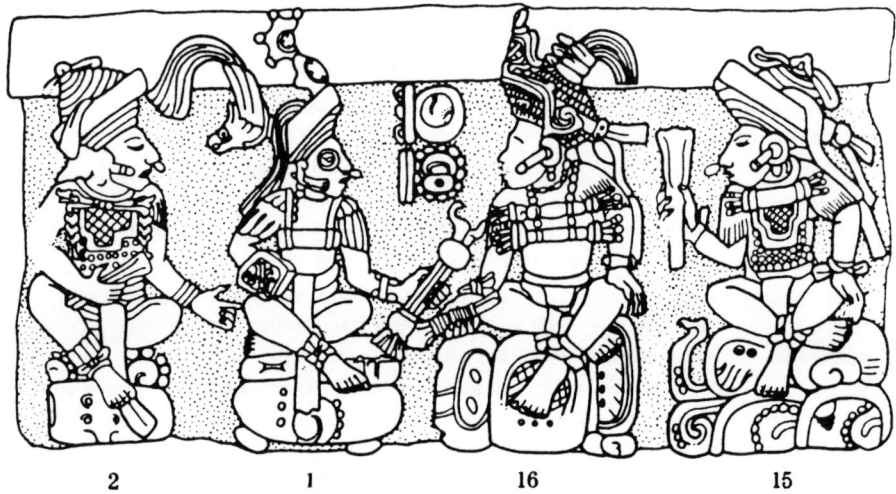

Copán. Altar Q, westliche Seite. Dargestellt sind (von links nach rechts) die Herrscher 1, 2, 16 (Yax-Pac) und 15 (›Eichhörnchen‹)

Reste einer Bemalung zeigen, wie überhaupt die meisten Skulpturen in Copán früher einmal bemalt gewesen sind (vgl. Farbt. 17).

Unmittelbar neben der Straße, die von den Ruinen der Akropolis zur Ortschaft führt, steht auf einem kleinen Hügel, nur einen halben Kilometer von der Akropolis entfernt, die Stele 5 in recht gutem Zustand. Beide Breitseiten zeigen reich geschmückte menschliche Figuren, beide Schmalseiten Hieroglyphenfelder mit der Jahreszahl 706 n. Chr. Gegenüber jeder Figur steht ein Rundaltar. Einer von ihnen trägt die Jahreszahl 502 n. Chr.

Etwa 50 m entfernt von Stele 5 steht zwischen zwei Hügeln wieder eine Stele, die Stele 6, mit einer Figur, die im Volksmund ›Der traurige Indio‹ heißt. Ihre Rückseite und beide Flanken sind mit Hieroglyphen bedeckt und mit einem Datum versehen, das dem Jahre 683 n. Chr. entspricht.

Copán besitzt auch ein Museum, das an der Plaza der Ortschaft Copán im Jahre 1939 errichtet wurde und eine sehr schöne Sammlung von Objekten aufweist, die während der Ausgrabungen und Restaurierungsarbeiten im Laufe der Jahre gefunden wurden. Hier hat man auch im Patio die Stele 7 mit dem Datum 613 n. Chr. aufgestellt, die Stele W, den Altar T und den Altar U. Da es die Räumlichkeiten des Museums nicht erlauben, alle aufbewahrten Gegenstände auszustellen, werden dem Publikum abwechselnd die einen und die anderen Funde gezeigt.

Einer der bedeutendsten Funde in Copán waren zwei kleine Fragmente einer Goldfigur im Fundament der Stele H. Dies sind die einzigen Gegenstände von Metall aus der klassischen Maya-Zeit. Die Stele H, die eine Frauengestalt darstellt, trägt die Jahreszahl 782.

All den Funden, Entdeckungen und Ausgrabungen in Copán zufolge war diese Stadt, die J. E. Thompson das »Athen der Maya« und S. G. Morley das »Alexandria der versunkenen Welt der Maya« genannt haben, ohne Zweifel eine der bedeutendsten Kultstätten der Maya. Stumme Zeugen einer versunkenen Welt, die nicht nur eine materielle, sondern auch eine geistige war, sind wieder zugänglich geworden. Der bestrickende Reiz dieser von Menschenhand geschaffenen Denkmäler wird noch durch die üppige tropische Pflanzenwelt, die sie umgibt, verstärkt.

Piedras Negras

In der hügelreichen Urwaldzone des Petén, direkt am Usumacinta-Fluß gelegen, war *Piedras Negras* mit seinen zahlreichen Tempelpyramiden und Palästen eine der bedeutendsten Kultstätten der klassischen Maya-Zeit. Vor *Tikal* und vielen anderen Plätzen war diese Stadt besonders durch ihre Lage begünstigt, denn der Usumacinta war trotz seiner Stromschnellen mit kanuartigen Booten zu befahren und stellte einen wichtigen Verkehrs- und Handelsweg dar. Das Zentrum dieser Stadt bildet eine Akropolis, die auf einem natürlichen Hügel erbaut wurde. Leider können wir heute nicht mehr den richtigen Eindruck von dieser Stadt gewinnen, wenn wir sie besuchen, denn sie ist nicht restauriert wie *Tikal;* sie besteht heute aus nicht viel mehr als Schutthügeln, von denen die tropische Vegetation Besitz ergriffen hat. Zwar haben auch hier gründliche Ausgrabungen zwischen 1931 und 1937 durch die University of Pennsylvania unter der Leitung von Mason und Satterthwaite stattgefunden, nachdem schon Teobert Maler in den Jahren 1895 und 1899 die Ruinen beschrieben und hervorragende fotografische Aufnahmen gemacht hatte. Aber da zur Erhaltung dieser Kultstätte nicht das nötige Geld aufgebracht werden konnte, hat man die Gebäude bis auf einige Gemächer auch nicht rekonstruiert. Wer Interesse hat, Piedras Negras trotzdem zu besuchen, kann mit einem gecharterten Sportflugzeug von Guatemala City oder Flores Petén aus auf einer primitiven Piste bei den Ruinen landen.

Die meisten Gebäude in Piedras Negras waren mit Stuck verkleidet, wovon noch Reste vorhanden sind. Die Untersuchungen der Archäologen haben gezeigt, daß die Stadt lange vor der spanischen Eroberung mutwillig zerstört worden sein muß, denn die Schäden, die sie erlitten hat, können nicht allein im Laufe der Zeit eingetreten sein. Dasselbe gilt auch für die zahlreichen Skulpturen, die Stelen, Throne, Tafeln und Oberschwellen. Diese Skulpturen gehören zu den schönsten und vollendetsten Kunstwerken, die von den Maya geschaffen wurden. Einige der über vierzig monolithischen Stelen wiegen mehr als acht Tonnen. Die archäologischen Museen Guatemalas und Mexikos besitzen einige sehr schöne Stelen. Die schönsten Altäre und Throne befinden sich im Museo Arqueológico in Guatemala. Die technische Perfektion bewundern wir bei den Skulpturen aus elfenbeinfarbenem Kalkstein ebenso wie die Ausgewogenheit und Harmonie der Zeichnung. Die Kunstwerke von Piedras Negras stehen in ihrer Qualität den herrlichen reliefgeschmückten Steinplatten und den steinernen Oberschwellen nicht nach, die außen an den Toreingängen der Paläste und Tempel in *Yaxchilán* angebracht waren (Abb. 38). Die Skulpturen von Piedras Negras, Copán und Yaxchilán wetteifern miteinander in der überaus genauen Darstellung der Kleidung und des Schmuckes der dargestellten Persönlichkeiten. Yaxchilán, auf der Piedras Negras gegenüberliegenden Seite des Usumacinta-Flusses, gehört zu Mexiko und bleibt deshalb außerhalb unserer Betrachtung.

Uaxactún

Dort, wo man niemals eine menschliche Siedlung vermuten würde, mitten im tiefsten Dschungel des Petén und nur etwa 20 km von *Tikal* entfernt, liegt *Uaxactún,* das bis heute nach Tikal (600 v.Chr. bis 1000 n.Chr.) als älteste bekannte Maya-Stadt gilt. Morley glaubt, daß dieser Platz mehr als tausend Jahre lang von den Maya bewohnt wurde, denn Städte oder Stadtstaaten wie diese wurden nicht bewußt ›gegründet‹, sondern erreichten erst im Laufe der Zeit ihre spätere Größe und Bedeutung.

Morley war es auch, der dieser bedeutenden Ruinenstätte den Namen gab. Aus der Verbindung zweier Maya-Wörter, *uaxac* = acht und *tun* = Stein, entstand das Wort Uaxactún. Morley bezog sich bei der Namensgebung auf den Fund der Stele 9 mit dem Datum 327 n.Chr., das dem achten Zyklus des Maya-Kalenders angehört und damals als die älteste Stelendatierung galt. Morley nahm zusammen mit Ricketson die Nomenklatur der einzelnen Gebäudegruppen und die Bezeichnungen der Monumente vor, während Blom und Amsden den Plan entwarfen, der dann später von Ricketson und Smith korrigiert wurde.

Nicht nur durch seine Stelen und den außerordentlichen Reichtum an Keramik ist Uaxactún berühmt geworden, sondern vor allem auch eines Monuments wegen, das zwar später überbaut wurde, aber noch vollkommen intakt geborgen werden konnte. Es stammt aus der frühen, also formativen Periode und lag im Innern der Pyramide VII der Gruppe E. Man nennt es, streng archäologisch, ›E-VII sub‹. 1926 begann die Carnegie Institution mit den Ausgrabungen in Uaxactún, die Hoffnung, hier in einer der ältesten und am längsten besiedelten Maya-Städte auf frühe architektonische Reste zu stoßen, wurde erfüllt, denn der Kern der Pyramide VII, der

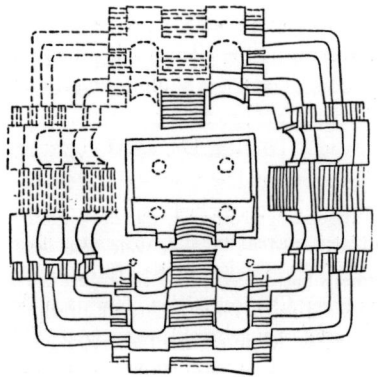

◁ Uaxactún, Grundriß der Pyramide VII

Uaxactún, Rekonstruktionszeichnung der Pyramide VII

nach mühsamer Aufdeckung vollauf erhalten zum Vorschein kam, trägt besonders eindrucksvolle Verzierungen: Achtzehn groteske Monumentalmasken, wie man sie ähnlich in *Tikal* freigelegt hat. Zwei Motive kehren immer wieder bei diesen zwar rohen, aber kraftvollen Bildwerken, deren Bedeutung rätselhaft bleibt. Auch hier sind schon Stilelemente angedeutet, die in der späteren Maya-Kunst wieder auftauchen.

Auffallend bei diesem Heiligtum ist die Unruhe seiner Architektur, die sich in außergewöhnlichen Proportionen und ungleichen Winkeln festmachen läßt. Mit einer dicken Stuckmasse überzogen, ähnelt der ganze Bau einem aus einer Form gegossenen Modell. Thompson, der sich unmittelbar nach der Freilegung dieses Monumentes in Uaxactún befand, sah die Pyramide einmal in vollem Mondlicht vor der Kulisse der mächtigen Baumriesen des unberührten Urwaldes. Aus der Ferne gesehen, lag sie für ihn verloren in einer zeitlosen Ruhe. Thompson zählt diesen Anblick zu seinen eindrucksvollsten Erlebnissen im Maya-Land.

Die acht Gruppen oder Gebäudekomplexe von Uaxactún liegen dicht beieinander und sind durch gepflasterte Straßen miteinander verbunden. Leider befinden sich alle Anlagen in einem bedauernswürdigen Zustand. Viele von ihnen sind nicht ausgegraben und heute nur noch als formlose Hügel aus Schutt sowie wild wuchernder Vegetation zu erkennen. Vor allem an Ruinenplätzen wie diesem, wo kaum eine Möglichkeit besteht, ihn zu retten und vor dem völligen Verschwinden zu bewahren, ist die Arbeit der Archäologen besonders vordringlich.

Altun Ha und weitere Fundstätten in Belize

Bei der archäologischen Erforschung des Maya-Landes, die vor mehr als hundert Jahren mit den denkwürdigen Arbeiten John Lloyd Stephens' und Frederick Catherwoods begann, gibt es immer wieder Überraschungen. Eine solche erlebte ein archäologisches Team des Royal Ontario Museum, Toronto/Kanada, in Belize, als es im Jahre 1964 ein bisher von den Archäologen vernachlässigtes Gebiet an der östlichen Peripherie des Maya-Raumes überprüfte, das nicht allein schwer zugänglich ist, sondern bis dahin auch als ›kulturelles Niemandsland‹ galt, wo sich kaum etwas Wichtiges habe entwickeln können.

Als Grabungsstätte entschied man sich für *Altun Ha,* etwa 10 km von der Meeresküste und 55 km von der damaligen Metropole *Belize* entfernt gelegen (seit 1972 ist Belmopán offiziell Hauptstadt). Altun Ha ist übrigens die ungefähre Übersetzung von Rockstone Pond (Felsgesteinteich) in eine Maya-Sprache. So heißt der nahegelegene kreolische Flecken, und sein englischer Name leitet sich wohl von dem gepflasterten Wasserreservoir her, das heute noch vorhanden ist.

Schon im ersten Grabungsjahr wurden hier alle Erwartungen übertroffen, so daß die Grabungen bis 1970 fortgesetzt wurden; sie konnten jedoch nur während der Trockenzeit, also sechs Monate im Jahr, stattfinden. Die Leitung des Unternehmens hatte David M. Pendergast übernommen. Das Siedlungsgebiet, das mitten im Küsten-Urwald mit seinem dichten Unterholz liegt, erstreckt sich über 9 km². Im Stadtkern, der 4 km² umfaßt, konnten mehr als 500 Bauten festgestellt werden, von denen 55 teilweise oder ganz ausgegraben wurden. Dabei stellte sich

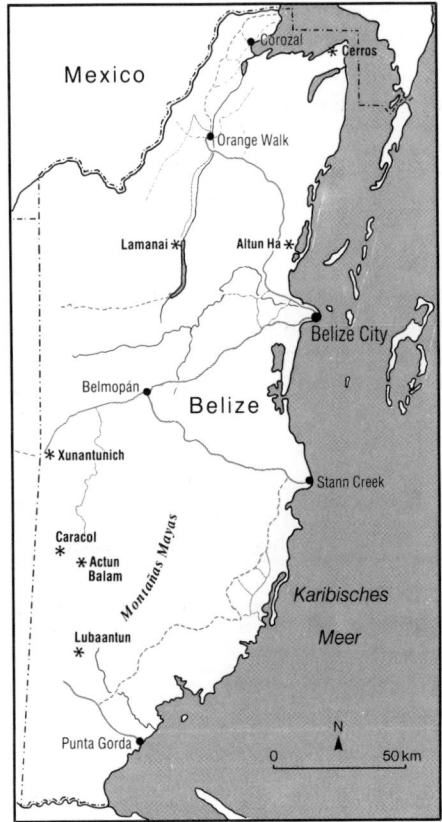

Karte von Belize

heraus, daß im Laufe der Jahrhunderte immer wieder an der Stelle zerstörter Bauwerke, die ursprünglich noch sehr primitiv waren, andere errichtet wurden und daß diese wiederum überbaut wurden. Pendergast glaubt, daß die frühesten Bauten etwa um 600 v. Chr., also wie in *Tikal*, entstanden, aber erst 500 Jahre später sind archäologische Daten faßbar. Die Zeremonialbauten bestanden damals noch lediglich aus einer »gemauerten runden Plattform ohne Aufbau«, nach Pendergasts Meinung besaßen sie nicht einmal ein strohgedecktes Sanktuarium. Dagegen zeigen aber Funde aus den Gräbern dieser Epoche, wie kleine Jadeit- und Albitperlen, daß schon damals Handelsbeziehungen zu anderen Gegenden – und zwar auf dem Seewege – bestanden. Die Grabanlagen enthalten neben manuell hergestellten Gegenständen auch Muscheln und Schalen von Seetieren, wie man sie auch in den Abfallhaufen dort gefunden hat.

In der nächsten Epoche, etwa von 200 v. Chr. bis 200 n. Chr., baute man die Stadt aus. Das große natürliche Wasserreservoir – die Wasserversorgung spielte ja bei der Gründung der Maya-

Städte immer eine große Rolle – wurde erweitert und am Rande dieses Reservoirs entstand gegen Ende dieser Epoche eine zweimal überbaute Pyramide von 17 m Höhe, auf der das Grab eines Priesters mit zahlreichen Objekten aus Obsidian freigelegt wurde. In den folgenden 600 Jahren, der Blütezeit der Maya-Kultur, entwickelte sich die Stadt zu einem bedeutenden Platz mit einer mächtigen Priesterhierarchie. Ihr Zentrum bestand aus fünf Haupttempeln an zwei Zentralhöfen mit anderen Gebäuden, die wohl den Priestern als Wohnstätten dienten. Aus dem Reichtum der Grabbeigaben und aus der Bauart der verschiedenen Häuser schlossen die Archäologen auf die Lebensweise der Priester und der Angehörigen verschiedener Klassen. »Der Brennpunkt des Lebens von Altun Ha«, schreibt David M. Pendergast, »lag im Zentrum der Stadt, hier finden wir das beste Beweismaterial für die von den Sakralfürsten geprägte Ordnung wie auch für den von ihnen angehäuften Reichtum. Die Ansammlung materieller Güter war, soweit wir das beurteilen können, nicht eine Folge persönlicher Besitzgier, sondern ergab sich eher aus der Rolle der Priester als Mittler zwischen Menschen und Göttern und als Lenker des Geschickes der Gemeinde. ... Mit diesen festen Banden und der Basis einer vielfältigen Wirtschaft erfreute sich Altun Ha fast sechs Jahrhunderte hindurch eines allem Anschein nach ungebrochenen Wohlstandes.«

Im 9. Jahrhundert begann sich, wie überall im Maya-Tiefland, die feste Struktur aufzulösen, und mit dem Verfall der priesterlichen Macht ließ auch die Qualität der Architektur und der Kunst immer mehr nach. Wie andere Maya-Zentren verfiel Altun Ha um 900 n. Chr. Die Gründe des Verfalls werden wohl niemals völlig geklärt werden können. Sicherlich entstand mit dem Anwachsen der Priesterschaft in der letzten Epoche eine Kluft zwischen der herrschenden und der beherrschten Klasse. Vielleicht fielen auch diese Ereignisse mit irgendwelchen Naturkatastrophen zusammen. Pendergast glaubt, daß das Ende der klassischen Maya-Kultur in Altun Ha mit einer gewaltsamen Bauernrevolte in Zusammenhang zu bringen ist. Als Beweis hierfür nennt er die Zerstörung und Plünderung von vier Priestergräbern. Nicht nur die Beigaben waren geraubt oder zertrümmert, auch die Skelette selbst waren beschädigt. Die Art einer solchen Zerstörung sieht Pendergast als den ersten logischen Schritt der Rache an, obwohl sich hierfür kein endgültiger Beweis erbringen läßt.

Die Plaza A, die man von Norden her auf einem Fußpfad von dem provisorisch angelegten Parkplatz aus erreicht, war ehemals gepflastert, der Belag wurde im Laufe der Zeit mindestens zweimal erneuert. Von allen Gebäuden rings um den Platz wurde keins vollständig intakt gefunden, es fehlten stets das Dach und die oberen Mauern. Besonders beim Tempel A 1 war der ganze obere Teil so zusammengefallen, daß nicht viel mehr als ein Schutthaufen übrigblieb. Die wiederaufgebaute Struktur zeigt ein Kompositum von Elementen, die verschiedenen Bauphasen angehörten. Die Stufenpyramide wurde später überbaut; ihre letzte Phase sah ungefähr so aus, wie wir sie jetzt rekonstruiert sehen. An den Seiten wurden mehrere kleine Baulichkeiten hinzugefügt und ein großer Block, der die obere Treppe bedeckt (Abb. 40).

Eine große Überraschung, die die Archäologen bei der Untersuchung und Rekonstruktion dieses Bauwerkes erlebten, war die Aufdeckung eines Grabes im oberen Teil der Pyramide, und zwar im Innern des großen aufgemauerten Blockes auf den oberen Stufen der Pyramide. Diese Grabkammer, die der vierten Bauphase zugeschrieben wird, also etwa zwischen 550 und

Altun Ha, Plan der wichtigsten Gebäudekomplexe

1 Fahrweg zu den Ruinen, der von einem Parkplatz ausgeht
2 Plaza A mit vier Tempeln
3 Plaza B mit Tempeln und anderen Konstruktionen
4 Zone mit 48 Konstruktionen, meist Wohnhäusern und zahlreichen Gräbern
5 Hauptwasserreservoir
6 Tempel und Gräber
7 Fußweg, der durch die Ruinen bis zum Tempel beim Wasserreservoir führt

600 n. Chr. errichtet worden sein muß, war überaus reich mit Beigaben ausgestattet, wie sie nur einem hohen Priester gebühren. Da lagen Perlen und Muschelhalsketten, bemalte Töpfe und ungefähr 300 Schmuckstücke aus Jade, so daß man die Gruft das ›Grab der grünen Jade‹ nannte und dem Bauwerk A 1 den Namen ›Tempel des grünen Grabes‹ gab. Die Beigaben aus unvergänglichem Material hielten dem feuchten tropischen Klima stand; nicht weniger reich muß die Ausstattung mit Gegenständen aus vergänglichem Material gewesen sein, von denen wir wissen, daß sich die Priester mit ihnen umgaben; es mögen holzgeschnitzte Gefäße, prunkvolle Kleider, Federn und Felle gewesen sein.

Die Struktur A 3 ist nicht restauriert worden, man hat sie so gelassen, wie sie gefunden wurde, so daß man sich ein Bild machen kann, wie auch die anderen Bauten ausgesehen haben, bevor die Archäologen die Wiederinstandsetzung von Altun Ha in Angriff nahmen. Wenn auch der tatsächliche Aufbau der übrigen Komplexe um die Plaza A herum und der Zweck der einzelnen Räume nicht eindeutig klar ist, so konnte man doch an den ausgegrabenen Objekten Altersbestimmungen vornehmen. Zwei polychrome Schalen, die man mitten im unteren Treppenabschnitt von A 5 fand, lassen sich zwischen 500 und 600 n. Chr. datieren, ebenfalls ein Grab nicht weit davon entfernt.

Auch die Plaza B war gepflastert, aber nur einmal. Teile der Pflasterung sind am Fuße der Struktur B 4 sichtbar. B 1 ist bisher nicht ausgegraben, aber Ausgrabungen bei den anderen Komplexen von B 2 bis B 5 geben uns Anhaltspunkte über ihr Alter. B 5 hat man den Ik-Palast genannt, da die Wände Ventilationsöffnungen in Form des Maya-Symbols für Wind enthalten. Die interessanteste Konstruktion ist die Pyramide B 4. Ähnlich wie der ›Tempel des grünen Grabes‹ wurde die Pyramide B 4 mehrmals überbaut. Die ganze Treppe, der langgestreckte

Altun Ha, der Haupt-
zeremonial-Bezirk

A1 ›Tempel des grünen
    Grabes‹ (so genannt
    nach dem Jadefund)
A2 Plattform
A3 Kleine Tempelgruppe
A4 Plattform
A5 Tempel
A6 Plattform mit vermut-
    lich fünf Tempeln
B1 nicht identifizierte
    Konstruktion
B2 wahrscheinlich ein
    Tempel
B3 Plattform mit einem
    Gebäude mit mehreren
    Kammern
B4 Tempel mit Altar
B5 Ein Anbau von B 3 mit
    mehreren Kammern
B6 nicht ausgegrabene
    und identifizierte
    Konstruktion

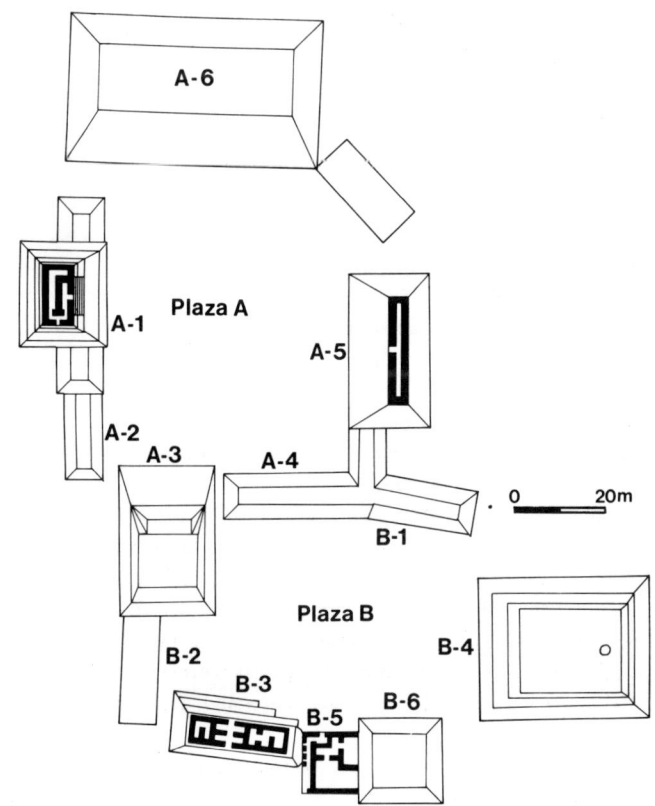

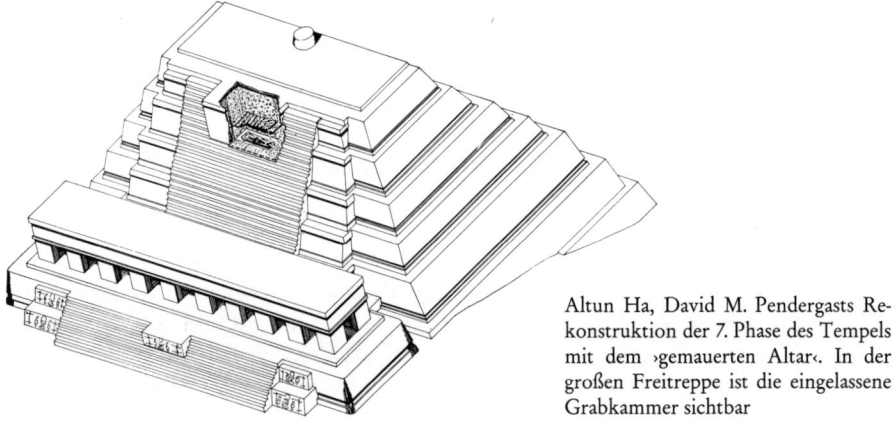

Altun Ha, David M. Pendergasts Rekonstruktion der 7. Phase des Tempels mit dem ›gemauerten Altar‹. In der großen Freitreppe ist die eingelassene Grabkammer sichtbar

Raum, durch den man hindurchgeht, und der Altar auf der Höhe stammen aus der Zeit zwischen 600 und 650 n. Chr. Die Überbauungen und letzten sechs Phasen der Anlage waren derartig zerstört, daß man ihren Schutt abgetragen hat. Hierbei fand man rund um den großen Altar auf der Höhe verstreut zahlreiche Opfergaben; Kopal, Jade-Stücke, schön ziselierte Jade-Anhänger, die vor der Opferung zerbrochen wurden. Doch die größte Überraschung erlebten die Archäologen, als sie im oberen Teil der Pyramide sieben Gräber aufdecken konnten, die aus verschiedenen Zeitabschnitten stammten und von denen einige wahrscheinlich mutwillig zerstört worden waren. Von all diesen Gräbern brachte das zuletzt entdeckte Grab, das als das älteste angesehen werden muß, die größte Überraschung. Nach Entfernung beträchtlicher Schuttmassen gelangten die Archäologen in eine halb eingestürzte Grabkammer, in der ein Priester mit reichen Beigaben bestattet war.

Unter den Massen von Schmuck, mit dem die sterblichen Überreste der Priester beigesetzt wurden, fand man Halsketten mit Jadeanhängern, die mit feinen Reliefs verziert waren, Ohrschmuck aus Obsidian, Perlmutterscheiben, Kleinskulpturen aus kristallinem Hämatit, Zeremonialgeräte aus Feuerstein und mit mythischen Tieren bemalte Keramik. Doch das eindrucksvollste Objekt war wohl das Jade-Haupt des Sonnengottes der Maya, Kinich Ahau, das 4,42 kg wiegt und einen Durchmesser von 15 cm hat, er ist die größte Skulptur, die jemals aus einem einzigen Jadestück hergestellt wurde, ein Meisterwerk, das allein schon genügt, »um als Beweis für die Bedeutung von Altun Ha in der großen Maya-Kultur zu dienen« (Pendergast).

Nicht weniger bedeutend als dieser Kopf, wenn auch weniger eindrucksvoll, sind Reste aus organischem Material, wie Fragmente von Kleidungsstücken und Seilen, von stucküberzogenen Holzteilen, weiterhin Abformungen hölzerner Geräte. Da derartige Funde von hohem Alter in den Tropen außerordentlich selten sind, ist die Bedeutung dieser Entdeckungen um so größer.

Die Auffindung des Jade-Kopfes des Sonnengottes Kinich Ahau hat zu manchen Hypothesen Anlaß gegeben. Allgemein wird vermutet, daß es sich bei der Struktur B 4 um das Heiligtum des

Sonnengottes handelt und daß auch die Gräber, die in dem Bau gefunden wurden, Gräber von Priestern des Sonnengottes sind, die jeweils nacheinander hier ihr Amt ausgeführt haben. »Die Beschreibung der elf Gräber aus der klassischen Zeit von Altun Ha würde sich über viele Seiten hin erstrecken«, meint David M. Pendergast, »und die endgültige Analyse des Fundgutes wird noch einige Zeit auf sich warten lassen.« Inzwischen sind die Grabungsberichte in zwei gewichtigen Bänden veröffentlicht worden.

Bereits 1908 hatte ein unermüdlicher Amateurforscher, der in British Honduras tätige Arzt Thomas Gann, in *Lubaantún* (s. Karte S. 68) Untersuchungen durchgeführt. Merwin, Joyce und zuletzt 1970 Norman Hammond, Archäologen des Britischen Museums, begannen mit systematischen Ausgrabungen. Sie brachten ein überraschendes Ergebnis: Während die Mehrzahl der Maya-Stätten eine bis ins 1. Jahrtausend v. Chr. zurückgehende Besiedlung aufweisen, ist Lubaantún trotz seiner günstigen Lage inmitten des Rio Grande-Einzugsgebiet erst kurz nach 700 n. Chr. gegründet und dann wie die übrigen Maya-Stätten vor 900 n. Chr. aufgegeben worden.

Unweit von Lubaantún liegt das kleine Zentrum *Nim li punit,* in dem eine Anzahl interessanter Stelen gefunden wurde. Die größte (Stele 14) ist mit 9,50 m nur etwa einen Meter niedriger als die höchste aller Maya-Stelen (Quiriguá). Sie zeigt einen Herrscher, der Kopalharz, das in diesem Teil des Maya-Tieflandes gewonnen wurde, in ein flammendes Räuchergefäß wirft; ihm zur Seite stehen seine Frau und ein jüngerer Mann, wohl sein Sohn und Nachfolger. Das Steinmaterial ist wie in Lubaantún der grüne Sandstein der Gegend. Nim li punit wurde erst 1976 entdeckt. Der rührige junge Amerikanist Andreas Gross ist um die Erschließung der beiden Fundstätten für Studienreisende bemüht.

Die bis ins Postklassikum reichende Besiedlung auch dieses heute so menschenleeren Gebietes von Belize ließ sich inzwischen für zahlreiche andere Plätze nachweisen. Bullard fand große Haussiedlungen bei Barton Ramie, und im äußersten Norden an der Corozal Bay wurde in *Cerros* eine Stufenpyramide (Struktur 5 C-II) freigelegt, die aus dem späten Präklassikum (um 50 v. Chr.) stammt. Sie zeigt beiderseits der zentralen Treppenanlage je zwei übereinander liegende große Mascarons, die als Morgen- und Abendstern den Lauf der Sonne am Firmament bezeichnen. Ähnliches fand Victor Segovia von der INAH im benachbarten Kohunlich in Mexiko.

Auch Linton Satterthwaite hatte 1950/51 in dem sonst unzugänglichen Gebiet der südwestlichen Ecke des Cayo-Distrikts die Gelegenheit genutzt, daß für den Abtransport von Edelhölzern eine Trasse geschlagen wurde. Sie ermöglichte den Zugang zu der Fundstätte Caracol. Hier wurden über ein halbes Hundert Steinmonumente, darunter 22 Stelen und 19 Altäre – 14 trugen Glyphen mit Datumsangaben – gefunden. Diejenigen, deren Oberfläche am wenigsten erodiert war, wurden über die Trasse abtransportiert und im University Museum von Philadelphia aufgestellt. Danach hat der Tropenwald die Trasse schnell überwuchert, bis das nachwachsende Edelholz in etwa einem Menschenalter den erneuten Zugang vielleicht lohnend macht.

Nahe der Grenze zu Guatemala bei Benque Viejo liegt auf beherrschender Höhe *Xunantunich.* Sein Name wurde ihm von den heutigen Maya-Indianern gegeben und bedeutet frei über-

Xunantunich, Plan der Ruinen (nach W. Carbis)

setzt ›Mädchen auf dem Felsen‹. Es handelt sich um eine mittelgroße Anlage mit einem Zeremonialzentrum, das inzwischen weitgehend vom Dschungel befreit ist, und mit Wohnhügeln, die es weiträumig umgeben; dazu kommt mindestens ein kleiner Satelliten-Vorort. Drei Platzanlagen (A I, A II, A III) bilden – umgeben von etwa 20 Hügeln und Pyramiden sowie einem Ballspielplatz – das Zentrum, dessen Achse nord-südlich verläuft. Die höchste Pyramide (6, auch El Castillo genannt) erhebt sich 42 m über das Platzniveau und bildet den südlichen Abschluß von Plaza I. Das Plateau des Hügels, 183 m über Meereshöhe, wurde von den Maya-Erbauern geschaffen, bevor sie dort ihre Strukturen errichteten.

Umlaufende Terrassen gliedern das Bauwerk A 6, das von den Resten eines Tempelgebäudes bekrönt wird. Von dem einstmals reichen Fassadenschmuck aus behauenem Stein und Stuck hat sich lediglich ein 17 m langes Teilstück erhalten. Das Relief zeigt nur astronomische Konstellationen: am Nordende eine große Maske des Sonnengottes, das Symbol für Mond, und ein Band mit Venus- und Tageszeichen. Weiterhin erkennt man den kopflosen Torso wohl einer Erdgottheit, die aus unbekannten Gründen schon in alter Zeit absichtlich ›enthauptet‹ wurde, und eine Atlantenfigur, die wie ein Maya-Ballspieler gekleidet ist. Am Südende wiederholt sich die Darstellung; leider ist, durch Wurzelwerk zerstört, die Feinheit dieser künstlerisch hochrangigen Arbeit nicht mehr auszumachen. Erhalten blieb – wie auch an anderen Stätten – nur, was bei späterer Erweiterung (A 6-1) ummantelt wurde.

Acht Stelen, von denen nur drei Reliefdarstellungen zeigen, und zwei Altäre wurden auf den Plazas I und II gefunden. Die eine leider stark erodierte Stele zeigt einen thronenden Fürsten mit Federkopfputz und wohl einer Jaguarmaske, in der Hand hält er ein Zepter. Hinter dem Thron ist eine Draperie angebracht. Unter dem Herrschersitz liegt mit dem Gesicht zur Erde ein Mann mit erhobenen Beinen; obwohl die Einzelheiten schwer erkennbar sind, ist der Inhalt dank vieler vergleichbarer Darstellungen klar: die Demütigung eines besiegten Kriegsgegners.

Die freigelegten Bauwerke sind in die klassische Periode zu datieren. Zukünftige Ausgrabungen werden sicher weitere Aufschlüsse geben.

Noch vor Abschluß der Arbeiten in Altun Ha hatte das Royal Ontario Museum eine Stelle an der Lagune des New River zur Erkundung vorgesehen, die nach den Resten einer aus der frühen Kolonialzeit stammenden Kirche Indian Church genannt wurde und jetzt *Lamanai* heißt. Wieder unter der Leitung von David M. Pendergast wurden die Kartierung, Freilegungen und Ausgrabungen 1974 begonnen und 1985 zu einem vorläufigen Abschluß gebracht. Schon die lange Dauer der Arbeiten zeigt an, welche Bedeutung für die Kenntnis der Maya-Geschichte diese Siedlung erlangen sollte. Lag hier doch der Fall vor, daß ein wichtiges Zentrum über die klassische Zeit hinweg bis ins 17. Jahrhundert bewohnt gewesen ist; die längste Spanne einer Besiedlung im zentralamerikanischen Tiefland.

Schon der Weg zu dieser Fundstätte ist aufregend schön. Von Orange Walk aus läßt sie sich nur mit Booten über den New River erreichen. Dieser bildet ein Labyrinth von teils engen, teils weiten Wasserwegen, die durch ein üppiges Mangrovendickicht führen. Es scheint nur von Tausenden kleiner und großer Wasservögel, vornehmlich Fischreihern und Kranichen, sowie Schildkröten bewohnt. Der Fluß erweitert sich in seinem Oberlauf zu einer großen Süßwasserlagune, an deren erhöhtem Westufer inmitten üppiger Vegetation das nördliche Hauptzentrum Lamanais schon vom Wasser her erkennbar wird.

Der Name Lamanai für diese Siedlung ist – im Unterschied zu so manchem erst in sehr später Zeit gewählten – wohl der ursprüngliche; er erscheint auf einer Kirchenliste bereits 1582. 1618 erwähnen ihn die Patres Bartolomé de Fuensalida und Juan de Orbita, die 1641 Häuser und Kirche durch aufständische Maya niedergebrannt fanden. Die älteste Siedlung konnte Pendergast bis ins Präklassikum (ab 800 v. Chr.) zurückdatieren.

Thomsen deutete den Namen als ›Ertrunkenes Insekt‹; Pendergast als ›Krokodil unter Wasser‹, und er fand tatsächlich auch im Verlauf der Grabungen Keramiken mit Krokodildar-

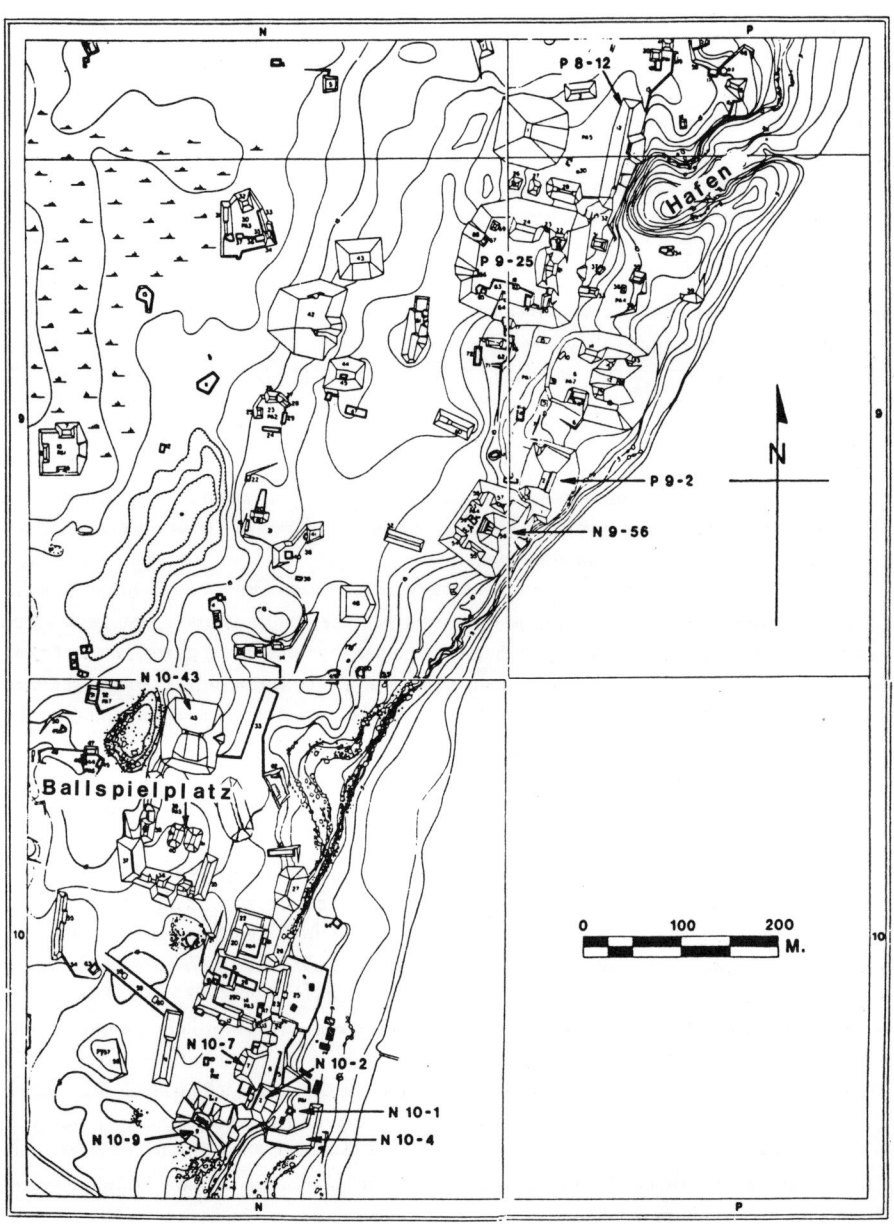

Lamanai, Plan der Ruinen (nach D. Pendergast)

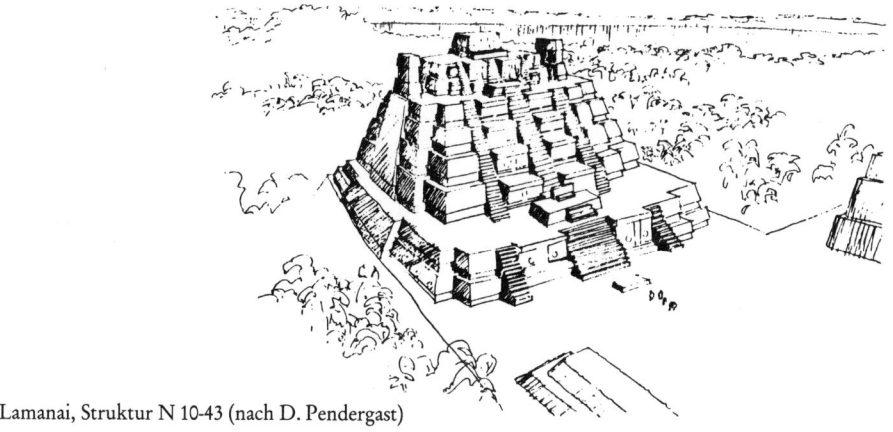

Lamanai, Struktur N 10-43 (nach D. Pendergast)

stellungen. Zu den interessantesten Bauwerken gehört die Pyramide N 9-56 im nördlichen Bereich; unter einer späteren Überbauung wurden hier großartige, gut erhaltene Göttermasken, sehr ähnlich denen von Cerros und Kohunlich, gefunden. Als besonders charakteristisch dürfen die wulstigen Lippen gelten, wie wir sie von olmekischen Köpfen her kennen. Die Pyramide N 10-43 im mittleren Bereich ist mit 33 m eine der höchsten im Mayaland festgestellten präklassischen Strukturen. Der nahegelegene Ballspielplatz führt im Süden zu dem Komplex, in dem die Pyramide N 10-9 freigelegt wurde. In einem Gebäude des kleinen Camps der Ausgräber sind zahlreiche Grabfunde, Keramik, Räuchergefäße und Obsidianbeigaben, zu sehen.

Trotz des mühsamen Weges und der Belästigung durch blutsaugende Insekten bildet der Besuch von Lamanai einen Höhepunkt auf der Reise in die versunkene Welt der Maya.

II Frühzeitliche Kulturen am Pazifik und im Hochland von Guatemala

Der ›schwarze Gott‹ mit dem Skorpionschwanz mit Axt und Speer. Aus dem Codex Madrid

1 Die Cozumalhuapa (Cotzumalguapa)-Kultur

»... so steigen die ältesten Traditionen der Völker zu einem Zustand der Dinge empor, da die Erde mit Sümpfen bedeckt und von Nattern und anderen Tieren von riesenmäßiger Größe bevölkert war ...«
Alexander von Humboldt

Alle Kulturen Mesoamerikas haben sich auf gemeinsamer Grundlage entwickelt und dabei ähnliche Phasen durchlaufen. Das Erbe aller mesoamerikanischen Kulturvölker ist außerordentlich reichhaltig, doch läßt es sich nicht mit einem einzigen Baum vergleichen, dessen Verästelungen die einzelnen Kulturen darstellen, sondern eher mit einem ganzen Wald, dessen Bäume üppig sprießen.

Eine der eigenartigsten und künstlerisch bedeutendsten Phasen der Frühzeit repräsentiert die Kultur der Olmeken, die ihr Zentrum an der Golfküste Mexikos hatte. Manche Archäologen setzen die Olmeken- oder La-Venta-Kultur, deren Träger uns gänzlich unbekannt sind, als den gemeinsamen Ursprung der verschiedenen mesoamerikanischen Kulturen an. Man vermutet sogar, daß bereits jene Volksstämme, die man Olmeken genannt hat, den Kalender erfunden haben, der dann später von den Maya übernommen und weiterentwickelt wurde. Auf jeden Fall steht die La-Venta-Kultur oder Kultur der Olmeken für die erste große Kulturepoche in Mesoamerika. Berühmte Archäologen, darunter Alfonso Caso, meinen, die La-Venta-Kultur habe alle übrigen Kulturen Mesoamerikas in irgendeiner Weise beeinflußt und ihnen den Impuls zu ihren späteren individuellen Entwicklungen gegeben. Zunächst glaubte man, daß diese Kultur lediglich auf einen verhältnismäßig kleinen Raum an der Golfküste des heutigen Mexiko beschränkt gewesen sei. Inzwischen sind aber auch weit entfernt an der Pazifischen Küste, vor allem in Guatemala, monumentale Steinplastiken gefunden worden, die Ähnlichkeit mit den berühmten Monumentalköpfen der La-Venta-Kultur zeigen; ihre Schöpfer müssen einem nicht weniger rätselhaften Volk angehört haben, als es die sogenannten Olmeken waren. Der südlichste Fundort ähnlicher Plastiken liegt sogar noch weiter entfernt, in El Salvador; sein Name ist *Chalchuapa*. Auch in Südamerika gibt es bedeutende Zeugnisse rätselhafter Kulturen, die Ähnlichkeiten mit den Funden der Golfküste und der pazifischen Region aufweisen, wie zum

Beispiel die Monumentalfiguren von San Agustín in Kolumbien. Damit ist freilich nicht gesagt, daß sich alle diese Kulturen nun unmittelbar beeinflußt haben, doch gibt es übergreifende Gemeinsamkeiten.

Da sich die Hauptfundorte des archaischen Horizonts an der pazifischen Küste im Bereich der Ortschaft *Cotzumalguapa* (Departamento Escuintla), also in der alluvialen Küstenzone, etwa 200 m über dem Meer, befinden, haben die Archäologen diesem Horizont ihren Namen gegeben. Und wenn die Kunst der pazifischen Region auch Ähnlichkeiten mit der Golfküste erkennen läßt, so ist sie doch von solcher Originalität, daß man sie als Ausdruck einer autonomen Kultur betrachten kann.

Überall im archäologischen Raum des Pazifik wurden Skulpturen fettleibiger Gestalten gefunden. Bei einigen von ihnen fehlen die Extremitäten ganz, andere zeigen an dem dicken runden Körper eng anliegende Arme und Beine. Die Köpfe mit ihren pausbäckigen Gesichtern und halbmondförmigen Augen erinnern manchmal an die olmekischen Köpfe. An dem stark vorgewölbten Leib wollen manche Archäologen die Darstellung einer Schwangeren erkennen und deuten die Figur als ›Göttin-Mutter‹.

Eins der wichtigsten Motive in der Kunst der Olmeken ist der Jaguar. Man hat deshalb diese Kultur auch die ›Kultur des Jaguargottes‹ genannt; Raubkatzengesichter finden wir desgleichen häufig bei den Monolithen von San Agustín in Kolumbien und in Peru. Und auch in der Cozumalhuapa-Kultur spielte die Raubkatze eine Rolle. Stellt man jedoch die Plastiken der Golfküste denen der Pazifischen Küste gegenüber, so läßt sich in der olmekischen Kunst eine Evolution sowohl hinsichtlich der Technik wie der künstlerischen Auffassung feststellen, woraus manche Wissenschaftler sogar schließen wollten, der Ursprung aller mesoamerikanischen Kulturen liege nicht an der Golfküste, sondern am Pazifik; eine Hypothese, die jedoch wenig begründet scheint.

Überfall auf reisende Kaufleute. Aus dem Codex Mendoza

79

Nun ist die Kunst von Cozumalhuapa nicht auf der archaischen Stufe stehengeblieben. Man konnte feststellen, daß sie sich kontinuierlich vom archaischen bis zum protoklassischen Horizont entwickelt hat und daß hier Stilelemente auftreten, die eindeutig auf Teotihuacán und auf die Kunst der Tolteken hinweisen. Wir wissen heute, daß im Laufe der Geschichte ethnische Gruppen von Mexiko nach Zentralamerika vorgedrungen sind, wir wissen aber auch, daß zur aztekischen Zeit in Tenochtitlán künstlerisch begabte Menschen privilegierte Gruppen bildeten, die man ›Tolteken‹ nannte, die aber keinesfalls Nachkommen des historischen Volkes der Tolteken sein müssen. Es war einfach eine Bezeichnung für diejenigen, die so schöne Werke schaffen konnten wie die Tolteken. Daß es solche ›Zünfte‹ auch schon früher gegeben hat, ist durch allerlei Funde erwiesen. »Darüber hinaus ist es möglich, daß ein Teil von ihnen als ›wandernde Künstler‹ durch das Land zog und an verschiedenen Herrscherhöfen sein Handwerk ausübte. Wie anders ist es zum Beispiel sonst zu erklären, daß sich zentralamerikanische Stilelemente auf Stelen des Maya-Gebietes finden?« (Wolfgang Haberland).

Die Entwicklung der Cozumalhuapa-Kultur läßt sich im einzelnen noch nicht genau bestimmen, aber ganz allgemein können wir hier, ohne die Übergangsperioden zu berücksichtigen, drei Horizonte feststellen:

Erster Horizont: Kleine primitive, grob bearbeitete runde Monolithen mit starren Formen menschlicher Figuren und große Monolithen fettleibiger Wesen, die an die olmekischen Köpfe erinnern.

Zweiter Horizont: Die Monumentalplastiken zeigen ausdrucksvolle Gesichtszüge in der Art der ›Baby Faces‹ der Golfküste. Hinzu kommen Jaguarmasken und Reliefdarstellungen auf schweren Grabsteinen. Der Schematismus der ersten Phase ist überwunden. Die ›Baby Face‹-Skulpturen werden von den Archäologen Lee A. Parsons und Peter S. Jenson vom Milwaukee Public Museum der mittleren vorklassischen Epoche zugewiesen.

Dritter Horizont: Die rundplastischen Figuren werden besser modelliert und die menschliche Gestalt bekommt weichere Formen. Außerdem bildet sich jetzt die Einheit von Altar und Stele heraus, wie sie auch für die Maya-Kultur typisch ist, doch wird sie hier stilistisch ganz eigenständig aufgefaßt. Die Reliefs auf den Stelen werden lebendig durch das Auftreten mehrerer menschlicher Figuren in mannigfachen Gesten und Posen und erreichen dadurch höchste Ausdruckskraft. Auf diesen Stelen tauchen auch schon Hieroglyphen auf.

In der gesamten archäologischen Zone von Cotzumalguapa stieß man auch häufig auf Erzeugnisse aus gebranntem Ton, die etwa bis 1500 v. Chr. zurückreichen dürften, doch entspricht das Alter dieser Keramik nicht immer dem der steinernen Bildwerke, neben denen sie auftritt, denn sehr alte Skulpturen fanden oft in späteren Epochen eine neue Verwendung. Das erschwert natürlich eine genaue Einordnung. Nichtsdestoweniger setzt man die Arbeit hier fort, gehört der Raum doch zu denjenigen Mesoamerikas, den die Spatenforscher bisher noch kaum erschlossen haben. Das gilt besonders, wenn man El Salvador mit einbezieht, ein Land mit vielen präkolumbischen Stätten (s. S. 218), aber archäologisch bisher eine terra incognita. Allein in der guatemaltekischen Zone des Pazifik-Gebietes gibt es nach Ansicht A. V. Kidders mehr archäologische Spuren pro Quadratkilometer als in jedem anderen Teil von Guatemala oder Zentralamerika.

2 CHICHICASTENANGO Betender Quiché-Indio
◁ 1 CHICHICASTENANGO Kirche Santo Tomás
3 CHICHICASTENANGO Kopal opfernde India

4 Eine India verkauft lebende Truthähne ▷

5   Männer bringen die von den Frauen ohne Drehscheibe hergestellten Töpfereiwaren zum Markt

6 PATZICÍA Marktszene
8 Atitlán-See mit den Vulkanen Atitlán und Tolimán; im Bildvordergrund links das Dorf San Antonio Palopó ▷
7 CHICHICASTENANGO Auf dem Schweinemarkt

9 Als spanische Eroberer maskierte Indios bei ›Baile de la Conquista‹

10 SANTIAGO ATITLÁN Indio-Kinder

11 Musizierende Indios in der Tracht von Sololá

12 Ihre bunten Trachten fertigen die Indios selbst an

13 Eine tragbare Marimba, ein Xylophon mit hohlen Kürbissen als Resonanzkörpern

14 CHICHICASTENANGO Marimba-Spieler

15 COPÁN Stele eines Priester-Fürsten mit Darstellung göttlicher Attribute

16 COPÁN Die Hieroglyphen-Reliefs an der Rückseite einer Stele sind kleine Meisterwerke

17 COPÁN Gesicht eines Priester-Fürsten an einer Stele. Reste der ursprünglichen Bemalung sind noch erhalten ▷

18 GUATEMALA CITY Monumentalfigur der Cozumalhuapa-Kultur vor dem Archäologischen Museum

20 EL CEIBAL Hauptpyramide

19 ALTUN HA Jadehaupt des Maya-Sonnengottes
Kinich-Ahau

22 ATITLÁN   Ruine der Kirche San Pedro
◁ 21   Ciudad Vieja mit den Vulkanen Agua und Fuego

23 ANTIGUA Platz vor der Kirche La Merced

24 ANTIGUA Innenhof des Klosters La Merced

25 ANTIGUA Ruinen der Kirche La Recoleccíon ▷

26 ANTIGUA   Portal am Bischofspalast

27, 28 ANTIGUA   Detail und Gesamtansicht des Portals der Casa de los Leones

29　ANTIGUA　Kolonialhaus mit Eckfenster

30　ANTIGUA　Wohnhäuser im Kolonialstil

31 ANTIGUA Blick in den Innenhof des Popence-Hauses

32 ANTIGUA Wohnhäuser im Kolonialstil

33 Christusfigur

34 Inneres einer Dorfkirche im Hochland von Guatemala

35 ANTIGUA   Prozession in der Karwoche

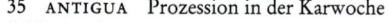

36, 37 ANTIGUA Blumenteppich und Teppich aus Sägespänen bei einer Prozession in der Karwoche
38 ANTIGUA Verbindungsbogen zwischen Kirche und Kloster Santa Clara ▷

Die archäologische Zone von Cozumalhuapa (Cotzumalguapa) wurde erst im Jahre 1860 entdeckt. Damals war man gerade dabei, die Gegend, die einstmals mit tropischem Regenwald bedeckt war, für den Anbau von Kaffee zu erschließen. (Santa Lucía Cotzumalguapa bezeichnet heute die unterste Grenze des Kaffeeanbaus, Antigua die oberste. Für einen ergiebigen Kaffeeanbau ist Santa Lucía schon zu heiß und zu feucht.) Hier gediehen schon Kakao und Vanille, und später wurde hier auch Zuckerrohr gepflanzt. Bei Rodungsarbeiten stieß man im Bereich der *Finca* (Plantage) *Bilbao* zufällig auf die ersten monolithischen Steine mit Reliefs, die der österreichische Reisende Habel 1862 zeichnen und beschreiben konnte. Hierdurch wurde der damalige Direktor des Berliner Museums für Völkerkunde, Bastian, auf jene bedeutenden Funde aufmerksam und bemühte sich, sie für sein Museum zu erwerben. Im Jahre 1876 besuchte er selbst den Fundort, und es gelang ihm, was damals noch möglich war, alle bis dahin dort gefundenen Altertümer zu kaufen. Nun tauchte ein neues Problem auf: der Abtransport. Als Glücksfall erwies sich, daß die tonnenschweren Monolithen nur auf einer Seite mit Skulpturen geschmückt waren, so konnte man ihr Gewicht vermindern, indem sie abgeflacht und zusätzlich ausgehöhlt wurden. Auf Ochsenkarren schaffte man die Steine an die Mole von *San José*. Dort übernahm ein deutscher Dampfer die Fracht, die 1881 Berlin erreichte. Nur einer von den Steinen ging beim Lademanöver verloren; die Taue rissen und er fiel ins Meer, wo er noch heute liegt. Was Stephens, als er Copán kaufte, nicht gelang, wurde hier Wirklichkeit. Im ganzen gelangten damals 28 Skulpturen in das Berliner Museum für Völkerkunde, wo sie heute noch im neuen Dahlemer Gebäude die Glanzstücke der altamerikanischen Ausstellungshallen bilden. Von den acht großen Stelen stellen sieben die gleiche Szene dar: Dem in den Wolken schwebenden, en face gegebenen Sonnengott wird von einem Priester das Herzopfer dargebracht. Auch das Menschenopfer selbst wird dargestellt. Ein Relief zeigt einen Priester in der Mitte mit dem Opfermesser. Ebenso wie die übrigen vier, im Profil abgebildeten Gestalten hält dieser Priester einen abgeschnittenen Menschenkopf in der Hand (s. Fig. S. 2). Alle diese Stelen standen einst auf pyramidenartigen Unterbauten mit Treppen und Mauerumkleidungen.

Bilbao war der erste Platz, wo mit Reliefs geschmückte Monolithen gefunden wurden. Inzwischen sind hier weitere intensive Grabungen vorgenommen und insgesamt 66 monolithische Skulpturen gefunden worden. Sie stammen vorwiegend aus der zweiten und dritten Periode und lassen ohne Zweifel ebenso wie die dort gefundene Keramik mexikanischen Einfluß erkennen, während sie mit der Maya-Kultur wenig gemein haben. Stilistische Elemente weisen vor allem auf die Kultur von Teotihuacán, aber auch auf die der Zapoteken in Oaxaca und auf die Tajín-Kultur.

Auch auf den benachbarten Fincas, die heute *El Baul, Las Ilusiones, Pantaleon* und *Santa Rita* heißen, wurden wertvolle Funde gemacht (Abb. 41–45, 47). Präklassische Monolithen, vor allem jene mächtigen Köpfe und fettleibigen Gestalten, die ›Göttin-Mutter‹ oder ›Alma-Mater‹ genannt wurden, stammen von der Finca El Baul und *El Tránsito* im Municipio La Democracia, der ebenfalls zum Departamento Escuintla gehört. Auch auf der von El Baul etwa 30 km entfernt liegenden Plantage *Honduras* wurde ein besonders eindrucksvoller fettleibiger Monolith gefunden, vor dem die Indios immer noch Brand- und Blumenopfer darbringen und den sie ›El Rey‹ nennen. Die Indios kennen hier noch so manches Monument, vor dem schon ihre Vorväter geopfert haben. Auf geheimnisvollen Pfaden gelangt man zu solchen Plätzen, die, obgleich gar nicht so weit entfernt vom lärmenden Betrieb moderner Maschinenhallen der Plantagen, den Eingeborenen Stätten der Andacht geblieben sind.

Eine beträchtliche Anzahl monolithischer Figuren ist jetzt auf der Plaza der kleinen Ortschaft *La Democracia* aufgestellt und dem Besucher leicht zugänglich (Abb. 41, 42). Hier befindet sich neuerdings auch ein Museum, in dem hauptsächlich Funde kleineren Formats aus dem Bereich von Santa Lucía Cotzumalguapa und La Democracia ausgestellt sind.

Die Funde erlauben insgesamt den Schluß, daß es in dieser Gegend etliche Zeremonialzentren gegeben hat, von denen jedoch lediglich pyramidale Gebilde mit Plattformen aus Flußsteinen und nur selten aus behauenen Steinen erhalten geblieben sind. Nach Berichten der Kolonialzeit ist dieses Gebiet von einem rätselhaften Volk, den Pipil, bewohnt gewesen. Die Pipil kamen zu einer unbekannten Zeit aus einer unbekannten Gegend Mexikos und sprachen das Náhuat, eine Sprache, die mit dem aztekischen Náhuatl eng verwandt ist. Zur Zeit der spanischen Eroberung Guatemalas bewohnten sie das pazifiknahe Hochland. Die Schöpfer der Cozumalhuapa-Kultur, jedenfalls in ihrer späteren Phase, waren keine Maya, sondern Mexikaner. Auch an der anderen Seite des Hochlandes von Guatemala existierte im Motagua-Tal eine Enklave der Pipil, die in der spätklassischen Maya-Zeit die Kunst der Maya deutlich beeinflußt haben. In den rein klassischen Maya-Zentren *Quiriguá* und *Copán* finden sich Skulpturen im Cozumalhuapa-Stil. Archäologen der älteren Schule wie Seler und Lehmann erblicken in den Funden von Santa Lucía Cotzumalguapa sogar die ältesten Maya-Reste. Aber wie gesagt: Zu einer endgültigen Lösung des Cozumalhuapa-Problems ist man bisher jedoch keineswegs gekommen.

2 Kaminaljuyú

Auch das Hochland Guatemalas weist eine Reihe bedeutender Ruinenplätze aus der vorkolumbischen Zeit auf, doch sind sie durch die viel stärkere Besiedlung von der Kolonialzeit bis zur Gegenwart so stark zerstört worden, daß die Forscher sie gegenüber den Kultstätten im Tiefland zunächst vernachlässigten, besonders da sich das Interesse ganz auf die gewaltigen Steinbildwerke an der pazifischen Küste und auf die berühmten Maya-Städte jenseits des Berglandes richtete.

Religiöser Mittelpunkt des Hochlandes von Guatemala war eine Kultstätte, die sich über 5 km² Fläche ausdehnte und nicht weniger als etwa 200 Pyramiden besaß, mit großen Zugangsstraßen, dreizehn Ballspielplätzen und einem ausgedehnten Gräberfeld. Die archäologische Zone liegt in einem Vorort der Hauptstadt *Guatemala* und befindet sich teilweise innerhalb der Grenzen der *Finca Miraflores,* der *Finca La Providencia* und der *Finca La Esperanza.* Da uns kein Name dieser Kultstätte überliefert ist, wurde sie von dem guatemaltekischen Archäologen Antonio Villacorta *Kaminaljuyú,* ›Hügel der Toten‹, genannt.

Die erste Kunde von dieser interessanten Zone brachte A. P. Maudslay im Jahre 1899; in seinem Bericht heißt es:»Das muß in alten Zeiten eine gewaltige Stadt gewesen sein, wie man aus den zahlreichen grasbedeckten Hügeln schließen kann; doch es ist jetzt eine Geisterstadt, ohne Geschichte und ohne Namen.«

Die ersten gründlichen Grabungen setzten erst im Jahre 1936 unter der Leitung von Alfred V. Kidder ein, und es stellte sich bald heraus, daß dieses Ruinenfeld der ›Cultura arcáica‹ angehörte, die damals nur aus Mexiko bekannt war. Die Carnegie Institution, die hier von 1936 bis 1946 fortgesetzt Feldarbeiten vornahm, gelangte zu völlig neuen Einsichten in bezug auf die Anlage der Tempelstädte, auf die Bauweise und die relative zeitliche Einordnung der Siedlungen. Der Carnegie Institution, die nach dem Ersten Weltkrieg ins Maya-Land allein über zwanzig Expeditionen entsandt hatte und auf jüngere, in der Feldforschung geschulte Kräfte zurückgriff, erweiterte ihre Untersuchungen und Grabungen über Kaminaljuyú hinaus. In dem sogenannten *Valle de las Vacas* stellte man bis 1951 über fünfzig Ruinenstätten fest. Die Arbeiten wurden dann später durch das Museo Nacional de Arqueología y Etnología fortgesetzt.

Die wichtigste Erkenntnis nach den eingehenden Untersuchungen in Kaminaljuyú ist, daß diese Kultstätte einmal in enger Verbindung mit *Teotihuacán* (Mexiko) gestanden haben muß, was allein schon durch die Bauart einiger Pyramiden bewiesen ist, die praktisch Duplikate von solchen aus Teotihuacán darstellen. Ähnliche Parallelen zeigen sich auch bei den reichen Funden, die in den Gräbern von Kaminaljuyú unter den Terrassen und Treppenaufgängen gemacht wurden. Hier fand man authentische Teotihuacán-Töpferware aus der III. Periode von Teotihuacán. Die Vasenmalerei dieser Epoche zeichnet sich besonders durch das leuchtende Grün aus, mit dem die stuckgrundierte Keramik bemalt ist. Unter den Motiven erscheint häufig das starre Gesicht des mexikanischen Regengottes Tlaloc, aber auch typische Maya-Gesichter mit der gebogenen Nase und fliehenden Stirn befinden sich unter ihnen.

Die Ausgrabungen und Forschungen, die unter Kidder hier stattfanden, gehören zu den vollständigsten archäologischen Studien, die während der letzten Jahre in Mesoamerika gemacht wurden. Schon bei den Grabungen an der ersten Pyramide konnte das prächtig ausgestattete Grab einer Persönlichkeit von hohem Rang geöffnet werden, das neben dem Skelett reichen Schmuck aus Jade und Perlmutter enthielt. Bei derselben Pyramide fand man einen Jadeit-Block, der 168 Pfund wiegt. Überhaupt waren die Gräber hier reicher mit Gaben bedacht als die der Zentralprovinzen, woraus zu schließen ist, daß Kaminaljuyú, abgesehen von seiner religiösen Bedeutung, ein wichtiger Handelsplatz war. Kidder vermutet sogar, daß die vornehmen Toten, die hier mit kostbaren Objekten beigesetzt wurden, »Sendboten aus Teotihuacán, der Heiligen Stadt im Norden«, gewesen sind, denn »zahlenmäßig überwiegen die Grabgefäße reiner Teotihuacán-Formen«.

Michael D. Coe geht mit seiner Hypothese noch weiter. Er meint, die Auflösung der Maya-Kultur im Hochland Guatemalas beginne gegen Ende des Archaikums oder zu Beginn des Protoklassikums, der Miraflores-Periode, innerhalb der Kaminaljuyú-Kultur. Als großes religiöses Zeremonialzentrum habe Kaminaljuyú um diese Zeit seine Bedeutung verloren. Kurz nach 400 n. Chr. geriet das Hochland unter die Herrschaft von Teotihuacán; die mexikanischen Eindringlinge bauten für sich gewissermaßen ein ›Miniatur-Teotihuacán‹ auf, und eine Elitegruppe herrschte von nun an über die Maya-Bevölkerung. Andererseits ließen sich jene so stark von den Maya beeinflussen, daß sie deren Sitten und Gebräuche annahmen. Sie importierten aus dem Maya-Tiefland Töpferware und andere Gegenstände und füllten damit ebenfalls ihre Gräber. Diese Mischkultur, die während der frühen klassischen Zeit im Hochland Guatemalas entstand, hat man Esperanza-Periode genannt.

Typisch für die Pyramidenform der Esperanza-Phase ist das sogenannte ›talud-tablero‹-Motiv, das Charakteristikum der Pyramiden von Teotihuacán: ein rechteckiges Paneel, das die terrassenförmigen Absätze der Pyramide markiert.

Kidder bezeichnete die beiden zuerst ausgegrabenen Monticulos mit A und B; beide stehen sich an einem kleinen offenen Platz gegenüber. Der Kern der Pyramiden besteht aus luftgetrockneten Ziegeln; er ist mit vulkanischem Gestein verkleidet. Beim Monticulo A konnte man acht Überbauungen feststellen. Nur an einer Seite führen Treppen auf die Pyramiden zu den Tempeln hinauf, die stets strohgedeckte Holzkonstruktionen waren. Die typischen Maya-Tempel mit dem falschen Gewölbe waren im Hochland unbekannt.

Während der Ausgrabungen wurden auch mehrere Gräber freigelegt. Die Grabkammern aus der frühen Miraflores-Periode befanden sich unter einer besonderen Plattform der Treppe, die auf die Pyramide führt. Bei den jüngeren Überbauungen wurden über den alten Gräbern neue errichtet. Später, in der Esperanza-Periode, wählte man die Tempelplattform selbst zur Begräbnisstätte. In der Miraflores-Epoche wurden die Toten in Hockstellung beigesetzt, und außer den reichen Beigaben begleiteten sie drei geopferte Kinder oder Jugendliche in die Unterwelt. Weitaus pompöser ausgestattet als die Miraflores-Gräber sind die Esperanza-Gräber. Unter der Töpferware befanden sich Gefäße, die direkt aus Teotihuacán stammen, aber auch solche, die nach dem Geschmack von Teotihuacán in *Puebla* hergestellt waren, etwa die dünnwandigen orangefarbigen Gefäße sowie polychrome Schalen aus dem Petén. Auch die Motive, Figuren und Ornamente, weisen zweifellos auf beide Horizonte, auf den der Maya und auf den von Teotihuacán. Ja, es gibt sogar typische polychrome Maya-Schalen, auf die im Teotihuacán-Stil Figuren aufgemalt sind, mit Sprachrollen vor dem Mund, wie wir sie von der berühmten Wandmalerei des Paradieses Tlalocs und weiterer Darstellungen Teotihuacáns kennen. Alle möglichen anderen Kostbarkeiten waren den Esperanza-Gräbern beigegeben: Klangwerkzeuge wie Muschelhörner, Flöten, Schildkrötenrasseln und Schlaginstrumente. Die Toten waren mit Perlen geschmückt und manchen hatte man, als Zeichen königlicher Macht, Jaguarklauen beigegeben. Besonders kostbar waren in damaliger Zeit Spiegel aus fein polygonal geschnittenen Pyritplatten. Auch diese Spiegel stammten aus Teotihuacán.

Noch immer bleibt die Frage offen: Waren die Überbringer aller dieser reichen Gaben und Objekte aus Teotihuacán Kaufleute oder Krieger? Möglicherweise waren sie beides, das meint auch M. D. Coe, der mit zu dem Team gehörte, das in Kaminaljuyú sorgfältig geforscht hatte. In aztekischer Zeit gab es eine besondere bewaffnete Kaste von Kaufleuten, ›pochteca‹ genannt, die nicht nur im Auftrag der aztekischen Könige Rohmaterial und seltene Güter in den benachbarten Ländern einkaufte, sondern auch Handelsware ins Ausland brachte. Diese Kaste hatte einen besonderen Gott, und dieser Gott tritt auch schon in Teotihuacán auf. Hieraus schließt Coe, daß die Institution der ›pochteca‹ schon in der frühklassischen Zeit bestand und daß Kaminaljuyú vielleicht ihr süd-östlichster Außenposten war, um andererseits wiederum Güter aus dem Maya-Tiefland nach Teotihuacán zu exportieren. Auch dafür gibt es Anhaltspunkte.

3 Ergebnisse der Unterwasser-Archäologie im Amatitlán-See

28 km von der Hauptstadt Guatemala entfernt liegt auf 1186 m Höhe ein See, der ähnlich wie der heilige Cenote von Chichén Itzá in Yucatán das Ziel von Pilgern aus nahen und fernen Ländern gewesen sein muß. Es ist der *Amatitlán-See*, in dessen unmittelbarer Nähe sich heiße Quellen und Fumarolen befinden. Aus den Tiefen dieses Sees sind seit Beginn unseres Jahrhunderts immer wieder archäologische Objekte zutage gefördert worden, etwa beim Bau von Anlegeplätzen, beim Ausbaggern seines Abflusses zum Río Michatoya, aber auch von Fischern und von Badenden.

Seine Ausbeutung durch Taucher begann 1955, als man zum ersten Mal ein Atemgerät benutzte, das die Erforschung des Gewässers bis in seine größte Tiefe erlaubte. Auf diese Weise war es schon im Jahre 1975 gelungen, mehrere Tausende von Funden ans Tageslicht zu heben, unter ihnen wahre Kunstwerke. So gehört dieser See heute weltweit zu den größten Unterwasserfundstätten archäologischer Gegenstände.

Der berühmte Cenote von Chichén Itzá in Yucatán wurde mit einem Kostenaufwand von Millionen von Dollars bis aufs letzte ›ausgebeutet‹. Nicht so der Amatitlán-See. Fänden hier dieselben modernen wissenschaftlichen Methoden Anwendung wie in Chichén Itzá, könnten sicherlich noch weitere Tausend Objekte gefunden werden.

Welcher Art war nun die Hinterlassenschaft, die man im Amatitlán-See fand? Neben einigen Gegenständen aus Stein, Jade oder Knochen wurden hauptsächlich Stücke aus Keramik gehoben, die infolge ihres jahrelangen Lagerns im Wasser oder Schlamm eine graue oder fast schwarze Färbung angenommen hatten. Der See, nicht weit vom noch ständig aktiven Vulkan Pacaya gelegen, steht mit diesem unterirdisch in Verbindung, so daß sein schwefelhaltiges Wasser an manchen Stellen kochend heiß ist.

Die hier geborgene Keramik aus präkolumbischer Zeit umfaßt ein weites Spektrum, es reicht von den kostbarsten Weihegefäßen bis zu Töpfen und Schalen des häuslichen Gebrauchs. Die Gegenstände dienten in der Regel als Opfergaben, dem Regen- und dem Feuergott dargebracht. Man glaubt, daß das Zeremonialzentrum von Kaminaljuyú allein den hochgestellten Klassen der Bevölkerung vorbehalten war, während das einfache Volk zum Amatitlán-See pilgerte, um seinen Göttern zu huldigen.

Die Fundplätze konzentrieren sich in Ufernähe des 15 km² großen Sees und sind inzwischen von Edwin M. Shook und später von Stefan Borhegyi kartographisch erfaßt und bestimmt worden. Man konnte nach der Streuung der Objekte zwei Fundgruppen unterscheiden: Die erste umfaßt Objekte der Stätten Mejicanos, San Juan und Zarzal. Hier traf man Hinterlassenschaften aus gebranntem Ton derart häufig an, daß die Forscher auf Opferplätze in ihrer Nähe geschlossen haben. An den Fundstätten der zweiten Gruppe (Contreras, Morlon, El Castillo, Mata und La Barca) fanden sich die Gegenstände nur im weiten Umkreis verstreut und weniger zahlreich. In diesen Fällen spricht vieles für einen eher absichtslosen Umgang mit den meist auch weniger kunstvoll bearbeiteten Objekten: Sie könnten entweder zufällig ins Wasser gefallen oder einfach nur weggeworfen worden sein.

Als der archäologisch interessanteste Platz muß *Mejicanos* gelten, der Name bezeichnet die einzige subaquatische Fundstelle, an der eine Keramik deponiert wurde (analog der von Teotihuacán in Mexiko). In den nahen Bergen gibt es zwei archäologische Stätten, die eine ebenfalls Mejicanos genannt, die andere Jicaques, welche schon der spanische Chronist Fuentes y Guzmán Zacualpa erwähnte.

Die Funde im See wurden hier an zwei etwa 200 m voneinander entfernt liegenden Plätzen 25 m tief im schlammigen Boden in großer Anzahl gefunden. Bei den wichtigsten Stücken handelt es sich um Weihrauchgefäße von mehr als einem Meter Höhe, deren obere Hälfte das Relief eines prächtig geschmückten Kopfes zeigt. Von diesen gut erhaltenen Gefäßen wurden etwa 40 gefunden. Andere haben – darin mehreren Objekten Teotihuacáns ähnlich – eine Sanduhrform, die man auch von Kaminaljuyú und Escuintla her kennt; sie sind ebenfalls reich mit pflanzlichen Mustern und Teotihuacán-Glyphen geschmückt. Auch Keramik, verziert mit menschlichen Figuren und Tieren in verschiedenen Positionen, wurde gefunden. An manchen findet sich die Glyphe des Regengottes Tlaloc.

Die dichteste Fundstreuung finden wir in der *San Juan* genannten Zone (nahe der Stelle, wo der Río Michatoya den Amatitlán-See verläßt). Sie hat eine Breite von etwa 30 m und liegt drei bis zehn Meter tief. Hier ist der Seegrund einige Meter vom Ufer entfernt völlig mit zerbrochenen Objekten bedeckt. Unter den zahlreichen Gegenständen verschiedener Größe und Formen fallen besonders die ›anonas‹ genannten Schalen mit zwei Henkeln auf, die aus deutlich erkennbaren Lagen in fünf oder sechs Reihen übereinander gefertigt sind. Einige wenige Exemplare sind Räuchergefäße, deren Verzierungen aus mehrreihigen Zackenmustern bestehen, die von Tieren oder Totenköpfen unterbrochen werden. Auch Fragmente besonders feiner Keramik von der Amatle-Art hat man gefunden.

Im Norden des Sees nahe der Mündung des Río Villalobos befindet sich die *Zarzal* genannte subaquatische archäologische Zone (unterhalb des ›Mayan Golf Club‹). Etwa 60 m breit, neigt sie sich vom Ufer aus in eine Tiefe von 30 m. Die Keramik dieser Zone ähnelt der von San Juan stark. Es sind Schalen mit zwei Henkeln, sie tragen vorne einen Kopf und an den Seiten Verzierungen. Als stilistische Besonderheit dieser Zone gelten sitzende menschliche Figuren, die zwischen den Beinen ein Gefäß halten. Das Gesicht ist immer gut modelliert, Nasen und Ohren tragen Ringe, und die Figuren sind prachtvoll geschmückt. Über diese Keramik gibt es Publikationen von Kidder, Jennings, Shook und Pal Kelemen.

Als im Sommer 1975 der Wasserspiegel des Sees infolge unverhältnismäßig starker Beanspruchung durch die Elektrizitätswerke erheblich sank und ein Teil der Zone trockenfiel, lag eine Fundgrube archäologischer Objekte frei. Hunderte der schönsten Stücke wurden von den Bewohnern der Gegend und Badegästen gefunden. Schließlich mußte sogar die Obrigkeit intervenieren, weil es zu ernsthaften Auseinandersetzungen zwischen den ›Schatzgräbern‹ kam.

Im südlichen Teil des Amatitlán-Sees liegt vor einer Halbinsel, auf der sich eine archäologische Fundstätte gleichen Namens befindet, die subaquatische Zone *Contreras;* sie gehört zu der zweiten Gruppe der Fundstätten. Der terrassenförmig abfallende und zum Teil unterhöhlte, felsige Grund liegt unterschiedlich tief. Hier wurden wenige intakte Objekte gefunden, meist aber Scherben und zerbrochene Gefäße, die darauf schließen lassen, daß es sich hier wahrscheinlich um Unterwasser-Abfallplätze gehandelt hat. Jedenfalls zählen die dort geborgenen Objekte zu den ältesten der präklassischen Zeit im Hochland Guatemalas, sie gehören der Las Charcas- und der Santa Clara-Phase an. Die Zone erstreckt sich von der Viehtränke und der Stelle, wo die Bewohner der Gegend ihre Wäsche waschen, bis zum ›Centro de Recreación Amatitlán‹ (IRTRA), (dem ehemaligen Yachtklub). Sie endet dort, wo die Eisenbahnlinie in der Nähe des Sees verläuft.

Den Namen *Morlon* trägt eine ausgedehnte Zone, die gegenüber dem ›Club de Oficiales‹ (dem ehemaligen Besitz des früheren Präsidenten Ubico) beginnt und bis zu der schon beschriebenen Zone San Juan reicht. Sporadisch werden hier die verschiedenartigsten Gegenstände aus den Tiefen des Sees geborgen, Schalen mit zwei Henkeln, Gefäße mit vorspringendem Rand, dem typischen Zackenmuster und auch Gefäße mit Füßen, alle aus verschiedenen Epochen. Eins der ersten, die hier gefunden wurden, ist ein Gefäß von besonderer Schönheit: als Schmuck trägt es vier Indiomasken und vier Totenschädel. Das Stück, das auf mehreren internationalen Ausstellungen gezeigt wurde, befindet sich im Besitz seines Entdeckers Don Enrique Salazar.

Die tiefste Fundstätte archäologischer Objekte, *El Castillo* genannt, liegt vor der nördlichen Wasserlinie. Sie erstreckt sich bis zu der Stelle am ›Los Organos‹ genannten Ufer, wo ein Fels steht. Ihn steuert am 3. Mai jeden Jahres eine Prozession in Booten an, die das Bildnis des Santo Niño de Atocha, des Heiligen Kindes von Atocha, mit sich führt. Hier liegen Schalen mit dem üblichen Zackenmuster, glatt polierte Gefäße und einige Figuren in unterschiedlich großer Tiefe.

Nur einen Kilometer entfernt befindet sich die kleine, aber wichtige Fundstätte *La Barca*. Sie gab eines der schönsten Stücke frei, ein Weihrauchgefäß in Form eines Idolos auf Füßen, ›El hombre de Amatitlán‹ genannt. Von hier stammen auch ein interessantes Fragment der Figur des Maisgottes und Keramikreste des Amatle-Typs.

Der Amatitlán-See hat die Gestalt einer Acht, deren Mitte, ›Renello‹ genannt, ein Damm bildet. Alle bisher beschriebenen Fundstätten befinden sich in dem östlichen Teil des Sees, an dessen äußerstem Ende die Ortschaft Amatitlán liegt. In der anderen Hälfte des Sees entdeckte Stefan F. Borhegyi 1962 unter Wasser Reste von terrassierten Plattformen und eine große Menge Keramik in der Art von Chinautla. Von dieser Fundstätte, sie trägt den Namen *Mata*, stammen auch einige polychrome Objekte im Stil von Mixco Viejo, deren Farbtönungen, obwohl sie unter Wasser stark nachgedunkelt sind, sich deutlich erkennen lassen.

4 Jade im Kult der Maya

Jade ist eine Sammelbezeichnung für verschiedene Minerale (Jadeit, Nephrit, Chloromelanit) von relativ geringer Härte. In Guatemala kommt Jade in Verbindung mit Serpentin vor, hauptsächlich im Tal des Río Motagua, in der Region Polochic, am See Izabal und in den Bergen Chuchumatanes.

Die archäologischen Untersuchungen haben gezeigt, daß die Maya schon in der frühklassischen Zeit, zwischen 400 v. Chr. bis 100 n. Chr., mit der Bearbeitung der Jade vertraut waren. Vielleicht wurde ihnen diese Kenntnis von den Olmeken der mexikanischen Golfküste übermittel. Den Gipfel erreichte ihre Kunstfertigkeit in der spätklassischen Zeit, zwischen 650 und 850 n. Chr. Ihr großes Geschick im Umgang mit dem Stein zeigen der persönliche Schmuck und zeremoniale Gegenstände wie herrliche Gefäße, Mosaiken und Plaketten.

Jade galt bei den Maya als eines der kostbarsten Materialien, dessen Verwendung allein den Priestern und der herrschenden Klasse vorbehalten war. Man fand den Stein zu Ohrgehängen oder -pflöcken, zu Halsketten und Armbändern sowie kleinen Totenmasken verarbeitet. Als besonderen Schmuck betrachtete man sogenannte ›Incrustaciones dentarias‹, kleine feinziselierte Jadestücke als Plomben in den Schneidezähnen.

Die Forscher haben eine ganze Reihe von vorspanischen Werkstätten in Guatemala gefunden, wie am mittleren Lauf des Río Motagua zwischen San Agustín Acasaguastlán und Río Mondo. In vielen alten Siedlungen der Maya entwickelte sich eine regelrechte Industrie der Jade-Verarbeitung. Sie deckte nicht nur den eigenen Bedarf, sondern produzierte auch für den kommerziellen Export an nah und fern gelegene Plätze – wie nach Copán in Honduras, nach Chalchuapa in El Salvador, nach Nicaragua und Costa Rica.

Zur Verarbeitung der Jade benutzte man Werkzeuge aus Stein, Knochen und Hartholz. Zum Schleifen benutzte man quarzhaltigen Sand und Seile aus Pflanzenstoff.

III Die Kultur der Hochland-Maya

Boten Moctezumas. Aus dem Codex Mendoza

1 Die Vorgeschichte

Zur Zeit, als die Spanier unter der Führung Pedro de Alvarados im Jahre 1524 in Guatemala einfielen, stießen sie in dem sehr dicht besiedelten Hochland auf die drei wichtigsten Stämme, die Quiché, Cakchiquel und Tzutuhil. Alle drei Stämme sprachen einen Maya-Dialekt. Das Gebiet, das sie in West-Guatemala bewohnten, die sogenannten Altos, liegt zwischen 2000 und 2400 m Höhe und ist von einem jungvulkanischen Kettengebirge durchzogen, der Fortsetzung der Sierra Madre von Chiapas in Mexiko. Weite Plateaus liegen zwischen den Höhenzügen eingebettet, auf denen die Bewohner intensiven Ackerbau betreiben, während die Hänge der Gebirgsketten und Vulkane von einem Hochwald aus Nadelhölzern, Erlen und Eichen bedeckt sind. Dieses Gebiet war früher, als es noch kein eigentliches Straßennetz gab, schwer zugänglich; nicht der Wald bereitete dem Verkehr Schwierigkeiten, sondern die sogenannten ›Barrancos‹, cañonartige Erosionstäler mit senkrecht abfallenden Wänden. Auch auf den inselartigen Plateaus hatten die Indios gerodet und Maisfelder angelegt. An den Abdachungen zur pazifischen Küste und im Küstenvorland gab es dörfliche Siedlungen. Hier pflanzten die Bewohner hauptsächlich Kakao an, und zwar in nur gelichteten Wäldern, denn der Kakaobaum liebt, ähnlich wie die Kaffeesträucher, Schattenbäume, so daß die Kakaohaine unter den Waldbäumen das Landschaftsbild gar nicht veränderten. Im Hochland dagegen lagen die geschlossenen Siedlungen, die von den Spaniern als ›Stadt‹ bezeichnet wurden, eine Mischung von Festung und Kulturzentrum. Die inselartigen Plateaus zwischen den Barrancos eigneten sich für solche Anlagen vorzüglich. Die Bevölkerung lebte weit verstreut auf ihren Ländereien; zu Kriegszeiten fand sie sich dagegen in ihren ›Kultburgen‹ ein.

Die seßhaften Indios lebten in erster Linie von Mais und den anderen Nahrungs- und Nutzpflanzen, die auch von den Mexikanern angebaut wurden. Sie hielten Hunde und Truthühner als Haustiere. Die Blutsverwandtensippe des ›chinamit‹ bildete die Grundlage des sozialen Gefüges; sie entsprach dem mexikanischen ›calpolli‹, einer Sippengemeinschaft auf bäuerlicher Basis, die dem ältesten Familienoberhaupt unterstand und das kollektive Eigentumsrecht an Grund und Boden besaß. Das Familienoberhaupt wurde ›ahau‹ genannt. Aus diesen ›ahau‹ entwickelte sich später eine politische Oberschicht. Aus ihr wurden dann die höchsten Würdenträger, die ›ahau-ahpop‹, gewählt, und aus ihnen wiederum in Kriegsfällen der oberste Heerführer, der in den spanischen Berichten ›König‹ genannt wird. Es gab also eine strenge soziale Hierarchie bei den Hochland-Maya. Zum Verhängnis wurde ihnen, daß sich beim Anrücken der Spanier die Stämme untereinander nicht einig waren.

Authentische Informationen über die Herkunft der Hochland-Indios sind uns leider nicht überliefert. Die spanischen Eroberer zerstörten alle Spuren ihrer Geschichte, sie töteten die Herrscher, Priester und Krieger, wo immer sie ihnen begegneten. Später hielten zwar spanische Chronisten indianische Texte in der Originalsprache, wenn auch in lateinischen Buchstaben, fest, aber diese sind größtenteils Mythen und sicherlich auch an manchen Stellen schon von dem neuen Glauben beeinflußt, den ihnen die Spanier gebracht hatten. Drei Hauptquellen stehen uns zur Verfügung; sie heißen: ›Título de los señores de Totonicapán‹, ›Annalen der Cakchiquel‹ und ›Popol Vuh‹. Von ihnen ist das ›Popol Vuh‹, das ›Buch des Rates‹ oder der ›Ratsversammlung‹, das wichtigste. Seine ganze Bedeutung für die Maya-Forschung kann sich jedoch erst erweisen, nachdem L. Schultze-Jena eine mustergültige kritische Ausgabe mit dem Originaltext und der deutschen Übersetzung herausgebracht hat. Der Erzähler des ›Popol Vuh‹ ist ein anonymer Indio, der nach der Conquista lebte, und seine Erzählung ist, wie er selbst zu Anfang des Buches sagt, »nur die Rekonstruktion von lange zuvor niedergelegten Erzählungen, die dem Suchenden und Forschenden verborgen blieben«.

Das ›Popol Vuh‹ ist die ›Bibel‹ der Quiché, in der die Schöpfungsgeschichte eine bedeutende Rolle spielt. Da hören wir: »In der Tat, mächtig war die Beschreibung, die Kunde, wie alles geschaffen wurde, Himmel und Erde; wie die vier Enden der Welt, die vier Seiten bestimmt und die Male gesetzt wurden; wie die Schnur gespannt und wie ausgemessen wurde die Weite von Himmel und Erde. Vier Weltecken, vier Weltseiten machten der Vater und die Mutter von Leben und aller Schöpfung: Er, der Atem verleiht und Herz – Sie, die Kinder gebiert; der Hüter des menschlichen Glücks; der Weise, der über die Redlichkeit allen Seins nachdenkt, das im Himmel ist und auf Erden, in den Seen und in den Meeren.« Hier, wie in allen Schöpfungsmythen Zentralamerikas, spielt die Schöpfung des Menschen eine andere Rolle als bei uns. Die Maya trennten nicht scharf zwischen Menschengeschlecht und Umwelt.

Das ›Popol Vuh‹ war ursprünglich wohl auf Bast-Papier oder auf Hirschleder geschrieben. Die Bilder sollten dabei nur als Gedächtnisstütze dienen, sie gaben den Text nicht wörtlich wieder. Das ›Popol Vuh‹ befaßte sich nicht nur mit der Schöpfungsgeschichte und anderen Mythen, es war auch ein Geheimbuch, aus dem sich die Priesterfürsten »beratend die Klarheit holten, deren sie zu einer Einsicht und einem aus ihr sich ergebenden Entschluß bedurften«. Das steht deutlich in dem Buch geschrieben: »... quetaam, rre labal chibanic, calah chi qui rach ronohe...«, zu deutsch: »Die Priesterfürsten wußten, ob es Krieg geben würde, klar lag alles vor ihrem Blick, sie konnten sehen, ob Tod, ob Hungersnot, ob Streit heraufkommen würden. Wahrlich, sie wußten gut, daß es einen Quell der Offenbarung gäbe, daß es ein Buch gäbe, Popol Vuh von ihnen genannt.« Es waren sicherlich nur die Fürsten, die in ihrer Eigenschaft als Hohepriester aus diesem Buch lesen konnten. Ob der indianische Chronist als erster den Inhalt des originalen Werks, das verloren gegangen ist, in die fremde Buchstabenschrift übertragen hat – so manche Indios hatten das nach der Conquista von den spanischen Mönchen gelernt –, wissen wir nicht. Vielleicht fußt sein Bericht auf mündlichen Übertragungen anderer. Jedenfalls sah der indianische Übermittler alles, was in dem Buch steht, im Wirkungsbereich überirdischer, ihm heiliger Kräfte. Volle Aufklärung über das ›Popol Vuh‹ werden wir nie erhalten. Der zweite Teil des Buches berichtet über die Geschichte der Stämme, aus denen die vier ersten Männer und ihre Frauen hervorgingen. Es wird berichtet, daß die Vorväter der Quiché aus Tula gekommen seien, ebenso die Cakchiquel, wie es in dem ›Memorial de Sololá‹ oder den ›Annalen der Cakchiquel‹ steht. Im ›Popol Vuh‹ werden die Quiché auch »tultecas« genannt. Im Zusammenhang mit den jüngsten Ausgrabungen in *Tula,* dem alten Tollan, der Hauptstadt der Tolteken, konnte nachgewiesen werden, daß tatsächlich toltekische Stämme in das Hochland von Guatemala eindrangen und die ansässige bäuerliche Maya-Bevölkerung überlagerten; doch diese Wanderungen sind völlig vom Mythos verklärt.

In klarem Licht erscheinen die historischen Ereignisse erst nach der Niederlassung der Herrschergeschlechter. Ursprünglich existierte im Hochland Guatemalas ein großes Reich unter der Führung der Quiché, zu dem etwa 14 Völker zählten, die verschiedene Maya-Sprachen sprachen. Diese Völker wurden im allgemeinen nach ihrer Sprachzugehörigkeit bezeichnet, es waren also weniger ethnographische Merkmale, die die einzelnen Gruppen voneinander trennten. Im 15. Jahrhundert kam es zu inneren Kämpfen unter den drei großen Völkern, den Quiché, den Cakchiquel und den Tzutuhil. Das ehemals wohl einheitliche Reich zerfiel, und es entstanden drei selbständige Staatswesen, wobei die Kämpfe zwischen dem Quiché-Reich und dem der Cakchiquel bis zum Anfang des 16. Jahrhunderts weitergingen. Die Quiché dehnten überdies ihre Herrschaft nach Westen und Nordwesten in das Gebiet der Mam aus, die Cakchiquel das ihre nach Osten bis in das Valle de las Vacas, während die Tzutuhil, das kleinste der drei Hauptvölker, in dem Raum am Atitlán-See und an den Hängen des Vulkans Atitlán verblieb. Wir wissen, daß die Cakchiquel direkte Beziehungen zu dem mexikanischen Herrscher Moctezuma II. (1502–1519) unterhielten. Eine größere Gesandtschaft wurde um 1512 von Moctezuma nach Guatemala geschickt, um mit den drei Reichen ein Bündnis zu schließen. Bei den Cakchiquel wurde sie gut aufgenommen, während sie von den Quiché zurückgewiesen und von den Tzutuhil mit Waffengewalt vertrieben wurde. Das erfahren wir von Francisco Fuentes y Guzmán, der als Nachkomme der Konquistadoren Ende des 17. Jahrhunderts seine ›Historia de Guatemala o Recordación Florida‹ schrieb. Über den Ausgang der Verhandlungen weiß Guzmán jedoch nichts zu berichten. Es ist anzunehmen, daß Cortés bei seinen Eroberungen in Mexiko von diesen Ereignissen erfahren hat, denn als er 1521 sein Unternehmen in Mexiko beendete, waren es die Cakchiquel, die ihrerseits mit den Spaniern Verbindung aufnahmen. So schickte er zunächst eine Gruppe von mexikanischen Indios mit zwei Spaniern nach *Utatlán* und *Tecpán Cuauhtlimallán,* den Hauptstädten der Quiché und der Cakchiquel. Die Sendboten kehrten 1522 nach Mexiko zurück. Etwa hundert Angehörige beider Völker begleiteten sie und boten den Spaniern ihre Unterwerfung an. Cortés empfing die Abordnung mit großem Wohlwollen, beschenkte sie und gab ihr wiederum zwei Spanier mit, um an Ort und Stelle einen Vertrag über die Unterwerfung aufzusetzen. Bald nach ihrem Aufbruch erhielt Cortés die Nachricht, daß die alte Fehde zwischen den Quiché und Cakchiquel wieder ausgebrochen sei. Dies war für ihn ein willkommener Anlaß, seine Eroberungszüge auf Mittelamerika auszudehnen. So sollte Pedro de Alvarado, dem Cortés den Oberbefehl über das neue Unternehmen erteilte, nicht nur die Ländereien der Quiché und Cakchiquel erobern, sondern auch darüber hinaus in die angrenzenden Gebiete vordringen.

Im Februar 1524 überschritt Alvarado den Suchiate-Fluß, nachdem es kurz vorher mit den Eingeborenen von Soconosco zu heftigen Gefechten gekommen war. Mit 120 Berittenen und 300 Fußsoldaten war Alvarado aus Mexiko aufgebrochen. Eine Gruppe von indianischen Kriegern, deren Zahl im Bericht des Cortés an seinen König absichtlich verkleinert wurde, aber wohl an die dreitausend Mann betrug, auch höhere Standespersonen aus Tenochtitlán, Tlaxcala und Cholula, begleiteten ihn.

Zuerst traf Alvarado mit den Quiché bei *Zapotitlán,* das zweite Mal bei einem Bergpaß zusammen. »Der Paß war so steil«, heißt es in dem ersten Brief Alvarados, »daß wir kaum die Pferde hinaufbekamen ... Auf der Höhe eines jähen Abhanges sah ich eine Indianerin und einen Hund, die geopfert worden waren, was nach Aussage des Dolmetschers eine Kriegserklärung bedeutete ... Als ich oben auf der Paßhöhe stand, bemerkte ich, wie über 30 000 Indios auf uns zukamen ... Da sie noch niemals Pferde gesehen hatten, bekamen sie es mit großer Angst zu tun. Wir unternahmen einen wohlgelungenen Vorstoß und zerstreuten sie ... Am Fuß des Berges näherten sie sich uns und leisteten Widerstand. Nun wandte ich mich mit einigen Reitern zur Flucht, um sie auf die Ebene herauszulocken, sie drängten hinter uns her, bis sie die Schwänze der Pferde berührten. Nach kurzer Atempause machte ich gegen sie kehrt. Da kam es zu einem furchtbaren Angriff und Strafgericht.«

In der Nähe der Stadt *Xelahú* fand eine furchtbare Schlacht statt, die ausschlaggebend für das ganze spanische Unternehmen war. In einem Kampf Mann gegen Mann besiegte Alvarado den obersten Befehlshaber der Quiché, der unter den vier von ihnen auserwählten ›Königen‹ die indianischen Streitkräfte befehligte. Er hieß Tecúm Umám. Eine Legende berichtet, daß man in der großen Schlacht plötzlich einen Quetzal über dem Kopf Tecúm Umáms fliegen sah. Der Sage nach soll Alvarado den Quetzal tödlich getroffen haben; im selben Moment sei das Leben des indianischen Heerführers erloschen, denn der Quetzal war sein Nagual, sein ›alter ego‹. Stößt nämlich dem Schutztier ein Unglück zu, so nimmt auch der Mensch Schaden.

Alvarado selbst berichtet nichts darüber, aber in einer sehr wichtigen Schrift, den ›Títulos de la Casa Ixcuín-Nihaib‹, der spanischen Fassung eines Quiché-Textes – Franz Termer hat sie zum ersten Mal ins Deutsche übersetzt –, finden wir eine andere Version dieses Ereignisses. Der Nagual des indianischen Heerführers war danach nicht ein Quetzal, sondern ein Adler. »Da erhob sich der Führer Tecúm zum Fluge«, heißt es in dem Text, wobei Mythos und wirkliche Geschehnisse ineinanderfließen, »denn er war wie ein Adler, voll bedeckt mit Federn, der in dieser Verkleidung von seiner Stadt kam. Flügel und Federn trug er am ganzen Körper und auch drei Kronen zu einem einzigen Kopfschmuck zusammengefaßt.« Statt jedoch Don Pedro zu töten, traf er sein Pferd und schlug ihm den Kopf ab. »Alles, was sie taten«, so heißt es weiter, »geschah durch Zauber. Wie nun der Führer Tecúm einsah, daß er nicht den Adelantado (diesen Titel trug Alvarado), sondern dessen Pferd getötet hatte, stieg er abermals im Flug in die Höhe, um ihn von oben herab mit noch größerer Wucht zu erschlagen. Der Adelantado wartete auf ihn mit seiner Lanze, durchbohrte ihn durch und durch und tötete so den Führer Tecúm. Da stürzten sich an die Stelle zwei Hunde. Sie hatten kein langes Fell, sondern sie waren kurzhaarig. Sie packten diesen Indianer, um ihn in Stücke zu reißen. Als der Adelantado bemerkte, daß der indianische Anführer so stattlich war und drei Kronen aus Gold, Silber, Diamanten, Smaragden und Perlen trug, entriß er ihn den Hunden und schützte den Leichnam. Lange Zeit betrachtete er ihn; er war mit leuchtenden Quetzalfedern bedeckt. Dann rief der Adelantado alle seine Soldaten zusammen, damit sie die Schönheit dieses Quetzal-Indianers betrachteten. Er sagte zu ihnen, daß er keinen anderen indianischen König so prunkvoll, so voll von Quetzalfedern gesehen hätte. Daher ordnete er an, daß dieser Ort Quetzaltenango genannt würde.« – Ähnlich dieser Legende sind auch die Geschichten im ›Popol Vuh‹ voll von Verwandlungen und Zaubereien der Akteure. Für die Indios sind diese überlieferten Erzählungen und Texte mit einem Wirklichkeitsanspruch verbunden.

Dann versuchten die stark dezimierten indianischen Krieger noch ein letztes Mal, der spanischen Eindringlinge Herr zu werden, wobei sie eine Kriegslist brauchten. Im Bericht des Alvarado heißt es weiter: »Und sie kamen überein, uns eine Botschaft des Inhalts zu senden, daß sie friedlich sein und Unserm Kaiserlichen Herrn Gehorsam leisten wollten. Wäre ich dann in diese Stadt Utatlán eingerückt, dann würden sie nach unserer Einquartierung die Stadt in Brand stecken, so daß wir sämtlich, ohne Widerstand leisten zu können, in den Flammen umkommen würden. Ihr böser Plan wäre wirklich gelungen, hätte Gott unser Herr es nicht für Unrecht gehalten, daß diese Ungläubigen den Sieg über uns davontragen sollten, denn diese Stadt ist eine außerordentlich starke Festung. Sie besitzt nur zwei Zugänge, von denen einer eine steile Treppenanlage von etwa 30 in den Fels gehauenen Stufen ist ... Bei der stark zusammengedrängten Bauweise der Stadt mit ihren äußerst engen Gassen hätten wir unweigerlich in den Flammen zugrunde gehen müssen ... Als ich die Gefahr erkannte, in der wir schwebten, schickte ich Leute voraus, um den Damm mit der Brücke zu nehmen (die Stadt war nur über einen Damm und über eine Brücke, die eine Schlucht überquerte, zu erreichen) ... Außerhalb der Stadt waren viele Krieger, und als sie sahen, wie ich zur Ebene hinauszog, zogen sie sich etwas zurück, so daß mir nicht viel Schaden durch sie geschah. Dann aber verbarg ich meine wirklichen Absichten, damit ich die Anführer, die sonst vielleicht geflohen wären, gefangennehmen könnte, und näherte mich ihnen mit Schlauheit und gab ihnen Geschenke, damit ich meinen Plan besser ausführen könnte. Ich machte sie zu Gefangenen und hielt sie in meinem Lager fest.« Alvarado fährt fort: »Da ich sah, daß ich diese Leute nur durch Feuer und Schwert Seiner Majestät untertan machen konnte, beschloß ich, die Anführer zu verbrennen. Und sie selbst sagten zu der Zeit, daß sie verbrannt zu werden wünschten, ... und da ich sah, welche schlechte Gesinnung sie dem Dienst seiner Majestät entgegenbringen, und um dem Lande Ruhe und Frieden wiederzugeben, verbrannte ich sie und ließ auch die Stadt verbrennen und zerstören; denn es ist ein sehr starker und gefährlicher Ort, der mehr einem Räubernest als einer Stadt gleicht.«

Pedro de Alvarado, der als Sohn eines verarmten kleinen Adligen im spanischen Bajadoz 1485 geboren war, hatte sich schon als rücksichtsloser Draufgänger 1518 in der Expedition des Juan de Grijalva nach Yucatán hervorgetan. Später als Waffengefährte von Cortés lieferte er weitere Beweise seiner Grausamkeit gegenüber den Indios. Cortés schätzte ihn als einen seiner besten Unterführer sehr und entschuldigte seine oft unbesonnenen und unbarmherzigen Handlungen gegen die Indios, während sein eigener Waffengefährte Francisco de Montejo von ihm sagte: »Es gibt keinen grausameren Menschen, niemand, der die Indios so schlecht behandelt hat wie er. Wo er weilt, wird es keinen Frieden geben.«

Um Geständnisse zu erpressen, ließ Alvarado seine Opfer foltern und quälte sie langsam zu Tode. Auch die beiden Quiché-Führer Oxib Queh und Beleheb Tzi ließ er im April 1524 vor den Augen der zwangsweise dorthin gebrachten adligen Familien im spanischen Lager an Holzpfähle binden und auf Scheiterhaufen stellen: So verbrannten die letzten Herrscher der Quiché bei lebendigem Leibe, und ihre Hauptstadt *Utatlán* wurde zerstört.

Kaum hatte Alvarado die Quiché unterworfen, führte er seine Armee nach *Iximché* (Abb. 46), der Hauptstadt der Cakchiquel, wo er von den ›Königen‹, wie die Herrscher der indianischen Völker in den spanischen Chroniken stets genannt werden, freundlich aufgenommen wurde, denn die Cakchiquel hatten sich geweigert, den Quiché im Krieg gegen die Spanier beizustehen. In Iximché bereitete man den Spaniern einen solch herzlichen Empfang, »daß wir nicht besser in den Häusern unserer Väter hätten aufgenommen werden können.« Doch als Alvarado in der Stadt eintraf, rüsteten die Cakchiquel zum Kriege, nicht gegen die Quiché, sondern gegen ihre zweitstärksten Feinde, gegen die Tzutuhil. Um Beistand gebeten, willigte Alvarado ein, den Cakchiquel zu helfen. Gemeinsam mit den Spaniern besiegten sie nun die Tzutuhil. Alvarado wählte Iximché zu seinem Hauptquartier und nannte die Stadt Santiago de los Caballeros.

Doch sein Hauptziel hatte Alvarado noch nicht erreicht: Reichtum und Schätze zu sammeln. Statt dessen hatte er den Cakchiquel gegen ihre Erzfeinde geholfen. So forderte er jetzt Schalen, gefüllt mit Gold und Silber, einschließlich der goldenen Trinkbecher und Kronen ihrer Häuptlinge: »Wenn ihr mir nicht das kostbare Metall aus allen euren Städten bringt, werde ich euch lebend verbrennen und hängen.« Mit diesen Worten schnitt er drei Häuptlingen die Ohren mit ihren kostbaren Ohrgehängen ab und befahl, das Gold in fünf Tagen herbeizuschaffen.

Als die Indios versuchten, den Forderungen der Spanier nachzukommen, sprach einer ihrer Priester: »Ich bin der Blitz; ich will die Spanier vernichten. Ich will sie mit Feuer heimsuchen. Wenn ich die große Trommel schlage, geht alle hinüber auf die andere Seite des Flusses.« Und der Priester bestimmte den Tag, an dem dies geschehen sollte. Die Indios folgten seinem Rat und verließen an dem von ihm bestimmten Tag Iximché, doch die Prophezeiung ging nicht in Erfüllung. Sobald Alvarado davon erfuhr, jagte er seine Leute hinter den Indios her und trieb sie in die Wälder; viele von ihnen wurden getötet, ihre Stadt Iximché völlig zerstört. So machte er sich die hilfsbereiten und ihm ehemals freundlich gesinnten Cakchiquel zu erbitterten Feinden.

Schon während des gemeinsamen Feldzuges gegen die Tzutuhil hatte Alvarado auf reiche Beute gehofft. Aber bevor die Tzutuhil ihre befestigte Hauptstadt *Atziquinahay* verließen, die im Atitlán-See auf einer Insel zwischen den Vulkanen Tolimán/Atitlán und San Pedro lag, sollen sie ihren Goldschatz in einem unterirdischen Gang, der von der Insel zum Festland führte und dessen Zugänge sie nach ihrer Flucht verrammelten, versteckt haben.

Die reichen Schätze der Hochland-Indios Guatemalas blieben dem Adelantado Pedro de Alvarado vorenthalten. »Nun habe ich die Indios, denen ich befahl, in ihre Städte zurückzukehren, in demselben Zustand, in dem sie früher waren, gelassen, aber im Dienst Seiner Majestät«, schrieb Alvarado in seinem Bericht und bemerkte weiter, »daß alle Kriegsgefangenen mit dem Brandzeichen versehen und zu Sklaven gemacht worden sind; das Seiner Majestät zukommende Fünftel derselben übergab ich dem Schatzmeister, der sie in öffentlicher Auktion verkaufte, damit das Geld dafür Seiner Majestät sicher sein sollte.«

2 Die befestigten Städte

Utatlán

Die spanischen Chronisten haben großartige Dinge über die alten befestigten Städte der Hochland-Maya erzählt. So berichtet Fuentes y Guzmán, den wiederum eine Anzahl späterer Geschichtsschreiber zitiert, von den vielen prächtigen Gebäuden *Utatláns*. Er beschreibt unter anderem ein großes Seminar, in dem sechstausend Kinder erzogen wurden. Der Palast des Königs stand an Prunk dem des Kaisers Moctezuma in Mexiko nicht nach. Er spricht von königlichen Bädern, von Gerichtsgebäuden, Menagerien, schönen Gärten, von einem riesigen Harem und dem Quartier für 72 000 Soldaten.

Doch A. P. Maudslay, der 1878 das, was von der einst so »prächtigen Stadt« Utatlán übrigblieb, besuchte, konnte die phantasievolle Beschreibung des Fuentes y Guzmán widerlegen. Er fand nichts weiter als einen Schanzhügel, auf dem einst die Festung stand, um den zur Stadt führenden Damm zu schützen. Der Platz, auf dem die Festung und die Stadt Utatlán einmal gestanden haben, hat zwar eine von Natur aus geschützte Lage, ist aber keinesfalls groß genug für so enorm stattliche Gebäude, wie sie die Chronisten beschrieben haben.

»Nachdem ich diesen Hügel verlassen hatte«, schreibt Maudslay, »brachte mich ein Gang von ungefähr 200 Schritt an den Rand der Barrancos (Schluchten) und an den schmalen, natürlichen Wall, auf dem allein man sich der Feste Utatlán nähern konnte. Hat man diese schmale Brücke überschritten, so befindet man sich auf einer ziemlich ebenen Bodenfläche von ungefähr 700 Morgen mit steil abfallenden Hängen, an denen hinunter man 120 m tief bis auf den Grund der Schlucht sehen kann. Auf diesem Raum sind drei Erdhügel mit Spuren der Grundmauern von Gebäuden, von denen keines breiter als 2,70 m gewesen sein kann, obgleich die Mauern aus Stein gebaut und bemalt gewesen zu sein scheinen. Der Körper eines gut gemalten Leoparden war auf der einen Mauer zu sehen. Aber der Palast, von dem Fuentes spricht, würde allein fast dreimal soviel Platz beansprucht haben wie der ganze für Gebäude verfügbare Raum. Und man muß weiter annehmen, daß auch die Befestigungen von Utatlán nur von geringer Ausdehnung gewesen sind. An keiner Stelle dieser Feste haben sich Beispiele von gemeißelten Hieroglyphen gefunden, von reich geschmückten Steinhäusern oder meisterhaft ausgehauenen Monolithdenkmälern wie in Copán oder Quiriguá.«

Gezeichnet und vermessen wurden die spärlichen Reste von Utatlán zum ersten Mal von Stephens und Catherwood, die die Ruinen im Jahre 1840 besuchten. »Der wichtigste Teil der Ruinen ist der sogenannte ›Sacrificadero‹ oder Opferplatz. Er ist eine quadratische aus Stein errichtete Anlage mit Seitenlängen von je 66 Fuß, die sich in Pyramidenform 33 Fuß hoch erhebt. An drei Seiten führen Treppen mit Strebepfeilern nach oben. An der Seite, die nach Westen gerichtet ist, befindet sich keine Treppe; die Fläche ist glatt und mit Stuck verkleidet. Als wir an der Seite etwas Stuck abbrachen, konnten wir sehen, daß verschiedene Schichten von Stuck übereinander lagen, die zweifellos zu verschiedenen Zeiten gelegt waren, und daß alle mit Figuren bemalt waren.

Die Kuppe des Sacrificadero ist zerstört, doch zweifellos stand hier ein Altar, auf dem Menschen geopfert wurden ... Es war gerade so viel Platz, daß die Priester neben dem Altar und dem Idol, dem das Opfer gebracht wurde, ihre Zeremonie vollführen konnten. Diese Stätte war in voller Sicht des an ihrem Fuße versammelten Volkes.«

Die bäuerliche Bevölkerung von Utatlán lebte, wie schon erwähnt, im Umkreis der befestigten Kultstätte, hauptsächlich dort, wo sich heute in unmittelbarer Nähe der Ruinen die Stadt Santa Cruz del Quiché erhebt. Doch können wir heute kaum noch nachprüfen, wie dieser Siedlungskomplex zur Zeit vor der spanischen Eroberung einmal ausgesehen hat. Die königliche Feste Utatlán liegt versunken unter der üppigen Vegetation; hier haben bisher keine Freilegungen stattgefunden und sind auch keine Restaurierungsarbeiten vorgenommen worden. Das einzige, was geblieben ist, ist das herrliche Panorama, das man von diesem Platz aus genießen kann.

Iximché

Anders sieht es in *Iximché* aus, dem ehemaligen Cakchiquel-Zentrum. Hier haben in den letzten Jahren nicht nur laufend Ausgrabungen stattgefunden, es erfolgten auch bedeutende Restaurierungen, so daß wir uns heute ein gutes Bild von der befestigten Kultstätte machen können. Ihre Erbauer hatten für sie eine ähnlich günstige Lage gewählt; den erhöhten Platz auf einer Halbinsel umgaben tiefe Schluchten.

Iximché liegt 2260 m hoch und ist 3 km von der heutigen Ortschaft *Tecpán Guatemala* entfernt. Der Name wird abgeleitet von dem Namen eines Baumes, der im Spanischen ›ramón‹ (Brosimium alicastrum) heißt, dessen Früchte eßbar sind und der in der ganzen Gegend häufig vorkommt. Die spanischen Eroberer gaben der Stadt einen mexikanischen Namen, Tecpán Cuauhtlimallán, woraus Guatemala, der Name des ganzen Landes, entstanden ist. Über die Bedeutung des indianischen Wortes herrscht ziemliche Uneinigkeit. Die einen leiten den

Iximché, Rekonstruktion des Tempelkomplexes. Nach Jorge F. Guillemín

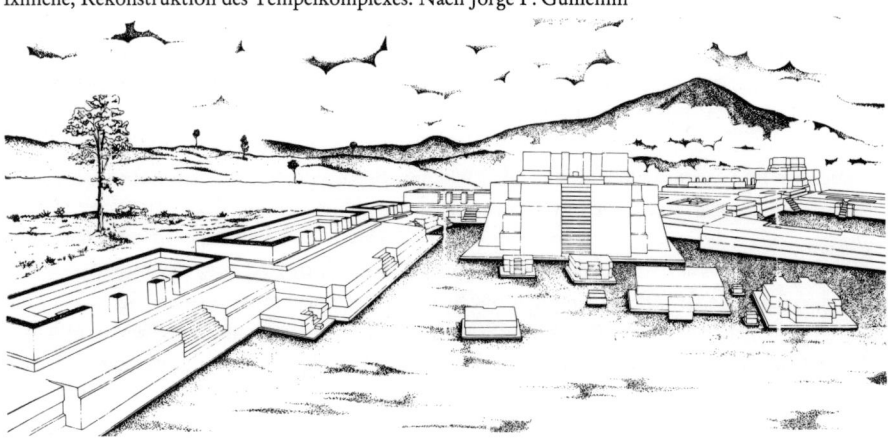

Namen von ›quauhtematlan‹ ab, was soviel wie ›Land der Bäume‹ oder ›Ort des Holzhaufens‹ bedeutet, andere von ›guhatezmalha‹ mit der Bedeutung ›Wasserspeiende Berge‹, womit die tätigen Vulkane gemeint sein könnten, und wieder andere bringen die Bezeichnung mit ›kauauhtemallan‹, dem Namen einer Heilpflanze, in Verbindung, die eine milchige Flüssigkeit enthält und in dieser Gegend vorkommt.

Iximché wurde erst um 1470 von den ›Königen‹ Juntoh und Vukubatz der Cakchiquel gegründet. Die Stadt, die eine kurze, aber bewegte Geschichte erlebte, ist weniger zerstört worden als *Utatlán*, und glücklicherweise erfahren wir Genaues über die Entwicklung jener Stadt in den ›Anales de los Cakchiqueles‹ oder dem ›Memorial de Sololá‹, wie das Manuskript aus dem 16. Jahrhundert, das sich mit der Geschichte der Cakchiquel befaßt, auch heißt. Am 5. September 1524 verließen die Cakchiquel Iximché, nachdem die Spanier einen Monat zuvor an derselben Stelle ihre erste Hauptstadt Santiago de los Caballeros gegründet hatten. Im Februar 1526 wurde die Stadt endgültig niedergebrannt, ihre Ruinen fielen der Vergessenheit anheim.

Im selben Jahr gelangte Bernal Díaz del Castillo, dessen berühmter und glaubwürdiger Bericht über seine Erlebnisse während der Conquista so lebendig geschrieben ist, nach Iximché. Er mußte sich jedoch den Zugang zur Stadt mit Waffengewalt erkämpfen, denn guatemaltekische Eskadronen lauerten den Spaniern in den Schluchten auf. Obwohl Bernal Díaz sicherlich nicht viel von der Stadt gesehen hat, da er sich nur einen Tag dort aufhielt, so war er doch »von den schönen Häusern und Zimmern und den reichen Gebäuden« sehr beeindruckt. Und sein Urteil ist gewiß von Bedeutung, da wir aus seinen treffenden Beschreibungen jener großartigen mexikanischen Bauten entnehmen, daß er für die architektonischen Schönheiten altindianischer Baukunst empfänglich war.

Aus dem Jahre 1695 stammt die erste genaue Beschreibung der Ruinen von Iximché, und zwar von Fuentes y Guzmán. Während derselbe Chronist über Utatlán in wenig glaubwürdiger Weise berichtet hat, ist seine Beschreibung von Iximché korrekt. Vor allem hat er die ganze Anlage der befestigten Stadt mit der Verteilung der einzelnen Baukomplexe richtig erfaßt, wie die Archäologen nachweisen konnten. So schrieb Guzmán zutreffend, daß mitten durch das Gemeinwesen von Norden nach Süden ein Graben mit befestigten Seitenwänden lief und daß dieser Graben den westlichen Teil der Stadt mit den Häusern und Palästen der Vornehmen von den östlich gelegenen Behausungen der »plebeyos o maceguales«, wie Fuentes schreibt, trennte. Als John L. Stephens im Jahre 1840 Iximché besuchte, fiel ihm dieser Einschnitt ebenfalls auf: »Der Graben war etwa 2,5 m tief mit einer gemauerten Schanze von etwa 1 m Höhe.« Er ist inzwischen vollständig zugeschüttet, man kann aber seinen Lauf immer noch verfolgen. Stellenweise Ausgrabungen haben gezeigt, daß seine ursprüngliche Tiefe ungefähr 8 m betragen hat.

Als Stephens im Verlauf seiner denkwürdigen Reisen in Yucatán und Zentralamerika so viele verlassene und inzwischen vergessene Maya-Städte entdeckte, gab es noch keine exakte Wissenschaft, die sich mit den amerikanischen Hinterlassenschaften befaßte. Und als A. P. Maudslay Ende des vorigen Jahrhunderts das Maya-Land durchstreifte, war er der erste, der der Maya-Forschung ihren berechtigten Platz in der Archäologie verschaffte. Sein Interesse galt vor allem den bedeutenden Kultstätten des Tieflandes, aber Maudslay besuchte damals auch schon Iximché, allerdings ohne dort Grabungen vorzunehmen.

Mit den ersten Ausgrabungen in Iximché begann Janos de Szecsy im Jahre 1956, doch ein frühzeitiger Tod setzte bald seiner von hohen Erwartungen begleiteten Tätigkeit ein Ende. Erst 1968 wurde das Projekt von neuem in Angriff genommen, und zwar durch Jorge F. Guillemín. Nachdem er die nötigen kartographischen Vorarbeiten geleistet hatte, gab das ›Comité pro Reconstrución de Monumentos Nacionales‹ die Einwilligung zur Fortsetzung der Feldarbeiten, seit 1963 werden die Ausgrabungen und Restaurierungen vom Schweizerischen Nationalfond für wissenschaftliche Forschungen subventioniert. Sie stehen weiterhin unter der Leitung Guillemíns.

Die Bauwerke der befestigten Stadt oder ›Ciudadela‹ gruppieren sich um vier große und zwei kleinere Zeremonialplätze; sie bedecken die höchsten Erhebungen des durch die tiefen Schluchten begrenzten Vorgebirges. Ähnlich wie beim Monte Albán in Mexiko wurde auch hier die Oberfläche des Berges vollständig verändert, wurde so terrassiert und nivelliert, daß jedes Fleckchen Erde für irgendwelche Baulichkeiten ausgenutzt werden konnte. Zu jedem Zeremonialplatz gehören ein oder zwei Tempel und mehrere Häuser, doch blieben meist nur die Plattformen erhalten. An zwei Gruppen schließen sich Ballspielplätze an. Die Fundamente der Bauwerke bestehen aus Steinen und Mörtel, während die Mauern und Säulen der Tempel und Häuser, von denen nur wenige die Zeiten überdauert haben, aus Lehmziegeln angefertigt

Iximché, Lageplan der Bauwerke der Ciudadela. Nach Jorge F. Guillemín

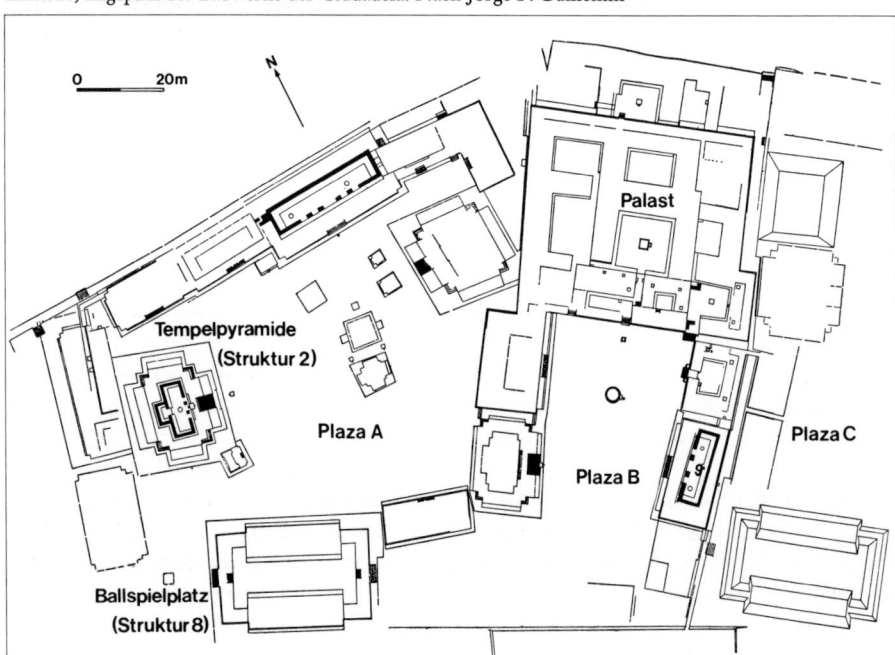

waren. Straßen und Plätze waren mit einer Art Zement bedeckt, von dem ebenfalls Reste erhalten sind. Insgesamt erlaubte es der vorgefundene Bestand, die Stadt getreu zu rekonstruieren. Drei Plätze sind bereits ausgegraben und restauriert.

Die umliegenden Gebäude trugen eine dreifache Stuckschicht. Hierfür gibt wiederum die Geschichtsschreibung eine Erklärung. Als der Chronist Martín Alfonso Tovilla im Jahre 1635 zusammen mit dem Neffen eines indianischen ›Königs‹ die Ruinen von Utatlán besuchte, erhielt er von ihm folgende Information: »Wenn der König starb, wurden alle Straßen und die Paläste innen und außen neu stuckiert, und man malte neue Geschichten auf die Wände.« Wenn sich auch dieser Bericht auf einen Brauch der Quiché in ihrer Hauptstadt Utatlán bezieht, so dürfen wir doch annehmen, daß man in ähnlicher Weise in Iximché vorging, denn die Traditionen der Quiché und der Cakchiquel besaßen dieselbe Grundlage, und die Entwicklung ihres Volkstums bewegte sich in derselben Richtung, wenn sich auch beide Volksstämme später entzweiten.

Daß die Religion im Leben der Hochland-Maya eine bedeutende Rolle gespielt hat (und auch heute noch spielt), erfahren wir nicht nur durch die Geschichtsschreiber, auch die Ausgrabungen bestätigen das. Die Archäologen fanden mehrere freistehende Tempel innerhalb der Paläste und Wohnkomplexe, darüber hinaus auch Altäre und Opferstellen. So konnten im Palast, östlich der Plaza B gelegen, mehrere Altäre freigelegt werden, die zu den drei aufeinander folgenden Bauphasen gehören. Der ursprüngliche Kern dieses Palastes erstreckte sich über etwa 500 m²; er wurde später nach allen vier Richtungen erweitert und erhielt neue Gemächer und Innenhöfe, bis er schließlich nach seiner dritten und letzten Erweiterung eine Fläche von 3000 m² einnahm.

Die architektonische Planung folgte auch bei den Palasterweiterungen stets gleichen Prinzipien. Um den Innenhof herum standen vier langgestreckte Räume mit je einem durch Säulen gestützten Eingang. Die Wände, an denen gemauerte Bänke entlangliefen, waren bemalt, aber nach jedem Umbau neu dekoriert. Reste von Säulen, die fünf Eingänge freigaben, wurden in der Struktur 22 gefunden, während bei der Struktur 9 zwei Säulen drei Eingänge voneinander trennten.

Der Ballspielplatz (Struktur 8), dessen Spielfläche auf der obersten von drei Terrassen liegt, hat eine Gesamtlänge von 30 Metern. Er ist ausgegraben sowie teilweise restauriert und hat die klassische Form der Maya-Ballspielplätze mit den schrägen Seitenwänden. Der andere Ballspielplatz (Struktur 7) hat ungefähr dieselben Ausmaße. Steinerne Ringe oder sogenannte ›marcadores‹ wurden weder bei dem einen noch beim andern gefunden, doch glaubt Guillemín, daß die beiden zoomorphen, jaguarkopfähnlichen Skulpturen, die er in der Nähe der Struktur 24 fand, möglicherweise zu einem der Ballspielplätze gehörten und daß es sich hier um eben die Torsos handelt, die Stephens beschrieben hat.

Das imposanteste und sicherlich auch zu seiner Zeit bedeutendste Bauwerk ist eine Tempelpyramide, die Struktur 2 an der Plaza A (Abb. 46). Hier fand man unter dem Schutt und unter der Vegetationskappe, die mit der Zeit die Trümmer bedeckt hatte, noch so viele erhaltene Bauteile, daß es den Archäologen nicht schwerfiel, die Pyramide zu rekonstruieren. Auch hier konnte man zunächst wieder eine mehrfache Überbauung feststellen; an den Kern der Pyramide gelangte man mit Hilfe einer Durchtunnelung. Obwohl ein Teil der oberen steinernen Verklei-

Iximché, Wand-Zeichnungen von der Tempelpyramide Struktur 2 an der Plaza A

dung später abtransportiert und zum Bau der nahen Stadt Tecpán verwendet wurde, blieb hiervon immerhin so viel erhalten, daß man sich von der letzten Bauphase ein genaues Bild machen konnte.

Die Pyramide ist in vier Terrassen mit senkrechten Seitenwänden gegliedert, die aus der zweiten Bauphase stammen. Nur an einer Seite führt eine steile Treppe bis zur oberen Plattform hinauf, die 9 m hoch über dem Fuß der Pyramide liegt. Der Tempel muß etwa 5 m hoch gewesen sein, doch von seinen Mauern und Säulen sind nur Reste erhalten geblieben, die innen und außen rot, blau und gelb bemalt waren. In der Zeichnung findet sich eine Person, die wiederholt in verschiedenen Stellungen abgebildet ist. »Stilistisch sind diese Malereien mit mesoamerikanischen Wandmalereien in gewissem Grad verwandt; sie erinnern im Ausdruck an mixtekische Malerei« (Guillemín).

Am Fuße der Pyramide, direkt gegenüber der Freitreppe, steht ein Altar oder Opferstein, dessen Oberfläche konkav geformt ist, ganz ähnlich den mexikanischen Altären, auf denen Menschen geopfert wurden. Die Form des Opfersteines weist darauf hin, daß hier das ›Herzopfer‹ stattfand. Beim Herzopfer wurde dem Menschen von einem Priester die Brust mit einem Obsidianmesser aufgeschnitten, das Herz herausgerissen und in die sogenannte ›Adlerschale‹ gelegt, in der man auch das Blut auffing, worauf der Hohepriester die Schale mit dem Herzen dem Götterbild zu Füßen legte. Der kreisrunde Altar (Struktur 14) auf der Plaza B, der im Durchmesser 3,5 m mißt, ist den Altären ähnlich, wie sie die Azteken beim sogenannten ›Gla-

diatorenopfer‹ benutzten. Diese zweite Form des Menschenopfers, die beim großen Frühlings-
fest in Mexiko zu Ehren des Xipe Totec üblich war, war das Gladiatorenopfer. Hierzu wurde
der Gefangene mit einem Seil an eine durchlöcherte Steinscheibe gebunden und mußte so mit
zwei Gladiatoren kämpfen. Wurde er von ihnen nicht besiegt, so ging er frei aus. Unterlag er
ihnen, so band man ihn aufrecht stehend an eine Leiter und jagte ihm todbringende Pfeile in die

Ritzzeichnungen aus Chichén Itzá: Links das Pfeilopfer, rechts das Herzopfer

Brust. Daß auch die Maya beide Arten des Menschenopfers kannten, erfahren wir aus den indianischen Chroniken und von den Wandmalereien und Graffiti in *Tikal*. Hier findet sich auf
einem solchen Graffito im Tempel II der Pfeiltod dargestellt. Wir wissen auch, daß der zum
Opfer bestimmte Mensch vorher blau angemalt wurde. Die blaue Farbe symbolisierte das
Opfer. Es ist anzunehmen, daß auch in Iximché beide Arten des Menschenopfers stattgefunden
haben.

Die Gräber befinden sich meist unter den Plattformen der Häuser. Von besonderer Bedeutung war die Freilegung eines Grabes inmitten der Struktur 27. »Nachdem wir die Reste von drei
Erwachsenen, die auf engem Raum von einem Quadratmeter lagen, ausgegraben hatten«,
berichtet Guillemín, »fanden wir im Innern ein weiteres Individuum. Es trug ein einfaches
Diadem aus Gold und Halsgehänge aus zehn Jaguarköpfen und vierzig kleinen Kugeln, ebenfalls
aus Gold. An den Armen befand sich je ein Armband, das aus dem Hinterhauptknochen eines
menschlichen Schädels geschnitten war. Die Armbänder sind im mexikanischen Stil mit einge-
ritzten Vögeln und Sternen geschmückt, die an einem ›himmlischen Band‹ hängen. Ein Parallel-
stück hierzu ist ein Muschelarmband aus dem Grab Nr. 7 vom Monte Albán.«

Obwohl Iximché ebenso wie Utatlán nur kurze Zeit bestanden hat, waren beide Städte doch
bis zur Ankunft der Spanier von strategischer Bedeutung. Als dann die Städte selbst zerfielen,
zeigten sowohl die Quiché wie die Cakchiquel weiterhin kriegerische Dynamik. Als Guerille-
ros leisteten vor allem die Cakchiquel noch bis 1530 erfolgreich Widerstand.

Zaculeu

Nicht nur in *Utatlán* und *Iximché* hatten die Kultplätze im Hochland Guatemalas die Funktion militärischer Sammel- und Verteidigungspunkte zu erfüllen. Auch die befestigten Kultplätze der Mam und der Pocomam, die Bergfesten Zaculeu und Mixco Viejo, waren ganz ähnlich angelegt, nämlich in einem Barranco-Gebiet auf Plateauresten, die nach drei Seiten steil abfallen. Bis in die Gegenwart können wir bei der Anlage der Dörfer die geschickte Ausnützung der Topographie beobachten.

Dicht vor den Toren von Huehuetenango, der Hauptstadt des Departamento gleichen Namens, liegen die Ruinen von *Zaculeu*, der Indianerfeste der Mam, in der sich ihr letzter König Caibal Balam im Jahr 1525 drei Monate lang gegen die Belagerung der Spanier unter Gonzalo de Alvarado, dem Bruder Pedro de Alvarados, verteidigte. Schließlich mußten sie sich aber doch den Spaniern ergeben; denn nachdem 18 000 Indios in den Kämpfen umgekommen waren, wollte der König Caibal Balam nicht noch den Rest seiner Männer Hungers sterben lassen. »In der Stadt fanden wir nichts von Bedeutung«, berichtet Gonzalo de Alvarado, »in ihr sahen wir nur die Körper der Toten, und der König machte mir ein schönes Geschenk aus gutem Gold und später in Huehuetenango von einigen kostbaren Decken. Gott sei es gedankt, daß er es erlaubte, jene Heere der Indios zu besiegen, die sich so stolz zeigten.«

Um die Mitte des 13. Jahrhunderts bildeten die Mam im Territorium von Huehuetenango eine starke politische Einheit. Wahrscheinlich kamen die Mam ursprünglich aus dem angrenzenden Gebiet Chiapas in Mexiko und breiteten sich dann auch weiter über die heutigen Departamentos San Marcos und Quezaltenango aus, das früher Culajá hieß. Im 14. Jahrhundert kam es zu Kämpfen zwischen den Mam und den Quiché. Es wird berichtet, daß der Quiché-König Ca-Quicap die Mam besiegte, sie zwang, ihre Stadt Xelahú zu verlassen und sich an einem Platz Chinabajul, was soviel bedeutet wie ›Zwischen den Barrancos‹, anzusiedeln. Hier bauten die Mam dann ihre Feste, die fortan *Zaculeu* genannt wurde; der Name ist ein Quiché-Wort und bedeutet ›Weiße Erde‹. Als Erbauer der Stadt wird Lahuhquieh genannt. Mit bewunderungswürdigem Scharfblick wurde auch hier wieder genau der richtige Platz gewählt; er lag auf einer vorgeschobenen Bergterrasse, einer durch Schluchten und Wasserläufe aus dem übrigen Gelände herausgeschnittenen Fläche. Vor erneuten Angriffen der Quiché fühlten die Mam sich hier sicher, aber auch für die Spanier war die Festung uneinnehmbar. Nur der Hunger konnte die Mam später zur Übergabe ihrer Stadt zwingen.

Im Jahre 1695 sah Antonio Fuentes y Guzmán noch stattliche Überreste von Zaculeu und hat sie anschaulich beschrieben. Das Plateau mit seinen schroffen Wänden, das nur einen einzigen Zugang hat, der so eng ist, »daß gerade ein Reiter darin Platz hat«, schien ihm mehr das Werk von Schanzarbeitern als eine Naturschöpfung zu sein. Auch auf John L. Stephens, der Zaculeu im Jahre 1840 besuchte, machte die prachtvolle Lage der Stadt einen tiefen Eindruck, »im Hintergrund die herrlichen Berge der großen Sierra Madre«, wie er schreibt. In Wirklichkeit heißen diese Berge jedoch Sierra de los Cuchumatanes, ein mächtiger Gebirgszug mit Bergen von mehr als 3500 m Höhe. Stephens nahm auch die ersten Vermessungen der Ruinen vor, die sich auf 15 Monticulos verteilten. Von den glatten behauenen Steinen, mit denen die Pyramiden oder

Erdaufschüttungen verkleidet waren, wurden später viele zum Bau des Turmes der Jefatura, des Rathauses von Huehuetenango, verwendet. Alle Wände und Mauern waren früher mit einer glatten Stuckschicht überzogen, die ehemals rot bemalt war. Inzwischen ist die schon von Stephens beschriebene Tempelfestung unter Förderung der ›United Fruit Company‹ rekonstruiert worden, und an verschiedenen Stellen haben Grabungen stattgefunden, nachdem schon einmal ein Rekonstruktionsversuch in den zwanziger Jahren unsachgemäß durchgeführt worden war. In der Gesamtanlage und im Aufbau erinnern die Ruinen von Zaculeu an die von Iximché, nur daß in Zaculeu fast alle Bauten wieder neu mit einer Stuckschicht verkleidet worden sind, was im Grunde genommen kalt und gekünstelt wirkt, denn es fehlt eben die Bemalung, die den Tempelpyramiden (Abb. 61), den Palästen und dem Ballspielplatz (Abb. 60) eine lebendige Note verlieh.

In einem der Gräber von Zaculeu wurde ein besonders beachtlicher Fund gemacht: Zwei runde goldene Scheiben. Auf der einen ist in Prägearbeit der Kopf des mexikanischen Regengottes Tlaloc, auf der andern ein Vogelkopf dargestellt. Gefaßt sind sie in Kupfer und rot, blau und grün bemalt, eine höchst eigenartige Arbeit. Metallene Objekte sind nicht sehr häufig im Hochland Guatemalas gefunden worden, fast alle derartigen Gegenstände stammen nicht von den Maya, sondern sind auf den regen Handel zurückzuführen, den die Maya des Tief- und des Hochlandes trotz der dauernden Kriege zwischen den Hochlandstämmen betrieben.

In einem anderen Grab in Zaculeu fand man neben Keramik im mexikanischen Stil eine ganze Anzahl winziger Türkisblättchen, die sicherlich einmal zu einem Mosaik gehörten. Türkise werden in Guatemala nicht gefunden; in Mexiko kamen sie in der klassischen Periode in Gebrauch. Aus einer aztekischen Tributliste erfahren wir, daß Türkise im Nordwesten Oaxacas und im Zentrum von Veracruz aus Minen gefördert wurden. Aber nicht nur als Handelsobjekte kamen Metallarbeiten und kostbare Steine zu den Maya. Den Wanderungen ganzer Volksstämme folgte ein großer Kulturstrom. Vom Hochland Mexikos aus erreichte er einerseits den Abdachungen entlang der pazifischen Küste folgend, andererseits über Yucatán das Maya-Tiefland.

Mixco Viejo

Im äußersten Nordwesten des Departamento Chimaltenango liegen die Ruinen der alten Hauptstadt der Pocomam-Indios. Vor ihrer Verdrängung aus einem großen Gebiet, das von Soconosco in Mexiko bis El Salvador reichte, bildeten die Pocomam und die Mam eine ethnische und sprachliche Einheit. Die Linguisten halten die Sprachen der Mam und Pocomam für diejenigen Maya-Sprachen, die ihre ursprüngliche Form am reinsten erhalten haben. Vielleicht kann man das Hochland von Guatemala überhaupt als das Ausgangsgebiet der Maya bezeichnen, wie manche Maya-Forscher es tun, ihre Auffassung korrespondiert also der Annahme der Sprachwissenschaftler. Einzelne Gruppen der Mam wie der Pocomam wurden in der Zeit der spanischen Eroberung und danach in andere Gebiete umgesiedelt, dazu kam das keilförmige Eindringen der Pipil, so daß es heute oft schwer ist, die einzelnen ethnischen und linguistischen Grenzen richtig zu ziehen. Jedenfalls betrachtet man heute die Sprachen der Mam und die der Pocomam als zwei selbständige Sprachen, die freilich eng miteinander verwandt sind. Doch

Übersichtsplan von Mixco Viejo. Nach der von Henri Lehmann vorgenommenen Gruppierung

haben sich bisweilen an Stellen, wo Umsiedlungen stattfanden, mehr oder weniger Urformen der einmal gemeinsamen Sprache beider Volksstämme erhalten. So ist zum Beispiel das Pocomam von Palín mehr dem Mam ähnlich als das Pocomam von Chinautla; die Bevölkerung dieser Ortschaft, die heute noch als das Zentrum altüberlieferten indianischen Töpferhandwerks gilt (Abb. 64, 65; Farbt. 5), siedelte sich, aus einer anderen Gegend kommend, hier an.

Einst bewohnten die Mam auch das Quiché-Gebiet, und die nannten dann dieses Volk, dessen ursprünglicher Name unbekannt ist, in ihrer Quiché-Sprache Mam, was soviel wie ›Alteingesessene‹ oder ›Vorgänger‹ bedeutet. Innerhalb des Gebietes, das die Quiché und auch die Cakchiquel besetzt hatten, lebten verstreut die Pocomam in einer Anzahl von mehr oder weniger großen Volksgemeinschaften, von denen heute noch einige, wie Chinautla, existieren. Ihre wichtigste Zuflucts- und Kultstätte war *Mixco Viejo*.

Auch nachdem Pedro de Alvarado den größten Teil Guatemalas unterworfen hatte, gab es immer noch genug im Lande verstreute Rebellen, die sich ihm widersetzten. Als der Adelantado erfuhr, daß die Pocomam eine starke Festung besaßen, die den Aufrührern als wichtiger und sicherer Stützpunkt diente, versuchte er mit seinen Truppen auch diese Feste zu erobern, obgleich es den Spaniern schien, sie sei, ebenso wie Zaculeu, uneinnehmbar und nur durch Aushungern oder durch eine List zu bezwingen. Die Pocomam vertrauten auf die günstige Lage ihrer Festung. Sie hatte nur einen einzigen Zugang über einen Engpaß, der so schmal war, daß gerade ein Mensch zwischen seinen Wänden hindurchgehen konnte. Um den Engpaß gegen Eindringlinge zu verteidigen, genügte eine kleine Zahl von Kriegern, die die Angreifer von den Felsen herab Mann für Mann durch Hinabwerfen von Steinen bzw. mit Pfeil und Bogen vernichten konnten.

Nachdem die Spanier an dieser Stelle unter schweren Verlusten vergeblich versucht hatten, die Festung zu erstürmen, unternahm Pedro de Alvarado noch einmal persönlich mit 200 mexikanischen Indios aus Tlaxcala einen Sturm auf die Burg, aber auch dieser Angriff gelang ihm nicht, im Gegenteil, den Verteidigern kamen Krieger aus dem 9 Leguas* entfernten Chinautla zu Hilfe, dann fand auf freiem Felde südöstlich von Mixco Viejo eine große Schlacht statt. Sie dauerte einen ganzen Tag und forderte auf beiden Seiten schwere Verluste. Zum Schluß konnte die spanische Reiterei doch noch die Pocomam besiegen, die inzwischen 200 ihrer besten Krieger verloren hatten. Der Rest ergab sich und lebte weiter als Vasallen der Spanier. Doch immer noch war die starke Festung in Händen der Pocomam. Als Pedro de Alvarado durch Verrat erfuhr, daß es eine Höhle gäbe, versteckt in einem Wald am Fuße des Felsens, durch die man auf geheimem Pfad die Festung erreichen könnte, schickte er 40 Mann in das Wäldchen, folgte jedoch nicht dem Rat der Indios, sondern hatte sich eine neue Taktik ausgedacht. Es gelang ihm, die westliche Höhe über dem Engpaß zu besetzen, so daß seine Krieger im Gänsemarsch die enge Schlucht passieren konnten; zuerst die Armbrustträger einer nach dem andern, jeder von ihnen im Schutz eines Schildträgers, und dann kamen die Gewehrschützen. Die Mixqueños versuchten voller Verzweiflung, den Zugang zu ihrer Stadt zu verteidigen, doch mit ihren Pfeilen waren sie machtlos gegen die nun im Schutze ihrer Schildträger mit den Feuerwaffen vorstürmenden Spanier. Bis in die äußersten Winkel der Festung wurden die Mixqueños zurückgedrängt; die meisten von ihnen wurden niedergemacht, und die wenigen, die entkamen,

* 1 Legua, die spanische Meile = 5,572 km.

schlossen sich mit den Kriegern aus Chinautla in der Ebene zusammen, wurden dann aber von der spanischen Reiterei verfolgt. Noch einen Monat lang leisteten die Pocomam Widerstand, erst dann hatten die Spanier Mixco Viejo vollständig in ihrer Gewalt. Die nun noch Überlebenden wurden deportiert und an einem 9 bis 10 Leguas entfernt liegenden Platz angesiedelt, den sie *Mixco* nannten und dessen Bewohner heute noch Pocomam sprechen.

Mixco Viejo war ebenso wie Iximché und Zaculeu eine verhältnismäßig junge Stadt. Ihr Gründungsjahr ist nicht bekannt. Auch Fuentes y Guzmán, der in seiner ›Recordación Florida‹, der Geschichte des ›Reino de Guatemala‹, in mehreren Kapiteln die kriegerischen Ereignisse zur Zeit der spanischen Eroberung schildert, berichtet nichts über die Entstehung der Stadt; die archäologischen Forschungen lassen aber auf eine Gründung im 12. Jahrhundert schließen. Im Laufe der Zeit muß sie ständig erweitert, und ihre Befestigungen, die sich über mehrere Bastionen auf Vorsprüngen eines durch Barrancos vom übrigen Land getrennten Tafelberges erstreckten, müssen immer mehr ausgebaut worden sein, so daß die Feste schließlich 13 Gruppen von Bauwerken umfaßte. Nach der Freilegung der Ruinen konnten über 120 Gebäude festgestellt werden, unter ihnen Pyramiden, Plattformen, Altäre, Ballspielplätze und zahlreiche Wohnhäuser (Abb. 62, 63).

Jahrhunderte waren vergangen, seitdem Fuentes y Guzmán die schon damals völlig zerstörte Stadt besucht hatte, als eines Tages, Ende des 19. Jahrhunderts, der deutsche Geograph Karl Sapper auf seinen Streifzügen durch Guatemala auch zu den inzwischen vergessenen und völlig überwachsenen Ruinen von Mixco Viejo gelangte, dort sein Zelt aufschlug und eine Woche lang Vermessungen vornahm sowie einen Plan anfertigte. Die Ergebnisse seiner Studien und der Plan erschienen 1898 im ›Archiv für Völkerkunde‹ in Leiden. Seine Arbeit galt als Basis für alle späteren Forschungen an jenem historischen Platz.

Die ersten systematischen Ausgrabungen in Mixco Viejo fanden jedoch erst im Jahre 1954 statt; sie standen unter der Obhut der ›Mission Franco-Guatémalteque d'Archéologie‹, deren Leitung Henri Lehmann, der Subdirektor des Musée de l'Homme de Paris, übernommen hatte. Die Gruppe, zu der Archäologen, Architekten und bildende Künstler gehörten, widmete Mixco Viejo vier Kampagnen; die letzte fand 1966–67 statt. Alle Arbeiten standen unter der Leitung Henri Lehmanns. Die wichtigsten Bauwerke wurden untersucht, ausgegraben, neu befestigt und der größte Teil von ihnen vollständig restauriert. Nach Vollendung dieser Arbeiten konnte Lehmann folgende Schlußfolgerung ziehen:

»Die Architektur ist von einer Einheitlichkeit, wie man sie selten an archäologischen Plätzen findet. Dies konnten wir nicht nur an den Gebäuden, die aus den letzten Tagen Mixco Viejos stammen, feststellen, sondern auch an den ältesten, die bei den Ausgrabungen ans Tageslicht kamen. Das kurze Leben der Stadt erklärt diese Einheit, die sich genauso bei der Keramik zeigt. Fast alle Artefakte, die gefunden wurden, Gefäße zum häuslichen Gebrauch und Gegenstände für den Kult aus Ton, stammen aus den letzten Jahrhunderten vor der Conquista.«

Die Stadt kann man in drei Hauptgruppen einteilen, A, B und C. Diese Art der Bezeichnung hatte schon Karl Sapper vorgenommen, sie wurde von Henri Lehmann beibehalten, aber noch erweitert. So nannte er die abseits gelegenen Baulichkeiten, die aber auch noch zu den Hauptgruppen gehören, Ax, Bx und Cx. Handelte es sich jedoch nur um einen Annex einer Gruppe,

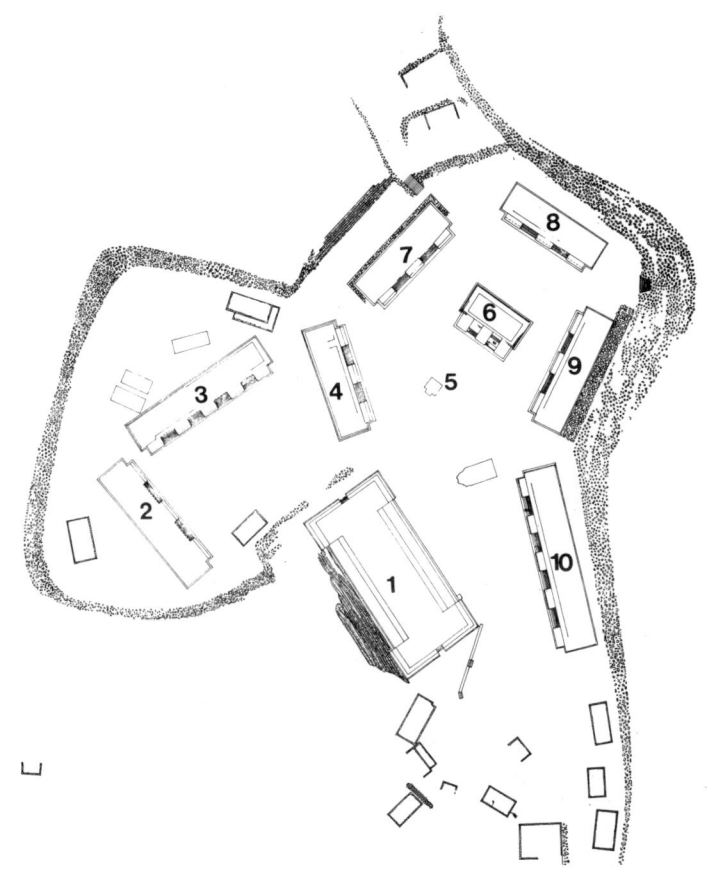

Mixco Viejo,
Plan der Gruppe A

1 Ballspielplatz
2–4 Plattformen
5 Kleiner Altar
6 Pyramide
7–10 Plattformen

so wurde ihr jeweiliger Buchstabe nur mit einem Strich versehen. Weitere Gruppen, die in dem Plan von Sapper noch nicht enthalten sind, erhielten Buchstabenbezeichnungen von F bis L.

Vergeblich haben die Archäologen nach der Höhle oder dem Tunnel gesucht, den Fuentes y Guzmán erwähnte. Wahrscheinlich hat er damit jene Stelle der Rio Pancacó-Schlucht gemeint, die heute ›La Campana‹ genannt wird. (Über ihr befindet sich die Gruppe I.) Es handelt sich dabei, wie es in der Beschreibung Henri Lehmanns heißt, um einen sehr engen, 100 m hohen Schacht mit ganz glatten Wänden, der nach oben zu immer enger wird und der, wenn man von innen hinaufschaut, wie ein Tunnel aussieht.

Heute brauchen wir nicht nach dem ›geheimen Tunnel‹ Ausschau zu halten, wenn wir nach Mixco Viejo gelangen wollen. Denn zur Erschließung der Ruinenstätte mußte man zuerst einmal einen befahrbaren Weg schaffen. Dieser Weg, der direkt ins Zentrum, und zwar zum Komplex B‹ von Mixco Viejo führt, wurde im Jahre 1960 für den öffentlichen Verkehr freigegeben.

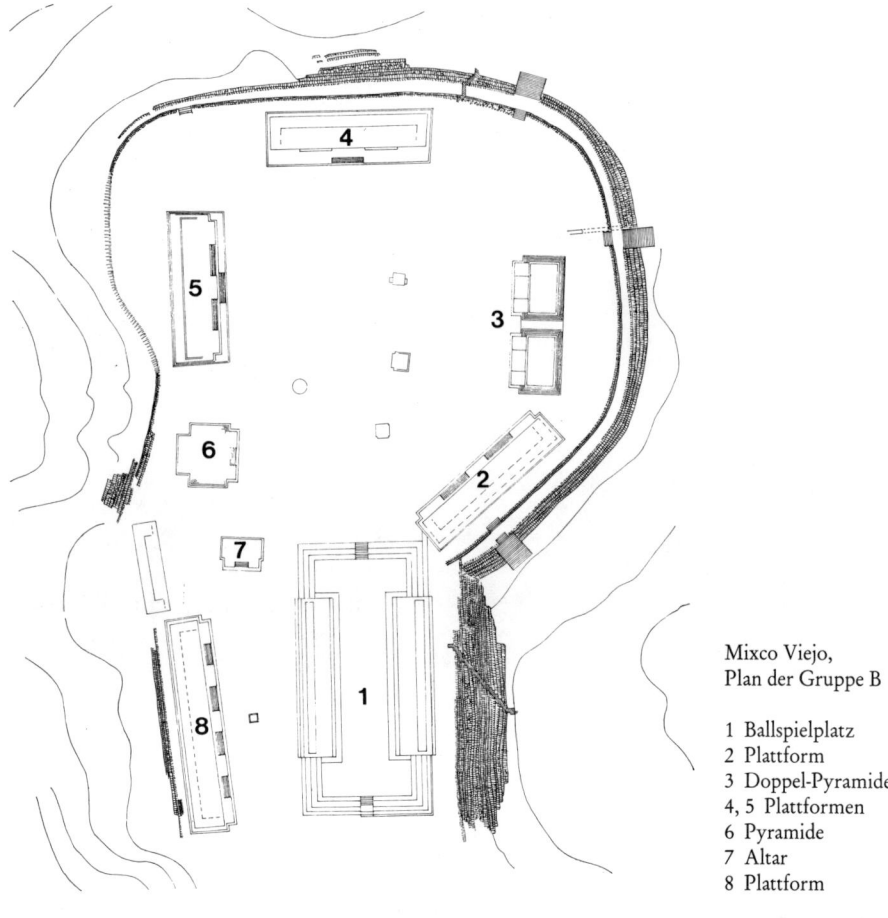

Mixco Viejo,
Plan der Gruppe B

1 Ballspielplatz
2 Plattform
3 Doppel-Pyramide
4, 5 Plattformen
6 Pyramide
7 Altar
8 Plattform

Er beginnt im Dorf Montúfar und durchquert beim Kilometer 48 das tiefe Tal des Río Pixcayá, wobei der Fluß an einer nur zur Trockenzeit passierbaren Furt durchquert werden muß. Beim Kilometer 60 dieses Fahrweges befinden wir uns schon mitten in den Ruinen und können von hier aus auf einem Fußweg zwischen der Pyramide Bx 3 und der Plattform Bx 4 direkt in das Zentrum der Stadt gelangen.

Von dem Tempel, der auf der Pyramide gestanden hat, ist nichts mehr vorhanden. Von hier aus sieht man auf eine mächtige, 13 m hohe Mauer, die die Bastion schützen sollte, auf der die Gebäude der Hauptgruppe B stehen. Der Weg, dem wir jetzt folgen, führt am Fuß der Mauer entlang zur Gruppe C', die auf einer kleinen Erhebung steht mit den nicht restaurierten Anlagen C' 1 und C' 2. Doch von dem Monticulo C' 2 genießt man einen sehr schönen Blick auf den Ballspielplatz B 1 und die anderen Baulichkeiten der Gruppe B.

Weiter entfernt, ebenfalls nach Norden zu, kann man die Gruppe A wahrnehmen. Dort sind die Pyramide A 1 und der Ballspielplatz A 11 die bedeutendsten Anlagen. Die Pyramide A 1 ist über einer älteren Konstruktion errichtet worden, wahrscheinlich einer Plattform, die ehemals mit Stuck überzogen war. Die Pyramide ist fast 7 m hoch und mißt an ihrer Basis 15,40 m zu 7,25 m. An der nach Westen gerichteten Seite führen zwei Treppen mit je 27 Stufen empor. Der Tempel, der einst auf der Pyramide gestanden hat, ist ebenfalls nicht erhalten.

Der Ballspielplatz, dessen Gesamtanlage identisch mit dem der Gruppe B ist, hat wie die meisten Ballspielplätze aus jenem Zeitraum die Form eines doppelten T, mit anderen Worten, er besteht aus einem von Norden nach Süden gerichteten Vertikaltrakt, der bei dem einen (A 11) eine Länge von 37,20 m hat und dessen Spielfläche 9,45 m breit ist, während der andere (B 1) fast genauso breit und 44,50 m lang ist. Beide Ballspielplätze liegen mit einer ihrer Seitenwände direkt am Abhang der Schlucht, bei dem Ballspielplatz der Gruppe A ist es die westliche und bei dem der Gruppe B die östliche Seite. In der Mitte des Ballspielplatzes B 1 kann man in den Längsmauern noch die Löcher erkennen, in denen einstmals die sogenannten ›marcadores‹ befestigt waren. Einer dieser Marksteine, ein skulptierter Schlangenrachen, aus dem ein menschlicher Kopf heraussieht, konnte gefunden werden. Er befindet sich heute im Museo de Arqueología y Etnología, Guatemala City, wie alle in Mixco Viejo gefundenen Objekte.

Vom Monticulo C' 2 führt ein Weg am Abhang der Schlucht entlang bis zu einer Mauer, über die zwei Treppen zur Hauptplaza der Gruppe C führen. Die wichtigsten Bauwerke, die hier stehen, sind vollständig mit Stuck verkleidet, so daß sie schon von weither sichtbar sind. Wahrscheinlich sind sie früher einmal bemalt gewesen, Farbreste deuten darauf hin. Das imposanteste dieser Gruppe ist die Pyramide C 1 (Abb. 63). Bei den Ausgrabungen konnte man die zweifache Überbauung ihres Kerns feststellen. Die Restaurierung wurde so vorgenommen, daß an bestimmten Stellen ihre letzten beiden Bauphasen sichtbar sind und sich an einer Stelle auch der Kern erkennen läßt. Das zweite Bauwerk war eine vierstufige Pyramide, zu deren Plattform zwei Treppen zu 17 Stufen hinaufführten. Hier fand man den Tempel, der oben auf der Terrasse stand, teilweise erhalten, so daß er neu befestigt werden konnte. Die letzte Anlage war fünfstufig und ihrem Umfang nach die größte, doch erreichte sie nicht ganz die Höhe der ersten Pyramide.

Vor jeder der beiden Pyramiden wurden Opfergefäße ausgegraben und am Fuß des Kernes ein Grab, das ebenfalls Keramik enthielt und außerdem eine kupferne Axt sowie ein Halsgehänge aus kleinen goldenen Glöckchen. Wie schon früher erwähnt, stammen Metallschmiedearbeiten in Mexiko und Guatemala aus verhältnismäßig späten Epochen, aber Mixco Viejo wurde ja auch erst spät gegründet und dann innerhalb kurzer Zeitabschnitte erweitert; wichtige Gebäude ummantelte man neu.

Gegenüber der Pyramide C 1 befindet sich die Plattform C 2, die größte ihrer Art in Mixco Viejo. Sie ist 47,30 m lang und 14 m breit. Ihre Höhe beträgt 4,40 m. Mauerreste und Reste von Stuck, die während der Ausgrabungen gefunden wurden, lassen vermuten, daß auch hier mehrere Überbauungen stattgefunden haben.

3 Die Nachkommen der Hochland-Maya

*»Alles ist vorbei. Die Dinge, die geschehen sind und
geschehen, reden in ihrer eigenen Sprache, und so mag
es sein, daß ihr Sinn nicht ganz verstanden wird.«*
Chilam Balam de Chumayel

Die Völker

Außer den kleinen von Nordwesten her eingesickerten Pipil- und Nahua-Gruppen bevölkern das Hochland von Guatemala hauptsächlich die Nachfahren der Maya. Dieses einzigartige Hochland ist ein Indianerland. Die Bevölkerung Guatemalas ist heute schätzungsweise auf 5 Millionen angewachsen, davon sind etwa 67% reinblütige Indios. Das ganze Gebiet der Republik umfaßt 108 889 km² und mit Belize, auf das Guatemala weiterhin Anspruch erhebt, 131 849 km². Zwei Drittel der Bevölkerung leben in dem zentralen Hochland zwischen 1500 und 2500 m, im ›Land des ewigen Frühlings‹, in kleinen Ortschaften, in Dörfern und in Streusiedlungen, wo sie in dem zerrissenen Land ihre kunstvoll angelegten Terrassen bebauen und hauptsächlich Mais anpflanzen. Das bedeutendste und zahlenmäßig größte Maya-Volk des Hochlands ist das der Quiché. Sein Gebiet nördlich und westlich des Atitlán-Sees (vgl. Farbt. 8), an den sich östlich das Gebiet der Cakchiquel und südlich das der Tzutuhil anschließt, bildet den Kern des indianischen Hochlandes. Diese drei Völker sind, »wie sich aus ihren Traditionen und den archäologischen Indizien schließen läßt, erst relativ spät in das guatemaltekische Hochland gekommen. Sie bildeten sich aus der Vermischung der Maya-Gruppen mit einer mexikanisch-toltekischen Herrenschicht. Im 11. Jahrhundert, vom oberen Usumacinta-Tal kommend, drangen die Fremdlinge ins zentrale Hochland vor und schoben sich wie ein Keil zwischen die dort schon lebenden Maya-Völker. Die Mam wurden nach Westen und die Kekchí, Pocomchí und Pocomam nach Osten gedrängt. Die drei neueingewanderten Völker bestimmten die postklassische Epoche, etwa 1000 bis 1530 n. Chr., der Maya-Kultur im guatemaltekischen Hochland.« (Ingeborg Bolz-Augenstein).

Die Völker werden im allgemeinen nach ihrer Sprachzugehörigkeit bezeichnet, es sind also weniger ethnographische Merkmale, nach denen man die einzelnen Gruppen und Untergruppen unterscheidet. Im Hochland von Guatemala werden heute noch etwa 16 verschiedene Maya-Sprachen gesprochen. Als Franz Termer Ende der zwanziger Jahre in Chiapas und Guatemala reiste, fand er einen jungen Indio, der noch zwei Maya-Sprachen sprach, die inzwischen erloschen sind. In den entlegenen Gebieten wie in den Cuchumatanes verstehen nur wenige Indios die spanische Landessprache. Und die Sprache, die in dem einen Dorf gesprochen wird, können die Bewohner der Nachbardörfer vielleicht schon gar nicht mehr verstehen; und doch gehören alle diese Indios einer Völkergruppe an; sie sind die Nachkommen der Maya, von denen es in dem viel weniger dicht besiedelten Tiefland auch noch einige Völker gibt. Das Maya war auch früher schon, in der klassischen Maya-Zeit, durchaus keine einheitliche Sprache, sondern zerfiel genauso wie heute in verschiedene Gruppen.

Nachstehende Tabelle gibt eine Aufstellung der Maya-Bevölkerung in Guatemala und Belize, die einzelnen Sprachen sind zu Gruppen zusammengefaßt:

Sprachgruppe:	Sprache:	Sprachgebiet:
Quiché	Quiché	Santa Cruz del Quiché, Quezaltenango, Retalhuleu
	Cakchiquel	Antigua, Chimaltenango, Sololá, Santa Lucía Cotzumalguapa
	Tzutuhil	San Lucas, Santiago Atitlán
	Uspanteca	San Miguel Uspantán
Mam	Mam	Huehuetenango, San Marcos, Todos Santos Cuchumatán
	Aguacateca	Aguacatán
	Jacalteca	Nentón, San Antonio, Jacaltenango
	Kanjobal	Santa Cruz Barillas, Santa Eulalia, San Pedro Salomá
	Chuj	San Mateo Ixtatán, San Sebastián Coatán
	Ixil	Nebaj, Chajul, Cotzal
Pocomam	Pocomam Central	Chinautla, Mixco, Palín
	Pocomam Oriental	San Pedro Pirulá, Jilotepeque
	Pocomchí	San Cristóbal, Tactic
	Kekchí	Cobán, Panzós, El Estor, Chisec, Chahal
Chol	Chorti	Camotán, Jocotán,
	Lacandón Chol	San Francisco
Yucatán-Maya	Lacandón del Norte	Chocop
	Yucateco	Corozal, Orange Walk (Belize)
	Mopán	San Antonio

Daß sich heute noch in dem dichtbesiedelten Hochland Guatemalas nicht nur die Indianersprachen, sondern auch viele kulturelle Gegebenheiten erhalten haben, ist wohl nicht zuletzt dem Umgang der Spanier mit den Indios nach der Conquista zuzuschreiben. Die mächtigen Herrschergeschlechter, die Priester und Astronomen hatten sie zwar umgebracht und das einfache Volk versklavt, doch ließen sie es, nachdem das Land erobert war, am Leben, und es lag ihnen auch nichts daran, den Indios Spanisch beizubringen. Die katholischen Priester, die die Indios zum Christentum bekehren sollten, mußten umgekehrt Indianersprachen erlernen, wenn sie Erfolg haben wollten. Sie stellten sich selbst Wörterbücher her, lernten die wichtigsten Maya-Sprachen und konnten so noch manches über die Ereignisse erfahren, die kurz vor der spanischen Eroberung lagen. Dadurch wurden auch die beiden bedeutenden Maya-Dokumente, das ›Chilam Balam‹ und das ›Popol Vuh‹, der Maya-Forschung zugänglich. Das ›Chilam Balam‹ ist das »Sprachrohr der Götter«, sind die Antworten, die der Wahrsager der Yucatán-Maya auf seine Fragen von den Göttern in Trance erhalten hat. Das Buch hat sich in mehreren Abschriften erhalten, die besten sind die von Chumayel und Tizimin. Das wichtigere ist entschieden das

›Popol Vuh‹. Dieser schon früher erwähnte Text läßt sich nur schwer entziffern. Padre Francisco Ximénez, der das Buch vor über vierhundert Jahren im Kuratorium von Chichicastenango auffand, versichert, daß es »die ersten Lehren waren, die die Quiché mit der Muttermilch aufsogen und die fast jeder von ihnen im Gedächtnis hatte«.

Die Deutungen der Mythen des ›Popol Vuh‹ bereiten außerordentliche Schwierigkeiten. Alles, was wir in dem Buch an geschichtlich Wissenswertem finden, reicht nicht weiter als einige Jahrzehnte vor die spanische Eroberungszeit zurück; von da an verliert sich alles im Esoterischen. Dazu kommt noch, daß die Erzählungen in einer symbolischen Schreibweise abgefaßt sind, die sich meist unserer Kenntnis und Deutung entzieht. Aber das Merkwürdige ist, daß diese heiligen Texte, so dunkel und verworren sie auch unserer Anschauungswelt erscheinen mögen, für jene Indios heute noch lebendige Wirklichkeit bedeuten. Für uns ist das Wertvollste an diesem Buch, in dem Mythos und Geschichte ineinander verschlungen sind, daß sich hier das gesamte kulturelle Leben der Maya-Quiché mit seinen geistigen, sozialen und ökonomischen Problemen widerspiegelt.

Im Jahre 1839 wurde Guatemala zur unabhängigen Republik erklärt. Aber auch in der darauffolgenden Zeit blieb das Land nicht von weltlichen und religiösen Auseinandersetzungen verschont. Und es ist erstaunlich, in wie starkem Maße trotz dieser Einwirkungen altes, vorkolumbisches Kulturgut erhalten blieb. Alle Gebräuche, Regeln und Handlungsweisen, die in dem geheiligten Buch niedergelegt sind, haben für den Quiché-Indio heute noch ebenso Gültigkeit wie für seine Urahnen. Mit stoischem Gleichmut hält er am Überkommenen fest; das hat ihm auch über die schweren Zeiten, die er zu bestehen hatte, hinweggeholfen. Wird er gefragt, warum er dieses und jenes tut, so hat er stets dieselbe Antwort bereit: »costumbre«. Das spanische Wort, das eigentlich ›Gewohnheit‹ bedeutet, sollte man hier übersetzen: »Das *muß* so getan werden.« Costumbre hat ihn in den ständigen Angriffen der Spanier bewahrt, costumbres werden im täglichen Leben von der Geburt bis zum Tod beachtet, und costumbres geben der Familie und dem ganzen Gemeinwesen einen sicheren Halt. Aber gegen diese costumbres branden die Wellen der modernen Zivilisation, sie nagen hier und dort ein Stück fort. Noch halten diese Bande, die sich bisher als unzerreißbar erwiesen haben. Werden sie aber auch weiterhin dem Ansturm unseres technischen Zeitalters standhalten können? Augenblicklich können wir dieser anderen Welt – und ich glaube, daß die Menschen, die in dieser Welt leben, nicht unglücklich sind – noch in Guatemala begegnen. Nicht nur die alten Vorstellungen und Gebräuche haben sich hier erhalten, auch materielle Kulturelemente treten in der heutigen Volkskunst Guatemalas lebendig in Erscheinung. Nicht nur Ornamente, Muster und Verzierungen gehen auf präkolumbische Darstellungen zurück, auch die Formen der Gefäße bzw. deren Herstellung ohne Glasur in Treibtechnik ist noch die gleiche; die Indios benutzen auch heute die alten steinernen Reibsteine zum Mahlen des Maises, und ihre tönernen Spindeln haben die gleiche Form wie ehemals. Obwohl sich an Flechtarbeiten und Webereien aus präkolumbischer Zeit kaum etwas erhalten hat, so treten doch viele Formen und Muster der heutigen indianischen Trachten (vgl. Abb. 66, 70, 72, 73) schon auf Malereien und Reliefs der alten Maya auf. Auf den Märkten der größeren Orte und Dörfer finden wir stets auch die handwerklichen Erzeugnisse der Indios und nicht nur ihre Agrarprodukte.

31 COPÁN Altar zu Stele C in Form einer Schildkröte

◁ 30 COPÁN Einer der Jaguare, die die ›Treppe der Jaguare‹ im östlichen Hof der Akropolis schmücken

32 COPÁN Altar Q oder ›Kalenderstein‹. Er wurde vermutlich 776 n. Chr. errichtet und stellt die Herrscherfolge von Copán dar

33   COPÁN   Steinerne Türumrahmung und Eingang von
Tempel 22

35   COPÁN   Der Ballspielplatz

34   COPÁN   Die Treppe mit den etwa 2500 Hieroglyphen an der Akropolis, vielleicht das ›steinerne Geschichtsbuch der Maya‹. Etwa 30 Daten
konnten entziffert werden, das älteste Ereignis
fällt ins Jahr 544, das jüngste ins Jahr 744 n. Chr.

36 EL CEIBAL Die Hauptpyramide

37 EL CEIBAL Die Stele 8 vor dem Auf-
gang zur Hauptpyramide (vgl. Abb. 36),
849 n. Chr. Das Relief ähnelt stilistisch
dem von Piedras Negras

38 YAXCHILAN Türsturz 15 aus Gebäude 21, um 770 (?) n. Chr. Aus dem Rachen der göttlichen Schlange blickt ein menschlicher Kopf hervor. Zu Füßen der ›Gottschlange‹ ein Anbetender

39 PIEDRAS NEGRAS Relief von der Rückseite eines Thrones oder Altares (jetzt im Museum in Guatemala). Aus den Augenhöhlen im Kopf eines Monstrums blicken zwei menschliche Köpfe hervor

40 ALTUN HA (Belize)   Der Haupttempel

41 COZUMAL-
HUAPA Gigan-
tische Skulptur,
gefunden in der
Finca El Trán-
sito, jetzt auf
dem Plaza in
La Democracia.
Wohl präklas-
sisch, stellt ver-
mutlich den
›Dios gordo‹,
den fetten Gott,
dar

43   COZUMALHUAPA   Stele 5 von der Finca El Baul, um 600 n. Chr.   ▷

44   COZUMALHUAPA   Noch an seinem Fundort auf der Finca El Baul befindet sich der reliefierte Felsblock Nr. 21,   ▷▷
der der mittleren Klassik zugerechnet wird

42   COZUMALHUAPA   Präklassischer Monumentalkopf von ›Monte Alto‹, jetzt auf der Plaza in La Democracia

45
COZUMAL-
HUAPA Fels-
block Nr. 21,
Detail des Reliefs

47
COZUMAL- ▷
HUAPA Monu-
ment 2 von der
Finca El Baul,
um 600 (?).
Toltekische
Stilelemente
finden wir bei
den Reliefs der
dritten Phase
des Cozumal-
huapa-Hori-
zonts. Vielleicht
übten hier ›wan-
dernde Künstler‹
ihr Handwerk
aus

46
IXIMCHÉ Die
Tempelpyra-
mide der Struk-
tur 2, Plaza A.
Diese Pyramide
ist während
zweier Bau-
phasen ent-
standen

48 ANTIGUA GUATEMALA Palacio Real Cabildo (Ayuntamiento)
49 ANTIGUA GUATEMALA Palacio de los Capitanes Generales

50 ANTIGUA GUATEMALA Kathedrale, Fassade zur Plaza Real
51 ANTIGUA GUATEMALA Kirche Nuestra Señora de la Merced, spätbarocke Fassade

52 ANTIGUA GUATEMALA Reiterfigur des Santiago de los Caballeros

54 ANTIGUA GUATEMALA Kirche Nuestra Señora de la Merced, Fassadendetail mit der Figur der Patronin

53 ANTIGUA GUATEMALA Kirche Santo Domingo, die ›Virgen del Rosario‹

55 ANTIGUA GUATEMALA Puerta Colonial

56 ANTIGUA GUATEMALA Kirche Santa Clara, Fassadendetail

57 ANTIGUA GUATEMALA Kathedrale, Ausschmückung eines Zwickels unter der Kuppel

58 ANTIGUA GUATEMALA Kapuzinerinnenkonvent, Kreuzgang

59 ESQUIPULAS Wallfahrtskirche

Diese Märkte (Farbt. 4–8; Abb. 71) werden gewöhnlich einmal in der Woche und in jedem Ort an einem anderen Wochentag abgehalten, so daß die Indios eines Distriktes die Gelegenheit haben, an jedem Tag der Woche irgendeinen Markt in ihrem Umkreis aufzusuchen. Diese lokalen Märkte geben den Kleinbauern die Möglichkeit, Nahrungsmittel gegen andere Produkte einzutauschen, wenn ihre eigene Ernte für die Ernährung nicht ausreicht. Die Größe des Marktes hängt übrigens nicht von der Größe des Ortes ab, sondern von der Größe des Municipios, und die wird wiederum durch die Größe der umliegenden Aldeas (kleine Gemeinwesen) und Caserías (Gehöfte) bestimmt. Sie hängt aber auch von der verkehrstechnisch günstigen Lage ab, wie das Beispiel *Solalá* zeigt. So gelangen aus dem Küstengebiet Kaffee, Kakao und Bananen, Reis und Chili, Gewürze und getrocknete Krabben nach Sololá und aus dem Hochland wiederum Textilien, Töpfe und einfache Möbel auf die Märkte an der Küste, während aus der Nachbarschaft der bedeutenden Marktplätze alle Arten von Gemüse, Strohmatten (petate tul), Sisalhanf und alle möglichen Produkte aus diesem Material die endlosen Reihen der großen Hochlandmärkte füllen. Seit der Kolonialzeit ist im Hochland der Handel von Indios und Nicht-Indianern eng miteinander verwoben. Die Nicht-Indianer sind für die Indios vor allem Abnehmer der Früchte und der kunsthandwerklichen Objekte.

So farbenfreudige Märkte wie in Guatemala gibt es wohl kaum in einem anderen Land. Und wenn auch hier schon die langweilige Allerweltskleidung Einzug hält, tragen die Bewohner eines jeden Dorfes doch oft noch ihre eigene Tracht (Farbt. 11, 12; Abb. 66, 72, 73). An ihr kann man mithin sofort erkennen, aus welchem Dorf diese und jene Indios stammen.

Völlig ruhig und reibungslos geht es bei den Indianermärkten zu. Da gibt es kein lautes Schreien, alles vollzieht sich in absoluter Ruhe. Lautlos schiebt sich die Menge von einem Stand zum andern, ohne zu drängen und die Mitmenschen zu belästigen, obgleich die Marktplätze oft überfüllt sind und viele Händler ihre Waren auf dem Boden sitzend anbieten. Es wird hier auch gehandelt – man billigt nicht gleich jeden Preis –, doch auch dieses geschieht ruhig.

Den oft viele Kilometer weiten Weg bergauf und bergab zum Markt legen die Indios zu Fuß zurück. Ihre schweren Lasten, festgebunden auf dem Traggestell (Cacaxte), tragen die Männer mit einem Band aus Fell (Mecapál), das sie sich vor die Stirn legen und mit dessen Hilfe sich die Nackenmuskeln zur Bewältigung der zentnerschweren Last einsetzen lassen. Auch wenn die Geschäfte, die auf dem Markt gemacht werden, nicht immer groß sind, ist doch der lange Weg in das Dorf nicht vergeblich. Denn der Markt stellt einen allgemeinen Treffpunkt dar; hier bietet sich die Möglichkeit, Neuigkeiten auszutauschen. Auch wird die Gelegenheit genutzt, die Kirche zu besuchen, um zu beten und dem Schutzheiligen oder der Jungfrau Maria eine Kerze zu opfern (Farbt. 1–3; Abb. 68, 80–82).

Zauberpriester und Opferplätze

Altes Wissen und Brauchtum, das bis auf die klassische Maya-Kultur zurückzuführen ist und das uns heute so geheimnisvoll erscheint, finden wir hauptsächlich bei den Quiché in den Municipios von Momostenango und in Chichicastenango. Die Bedeutung der komplizierten Maya-Hieroglyphen, mit denen die Vorfahren ihrer Verwandten im Tiefland Tempel und Opfersteine versehen haben, ist allerdings nicht überliefert. Die Quiché haben auch keine Beziehung mehr zu dem komplizierten Sonnen- und Mondkalender. Geblieben ist aber die Kenntnis um den ›Tzolkin‹ oder Wahrsage-Kalender; er ist bestimmend für das Schicksal, nach ihm richtet sich das Leben. Obwohl die Quiché heute alle Christen sind und auch die christlichen Kirchen besuchen und den Heiligen Kerzen, Blumen und Weihrauch opfern, halten sie fest an den Prophezeiungen ihres Zauberers oder Sehers, des Chuch-Cajau, Aj-Tij und Chinimital. Im Spanischen werden diese Seher, die allein den Wahrsagekalender interpretieren können, ›Brujo‹ genannt.

Der Kalender hat wie bei den alten Maya 260 Tage, die wiederum in 13 Perioden zu 20 Tagen eingeteilt werden. Jeder Tag hat seinen Namen und seine bestimmten Eigenschaften, er ist entweder gut oder böse, er bringt entweder Glück oder Unglück. Jeder Tag hat außerdem eine der Eigenschaften einer zusätzlichen Folge von 13 Tagen. Im Ablauf dieses Kalenders wiederholt sich jeder Name 13mal, doch die zusätzlichen Tage mit ihren verschiedenen Charakteristika variieren. Die Eigenschaften der verschiedenen Tage mit dem Lebenswandel eines jeden einzelnen in Verbindung zu bringen und auf Geburt, Tod, religiöse Handlungen und landwirtschaftliche Probleme abzustimmen ist die Aufgabe des Chuch-Cajau.

Wenn eine neue Kalenderperiode von 260 Tagen beginnt – am Tag ›Guajxaquip-Bats‹, dem Tag der ›Acht Affen‹ – wird das Neujahrsfest der Quiché gefeiert; die größten Feierlichkeiten finden dann in *Momostenango* statt, an denen sich 15 000 bis 20 000 Indios beteiligen. Alle Quiché, die in Momostenango und in dessen Umgebung leben, müssen an den Zeremonien teilnehmen, auch diejenigen, die im Municipio Momostenango geboren sind, jetzt aber in anderen Gegenden leben. Kommen sie nicht zu dem Fest, so kann das für sie eine schwere Krankheit oder sogar den Tod zur Folge haben.

Die Feierlichkeiten beginnen bereits am Abend vor dem Neujahrsfest, am Tag ›Sieben Hunde‹. Im Gotteshaus opfert man Kerzen, Blumen und Weihrauch und betet dabei zu den Heiligen der katholischen Kirche. In den allerersten Morgenstunden des folgenden Tages sieht man eine endlose Prozession von Momostenango durch den Wald zu einem Platz, der *Chuti-Mesabal* (Kleiner Rauch) heißt, hinaufziehen. Dort befindet sich die Kultstätte, an der die Vorfahren der Quiché sicher schon lange vor der Conquista ihren Göttern geopfert haben. Die Kultstätte, die ›Porobial‹ oder ›Platz, wo man Weihrauch verbrennt‹ genannt wird, besteht aus vielen Altären. Die Altäre sind aus zahlreichen Topfscherben errichtet. In der Mitte weisen sie eine kleine Vertiefung auf, in der Weihrauch (Pom) und Kerzen verbrannt werden. Die Scherben eines jeden Topfes, den der Indio zerbricht, werden zu diesen Altären getragen und unter Dankgebeten für den Nutzen, den das Gefäß ihnen gebracht hat, der Berggottheit geopfert.

Um neun Uhr sind schon Tausende von Indios bei den Altären versammelt. Vor jedem Altar – über 200 befinden sich auf dem Platz – steht ein Chuch-Cajau; seine symbolischen Gegenstände, die er in einem Beutel aufbewahrt, sind rote Glücksbohnen (tzité), Jade, Quarz und andere Steine. Ungefähr ein Drittel dieser indianischen Zauberpriester ist weiblichen Geschlechts. Vor einem jeden haben sich die Indios zu kleinen Gruppen zusammengefunden, sie teilen dem Chuch-Cajau ihre Wünsche mit, die er als Vermittler an die Gottheit weitergibt. Mindestens eine Stunde dauert jede Vermittlung des Chuch-Cajau; mit lauter Stimme unterbreitet er der Gottheit die Wünsche seiner Schutzbefohlenen, wobei er 12 Scheiben geweihten

Weihrauchs (kabawil) verbrennt. Auch etwas Branntwein hat der Zauberpriester in seinem Beutel. Davon gießt er ein wenig auf den Scherbenaltar und nimmt dann selbst einen kräftigen Schluck. Dann betet er wieder für das geistige und körperliche Wohlergehen seiner Klientel, er dankt den Gottheiten für die Gnade, die sie ihr haben zukommen lassen, und betet für die Vergebung der Sünden. Das währt den ganzen langen Tag. Erst gegen Abend begibt sich die Gesellschaft wieder auf die Wanderschaft, und in endloser Prozession geht es weiter den Berg hinauf zu einem Platz, der *Nim-Mesabal* (Großer Rauch) genannt wird, wo ähnliche Bitt- und Dankopfer die ganze Nacht über dargebracht werden.

Die Festlegung der Daten des Ritualkalenders ist von Generation zu Generation ohne irgendwelche Aufzeichnungen nur durch mündliche Überlieferung über mehrere Jahrhunderte hinweg weitergeführt worden, ohne daß man sich um einen einzigen Tag verrechnet hat. Zwar starb die hochangesehene Klasse der Maya-Priester aus, doch ist an ihre Stelle der Chuch-Cajau getreten, er stellt die Verbindung zwischen dem einfachen Mann und den Gottheiten her und ist nun für die größeren Rituale verantwortlich.

Im Leben der Hochland-Maya nimmt die Religion einen besonders wichtigen Platz ein. Die religiösen Handlungen bestimmen den Lebenslauf, denn das Leben ist nach ihrem Glauben von den übernatürlichen Kräften abhängig. Die ganze Natur gilt als beseelt. Bestimmte Naturerscheinungen sind ›Eigentum‹ von Herren. Unter diesen kommt im Hochland den Berggöttern die größte Bedeutung zu. Doch erfahren auch die anderen Verehrung. Daß diese ihnen gnädig sein mögen, darum beten sie. Sie beten vor dem Gott, dessen steinernes Bild irgendwo versteckt in den Bergen steht, und sie beten auch vor dem christlichen Gott, den die spanischen Mönche gebracht haben. Die alten ›costumbres‹ sind nicht aufgegeben worden, doch haben gleichzeitig christliche Aspekte Aufnahme gefunden. So spielen die katholischen Heiligen eine große Rolle in der Religion der Indios. Sie sind vor allem Lokalgottheiten und gelten als Schutzpatrone der einzelnen Gemeinden. Hier im Hochland Guatemalas haben die Indios Kompromisse mit der katholischen Kirche geschlossen, aber auch umgekehrt übernahmen die katholischen Geistlichen Symbole der Indios und integrierten sie in die christliche Lehre. Sie übernahmen Riten und setzten gewissermaßen als Kontrastpunkt christliche Zeremonien dagegen. Ja, teilweise hat eine solche Verschmelzung beider Geisteswelten stattgefunden, daß nicht mehr unterschieden werden kann, wo die Vorstellungswelt der einen aufhört und die der anderen beginnt. Weihrauch und Kerzen werden sowohl bei den Riten der einen wie auch der anderen Religion verbrannt. Und wenn die Heiligenfiguren in der Kirche zur großen Osterprozession vorbereitet werden, schmückt man sie mit den prachtvollen bunten indianischen Kleidern, deren Muster Symbole des alten indianischen Glaubens enthalten. Aus den indianischen und den christlichen Glaubensvorstellungen ist eine eigene Religionsform entstanden.

An keinem anderen Platz können wir dieses Ineinandergreifen der indianischen und der christlich-katholischen Geisteswelt besser betrachten als in *Chichicastenango* (Farbt. 1–3; Abb. 68, 80–82). Die uralte Quiché-Siedlung liegt auf einer Randterrasse des Hochlandes 2250 m über dem Meer. Die Indios nennen den Ort Chuvilá. Der Name Chichicastenango ist vermutlich erst zur spanischen Zeit aufgekommen oder von den aztekischen Hilfstruppen des Alvarado entstellt worden, denn in ›chich‹ steckt wohl eine alte Quiché-Bezeichnung und Chichicaste heißt ein im ganzen Land häufig vorkommender Baum (eine Urticacee, deren Blätter auf der Haut brennen), während die Endung -ngo ›Ort‹ bedeutet und bei vielen Ortsbenennungen auftritt. Etwa 300 000 Quiché bewohnen als stärkste Maya-Gruppe das Hochland von Chuvilá.

In der Nähe der Stadt Chichicastenango gibt es auf dem Cerro La Democracia auch einen alten indianischen Opferplatz, der ›Mumuz‹ genannt wird. Hier steht schon seit grauer Vorzeit in einem Halbkreis von Steinen ein Idol, das Turkaj, den Gott der Fruchtbarkeit, verkörpert. Im Volksmund wird er Pascuala Abaj genannt. Der Turkaj ist ein guter und freundlicher Gott, ähnlich dem Maisgott der alten Maya. Ihm werden Weihrauch und Rosenblätter geopfert. Daneben gibt es aber noch Opferstellen, wo man Gaben zur Erfüllung ganz konkreter Wünsche niederlegt, etwa um eine glückliche Ehe, für Kindersegen, für eine gute Ernte etc. bittet.

Auch die Quiché von Chichicastenango haben ihre Brujos, ihre Zauberer. Hier oben am Mumuz trifft man immer den einen oder anderen. Sie haben verschiedene Grade und es gibt gute, die ajkih, und böse, die ajitz; das heißt, die einen üben die weiße Magie, die anderen die schwarze aus, letztere sind ›Herren des bösen Zaubers‹ vor dem Gott und bringen ihm Opfergaben dar. Auch hier beruht wieder jede Handlung auf Vermischung uralter Riten mit den Gebräuchen der katholischen Kirche. Gläubig blicken die Indios, die sich dem Zauberer anvertraut haben, zu ihm auf, wenn er seine Zauberformel murmelt und den Indios die Kerzen zum Küssen reicht, bevor er sie anzündet und vor dem Idol auf den mit Kiefernadeln bestreuten Boden stellt.

Das Amt des Brujo ist erblich, es wird aber nicht immer auf den ältesten Sohn vererbt, sondern auf den intelligentesten. Wer glaubt, von einem bösen Zauberer verhext worden zu sein, geht zu einem guten, um Heilung zu finden. Wer seinem Feind Schaden zufügen will, wendet sich an den bösen. »Der böse Zauberer kann schon durch einen Blick oder eine Handbewegung den Zauber auf den Menschen schleudern, während der gute in einem Kristall den Dämon im Menschen erkennt und wieder hinauszaubern kann.« Franz Josef Lentz. Der Zauberer kann auch den Nagual, das Schutztier eines Menschen, heraufbeschwören und einem Neugeborenen durch eine Beschwörung oder in Trance ein Nagual beschaffen. Ähnlich den Vorstellungen einiger afrikanischer Völker hängen nach dem Nagualismus die Seele des Menschen und sein Schicksal mit einem Tier eng zusammen. Wenn einem Kind bei der Geburt noch kein Nagual mitgegeben ist, geht es hinaus und sucht zu erkunden, welches Tier sich ihm offenbart. Dieses Tier ist dann bedeutsam für sein ganzes Leben, es ist sein Schutzgeist. Außerdem besteht die Vorstellung, daß der Mensch sich in ein Tier verwandeln kann, daß er die Gestalt seines Naguals annehmen und als solches seinen Feinden entgegentreten kann. Auch nach der Christianisierung hat sich dieser Glaube gehalten. Dem Nagualismus kam wiederum die symbolische Verknüpfung christlicher Heiliger mit einem Tier entgegen: zum Beispiel Hieronymus mit dem Löwen, Dominikus mit dem Hund, Markus mit dem Stier, Johannes mit dem Adler und Jakobus der Ältere mit dem Pferd.

Das größte Fest der Quiché von Chichicastenango fällt auf den Namenstag ihres Schutzheiligen, des Santo Tomás, nach dem auch ihre Hauptkirche benannt ist (Farbt. 1; Abb. 82). Es ist der 21. Dezember, der gleichzeitig mit dem niedrigsten Stand der Sonne zusammenfällt. Das Fest beginnt schon drei oder vier Tage vorher. Nach und nach finden sich dann an die 10 000

Indios aus der ganzen Gegend hier ein. Im Mittelpunkt des Festes steht der Tsijolán, eine kleine geschnitzte Reiterfigur, die mit Silbermünzen und Glöckchen behängt ist und ebenso wie die Heiligenfiguren von den ›Feuerwerkern‹ mitgeführt wird, die die an langen Rohrstangen befestigten, selbstverfertigten Raketen in Prozessionen durch die Straßen tragen. Der Tsijolán ist ihr Schutzpatron. – Das Pferd wurde ja erst durch die Spanier eingeführt. Als die Indios zum ersten Mal die Pferde sahen, hielten sie die Tiere für übernatürliche Geschöpfe, deren Reiter unter schrecklichem Lärm von ihren Feuerwaffen Gebrauch machten. Die Kirche betrachtet das Pferd mit dem Reiter als Symbol des San Jago (Jakobus des Älteren), der von den Spaniern zum Schutzpatron der Conquista erwählt wurde. Für die Indios ist der Tsijolán ein Mittler zwischen Gott und den Menschen.

Die Figur des Tsijolán wird, wenn man sie nicht beim Fest in den ersten Tagen mit einem roten Tuch verhüllt, dann aber allen sichtbar in der Prozession mitführt, bei einem der Cofrades verborgen gehalten. Die Cofradía steht in enger Verbindung mit der Kirche; es gibt übrigens männliche und weibliche Gemeinschaften dieser Art. Jede Cofradía dient einem bestimmten Heiligen und trägt seinen Namen. Die Mitglieder der Cofradías sind verpflichtet und verantwortlich für alle kirchlichen Angelegenheiten, sie müssen etwa das Gotteshaus in Ordnung halten und für die Prozessionen und Zeremonien sorgen. Den Cofradías werden aber auch alle Angelegenheiten des sozialen und politischen Lebens einer Gemeinde anvertraut, und ihre jeweiligen Mitglieder ernennt der Dorfälteste, der sie aus den angesehensten Familien auswählt, gewöhnlich für ein Jahr. Für jede Cofradía steht ein bestimmtes Haus bereit, in dem auch die Figur ihres Schutzheiligen aufbewahrt wird. Auch hier mischen sich wieder indianische und christliche Bräuche. Früher wurden die indianischen Idole an verborgenen Plätzen in Höhlen oder Wäldern aufbewahrt; nur zu bestimmten Festen wurden sie hervorgeholt. Auch die christlichen Heiligenfiguren der Cofradías werden nur zu den Festen in die Kirche gebracht, um dann an den feierlichen Prozessionen teilzunehmen. Die Einrichtung der Cofradías ist in der Kolonialzeit aus Spanien übernommen worden und gelangte in Amerika erst zur vollen Entwicklung.

Jeden Donnerstag und Sonntag wird in Chichicastenango Markt abgehalten, und der Markt ist immer noch ein Erlebnis, obwohl er durch den immer stärker zunehmenden Touristenbesuch schon sehr viel von seiner Ursprünglichkeit verloren hat. Unermeßlich ist der Strom der Indios, die in den frühen Morgenstunden der Markttage durch die Wälder und Barrancos wandern, um an dem farbenfreudigen Treiben teilzunehmen. Am Nachmittag verlassen sie den Markt wieder auf demselben Wege. Sie wohnen weit entfernt in den Bergen, wohin nur schmale Fußwege führen. Die Vielseitigkeit der Farben und der Formen zeigt sich auch hier wieder bei ihren Trachten. Auffallend dunkel ist die Kleidung der Marxeños, so heißen die Indios von Chichicastenango. Die Männer tragen an der Seite aufgeschlitzte schwarze oder dunkelblaue Kniehosen. Um den Leib tragen sie eine breite, mehrmals geschlungene rote Schärpe, ›sashes‹ genannt, und dazu eine kurze schwarze Jacke, die vorn offen steht und eigentlich auf dem bloßen Körper getragen werden soll. Heute tragen viele Indios schon Hemden darunter. Jacke und Hose sind mit verschiedensten Ornamenten bestickt. Diese Ornamente wie auch ihre Farben kennzeichnen den Rang, den der Träger in der Gemeinschaft einnimmt; Trachten mit violetten Zeichen werden nur von den Cofrades getragen. Bei den Männern sieht man häufig auf den Hosen an jeder Seite eine Sonne aufgestickt, bei den Frauen dagegen tritt in den Stickereien ihres ›huipil‹, der Bluse, häufig der Mond als symbolisches Zeichen auf. Vielleicht läßt sich hier die Zuordnung Mann – Sonne, Frau – Mond erkennen.

Wir brauchen uns in Chichicastenango nur einmal nach den verschiedenen Zeichen und Ornamenten auf den Trachten und an den Gebrauchsgegenständen der Indios umzuschauen. Da sehen wir zum Beispiel an der Schärpe eines Indios ein wellenförmiges Ornament. Das ist das Symbol des Cucumatz, der ›Grünen Federschlange‹, die im Popol Vuh als Schöpfergottheit auftritt. Bei den Maya heißt sie Kukulcan und bei den Azteken Quetzalcoatl. Auch andere, zunächst rein abstrakt erscheinende Muster symbolisieren Götter oder andere Wesen aus den Glaubensvorstellungen. Ein anderer Indio hat auf seiner Umhängetasche, ›chims‹, ein eigentümliches Ornament: einen doppelköpfigen Adler. Dieses Zeichen wurde erst durch die Spanier eingeführt, es galt in der Kolonialzeit als das Sinnbild Kaiser Karls V. So fand es Eingang in die Volkskunst und hat inzwischen seine ursprüngliche Bedeutung verloren. Unter den anderen Tierbildern sind sowohl einheimische als auch die aus Europa eingeführten Tiere zu erkennen. Schließlich finden sich verschiedene Symbole, die aus der europäischen Volkskunst stammen, wie Blumenmotive und auch das christliche Kreuz und der Lebensbaum.

Auch die Farben haben bei den Webereien der Indios in Guatemala zum Teil noch wie früher bei den alten Maya symbolische Bedeutung. Schwarz ist Symbol des Krieges. Mit schwarzen und weißen Streifen wurden die Kriegsgefangenen der Maya bemalt. Rot gilt als Farbe des Blutes, des Todes und der Trauer. Blau ist die Farbe des Opfers; bei den alten Maya vollzogen die Priester ihre Opferungen in blauer Bemalung. Gelb ist die Farbe des reifen Maises, des Sinnbilds der Nahrung.

Doch jetzt nähert sich uns ein seltsamer Zug. Die Cofrades in Festtracht mit einem roten ›tzuz‹, nicht mit dem weißen Kopftuch wie sonst. An den Zipfeln hängen violette Fransen. Das Rot des tzuz läßt Trauer vermuten. Die Männer tragen reich mit Silber beschlagene Stäbe, sie führen den Zug an. Dann folgen die Frauen. Die ›enagua‹, der Rock der Frauen, ist indigoblau mit kleinen Mustern; die ›faja‹ oder Schärpe ist schwarzweiß, eine zweite hochrote wird noch dazu getragen. Der ›huipil‹, die Bluse, ist hochrot und mit zahlreichen kleinen Mustern in verschiedenen Farben bestickt. Zu ihrer Tracht gehören auch ein reicher Halsschmuck und kostbare Ohrgehänge. Den Frauen folgen sechs Männer, die einen Sarg tragen. Der Zug bahnt sich einen Weg durch die Menge auf die Kirche Santo Tomás zu. Vor dem Rauchaltar auf den Treppenstufen machen die Indios halt, sie verbrennen jetzt Kopal, Weihrauch, auch ›pom‹ genannt (Farbt. 3; Abb. 80, 81). Die Sargträger gehen die Treppe bis zur Hälfte hinauf, dann bleiben sie stehen, heben den Sarg mit gestreckten Armen hoch über ihre Köpfe und drehen ihn ganz schnell im Kreise herum. Auf diese Weise soll der Tote die Richtung verlieren, damit er nicht als Geist zurückkommt und seine zurückgebliebenen Angehörigen belästigt. Danach trägt man ihn in die Kirche, damit der Verstorbene auch die christliche Einsegnung erhält, und dann erst wird er zum Friedhof gebracht.

Die Kirche Santo Tomás wurde im Jahre 1540 von Dominikanern an derselben Stelle erbaut, wo früher einmal der Quiché-Maya-Tempel gestanden hat. Der Tempel wurde niedergerissen, nur die Stufen blieben erhalten. Der Räucheraltar wurde dann später von den Indios am Fuße der Treppe aufgestellt. Die Kirche protestierte dagegen, doch die Regierung ordnete an, nichts dagegen zu unternehmen. Und so verbrennen die Indios nach alter Gewohnheit zunächst vor der Kirche Kopal zu Weihrauch und sprechen Gebete zu den Göttern; erst dann gehen sie in die Kirche und entzünden vor den Heiligenfiguren geweihte Kerzen.

Tänze und Musik

»Darum will auch mein Herz fröhlich sein, da ich mich aufgemacht habe von meinen Bergen, aus meinen Tälern.« Eine solche Form besitzen die Gebete, die vor dem Beginn des Festtrubels beim Verbrennen von Kopal gesprochen werden. Getanzt wird dann ohne Unterlaß, so lange die Feste dauern, drei oder vier Tage hintereinander. Aber von den alten Ritualtänzen der Maya ist kaum mehr etwas übrig geblieben. Nur an den Verkleidungen und Masken erkennt man bisweilen noch ihren ursprünglichen Zweck und ihre Herkunft. So weisen zum Beispiel Tierverkleidungen auf das Totem-Tier. Reste aus der vorspanischen Zeit finden wir nur noch in dem ›Baile de Venado‹, dem Hirschtanz, und in dem ›Baile de la Culebra‹, dem Schlangentanz. Dieser Tanz wird von Männern in Tierfellen und mit Tiermasken und mit einer lebendigen Schlange aufgeführt. Franz Termer hat einen solchen Tanz, den man heute kaum noch erleben kann, gesehen und beschrieben (in: Mitteilungen der Geographischen Gesellschaft, 1928). Er sieht in diesem Tanz ein den Maya fremdes Kulturelement; der Tanz mag von den Mexikanern übernommen sein. Wie so oft bei den kultischen Tänzen der Mexikaner sind die Vorbereitungen zum Tanz ebenso wichtig wie dieser selbst. Drei Tage vor dem Fest wird die Schlange an einer vom Brujo bestimmten Stelle gesucht und auch gefunden. Bis zum Fest verbleibt sie in einer Tinaja, einem großen Krug, im Hause des Brujo. Ist die Schlange giftig, so werden ihr vorher die Giftzähne ausgebrochen oder das Maul zugenäht. Nach dem Fest wird die Schlange wieder in den Wald gebracht und in Freiheit gesetzt. Zu den ›mephistophelischen‹ Tänzen, die die Indios unter sich und ohne Wissen der Geistlichkeit im Geheimen aufführen, gehören auch die Tänze, die mitunter auf Friedhöfen stattfinden.

Ein Rest von den großen pantomimischen Tänzen, wie sie an den aztekischen Herrscherhöfen aufgeführt wurden, hat sich in Guatemala bis heute erhalten. Bei jeder Gelegenheit, die sich den Indios bot, tanzten sie, das stellten sehr bald die spanischen Eroberer fest. Doch die Tänze, die die Spanier hier zu sehen bekamen, stießen besonders die christliche Priesterschaft ab. Da kam den Geistlichen eine Idee: Sie dachten sich selbst Tanzspiele mit Monologen aus, übersetzten sie in die Sprache der Indios, zogen ihnen kostbare spanische Kostüme an, setzten ihnen Masken vors Gesicht – und der ›Baile de la Conquista‹ war geboren (Farbt. 9; Abb. 75–78). Das geschah im Jahre 1542. Und heute gibt es kaum ein indianisches Fest, an dem nicht der ›Baile de la Conquista‹ oder wenigstens Teile daraus aufgeführt werden. In diesen Tanzspielen stellen die Indios ihre eigene Unterwerfung unter die Spanier dar. Die Hauptrolle, Pedro de Alvarado, Tonatiuh, ›die Sonne‹, wie ihn die Indios nennen, ist mit seinem schönen roten Bart die beliebteste Gestalt bei den Tänzen. Diese Tanzspiele fanden von Anfang an eine gute Aufnahme, und die Priester sahen in ihnen ein wirksames Mittel der Bekehrung zum Christentum. Doch verbinden die Indios mit diesen Tänzen auch ihre eigenen Vorstellungen.

An den Tänzen dürfen nur Männer teilnehmen, sie tanzen auch die Frauenrollen. Die Tänze mit ihren eingeschobenen Sprechrollen werden lange vor den Festen immer wieder neu eingeübt. Täglich finden stundenlange Proben statt. Während dieser Zeit, bis zum Ende des Festes, dürfen die Tänzer keine Frau berühren. Das Fest selbst erfordert von ihnen große Kraft und Ausdauer, denn sie müssen während der drei oder vier Tage fast ununterbrochen ihres Amtes walten. Die Texte werden teilweise mündlich überliefert, doch jedes größere Dorf besitzt entweder eine Kopie oder bekommt sie zusammen mit den Kostümen ausgeliehen, denn die oft sehr kostbaren Verkleidungen können sich die Tänzer selbst nicht leisten. Einer der Dorfältesten oder der Schulmeister übt Tänze und Dialoge ein, indem er den Teilnehmern immer wieder ihre Rollen vorsagt.

Die Choreographie und die Tanzschritte sind einfach, müssen aber exakt durchgeführt werden. Einige Tage vor dem Fest werden zwei oder drei Indios der Dorfgemeinde ausgeschickt, um die Kostüme aus den Leihhäusern zu besorgen, von denen es nur wenige gibt. Das berühmteste, das in ganz Zentralamerika bekannt ist, befindet sich in Totonicapán. Wenn die Kostüme im Dorf eintreffen, werden sie gehütet wie ein Kronschatz und müssen Tag und Nacht bewacht werden. Sie sind aus Samt und Seide, gold- und silberbestickt, behängt mit kleinen Spiegeln und silbernen Münzen. Die Hüte sind gleichfalls aus jenen Stoffen und oft mit bunt gefärbten Straußenfedern geschmückt. Ein besonderes Zeichen für den Darsteller einer Hauptrolle ist der Sonnenschirm. Auch Perücken gehören zu den Utensilien, ihre langen, bis auf die Schulter herabhängenden, gewellten blonden Haare bestehen aus Sisalfasern. Besonders wichtig sind die Masken. Früher wurden sie aus Holz geschnitzt, heute bestehen sie fast alle aus bemaltem Pappmaché. Die Gesichter der Conquistadores sind immer blaßrosa, die Lippen zu einem bösartigen Lächeln verzogen. Die Masken sind gewöhnlich kleiner als die Gesichter der Indios. Alle freibleibenden Stellen des Halses und des Nackens werden beim Anlegen der Maske mit Tüchern umwickelt. Da die Nasen- und Mundöffnungen der Maske nur sehr klein sind, können die Tänzer oft kaum genügend Luft bekommen. Sie befestigen deshalb Knoblauch unter der Maske, der ihnen das Atmen erleichtern soll. Viele von ihnen betrachten jedoch gerade diese Unannehmlichkeit als einen Teil ihres Opfers, denn diese Tänze sind für sie ein Ritus, und der Ritus erfordert Opfer.

Einmal hatte ich Gelegenheit, in Sacapulas am Fuße der Cuchumatanes dem ›Baile de la Conquista‹ beizuwohnen. Auf einer wunderschönen Plattform vor der Kirche, die sich dank ihrer Größe besonders für die Tanzspiele eignet, fand die Aufführung statt. Getanzt und gespielt wurde Tag und Nacht, und das Fest dauerte drei Tage lang. An der einen Seite der Kirchentür saß eine Marimba-Kapelle und an der anderen Seite ein Flötenspieler und ein Trommler (Farbt. 11, 13; Abb. 74). Beide Gruppen wechselten sich im Spiel ab. Auch zu diesem Fest hatten sich die Indios aus der ganzen Gegend zu Hunderten aufgemacht, so daß das Dorf von Menschen überfüllt war. Da auch Tanzgruppen aus anderen Dörfern gekommen waren und tanzend durch den Ort zogen, konnte man gar nicht mehr unterscheiden, was eigentlich Pantomime und was reines Tanzvergnügen war.

Als ich mitten in der dichtgedrängten Zuschauermenge dem Schauspiel zusah, bahnte sich ein Trupp von acht Reitern in altspanischer Tracht mit Lanzen und Säbeln bewaffnet im Galopp durch die Zuschauermenge seinen Weg. Die Reiter waren von ihrer Rolle so besessen, daß für sie das Spiel schon Wirklichkeit war, und wer nicht aus dem Wege gegangen wäre, den hätten sie ohne weiteres niedergemacht. Auch die Reiterszene gehörte mit zu der Aufführung. Dann gab es wieder endlose Dialoge zwischen Alvarado und seinen Kampfgenossen. Ein andermal hatte ich mir mühsam einen Platz dicht an der Rampe der Plattform vor der Kirche gesichert, da bekam ich von hinten einen Stoß und wurde zur Seite gedrängt. Als ich mich umsah, erblickte ich einen Sarg, der auf den Schultern von sechs Männern mitten durch die Tanzgruppe hindurch über die Plattform zur Kirche getragen wurde. Sie verschwanden mit dem Sarg in der Kirche, es läuteten die Glocken, und das Spiel ging weiter. Nach geraumer Zeit kamen die Männer mit dem Sarg wieder aus der Kirche heraus und liefen zusammen mit den Tanzenden im Kreis herum, stellten den Sarg in die Mitte des Platzes, öffneten ihn und darin lag – Pedro de Alvarado: Es war die Szene, in der der tote Alvarado in Mexiko von den Offizieren seines Heeres betrauert wurde.

Bei den Quiché blieb noch ein Drama erhalten, das sie unbeeinflußt von den spanischen Mönchen geschaffen haben. Es heißt ›Rabinal Achí‹, und seine Handlung gipfelt in der Opferung des Quiché Achí, der, bevor er den Opferaltar besteigt, zusammen mit je zwölf Kriegern in Adler- und Jaguarverkleidung vor dem König Rabinal tanzt, der ihn besiegt hat. Adler und Jaguar gelten als Symbole der Tapferkeit; deshalb ließ man bei den rituellen Vorführungen die Krieger in Jaguar- und Adlerverkleidung auftreten.

Die Aufführung dieses Dramas erfordert einen ungeheuren Aufwand an Ausstattung und Kosten – auch die Kosten für den ›Baile de la Conquista‹ müssen stets von der Dorfgemeinde aufgebracht werden –; aus diesem Grunde soll das Drama ›Rabinal Achí‹ seit 1856 nicht mehr gespielt worden sein, obwohl hier und da auch in der letzten Zeit angekündigt wurde, daß man es wieder aufführen wolle. Aber niemandem, auch Jesús Castillo nicht, der sich seit Jahrzehnten mit der Musik und dem Tanz der Indios in Guatemala beschäftigt hat, ist es bisher gelungen, eine Aufführung zu erleben. Immer wenn er in eine Gegend kam, wo eine Aufführung dem Hörensagen nach stattfinden sollte und selbst wo schon Vorbereitungen getroffen waren, wurden sie sofort abgebrochen, als die Indios merkten, daß ein Fremder der Darbietung beiwohnen wollte.

Der ›Rabinal Achí‹ wurde von Brasseur de Bourbourg ins Französische übersetzt und 1862 in Frankreich veröffentlicht. So ist wenigstens der Text erhalten geblieben. Brasseur machte auch genaue Kostümangaben, beschrieb die Choreographie des Stückes und übertrug auch die Musik. Der ›Rabinal Achí‹ ist das einzige indianische Tanzspiel Guatemalas, das eine eigene Musik besaß. Der ›Baile de la Conquista‹ wird zwar auch von guatemaltekischer Musik begleitet, doch die Stücke, die die Indios spielen, sind nicht festgelegt, dagegen hat die Marimba-Kapelle, die bei keinem Tanzfest fehlt, ihr eigenes Repertoire, wobei es dann nicht auf die Reihenfolge der Stücke ankommt.

Die Aufzeichnungen, die Brasseur von der Musik des ›Rabinal Achí‹ gemacht hat, geben kein klares Bild davon, wie sie wohl wirklich gewesen ist. Erst die moderne Musikforschung bemüht sich, jede Tonschwankung und rhythmische Abweichung sorgsam zu notieren, dabei kommt ihr heute natürlich das Tonband sehr zustatten. In Guatemala kam man leider etwas zu spät damit, denn da weder die Indios noch ihre Vorfahren die Musik notierten, kann man sich nur aus dem, was akustisch überliefert wurde, ein ungefähres Bild davon machen, wie sich die Musik früher einmal angehört hat. Eins läßt sich jedoch aus den spärlichen Resten einwandfrei entnehmen: Die Musik der Maya-Quiché ist tetraphonisch, das heißt, man benutzte eine Tonskala von nur vier Tönen, während die Aimará und Quechua, die Nachfahren der Inka, heute noch pentatonisch musizieren. Innerhalb der tetraphonischen Skala also bewegt sich die indianische Musik in Guatemala, ohne Verwendung anderer Töne. Ich beziehe mich hier ausschließlich auf die rein indianische Musik; die indo-hispanische Musik, wie wir sie heute von den Marimbas hören, bewegt sich in derselben Skala wie die unsrige.

Jesús Castillo glaubt, wenn nicht die Quelle aller, so doch einer bestimmten Gattung von Musik in Guatemala, nämlich der Hirtenflötenmelodien, in dem Gesang der Vögel gefunden zu haben. Tatsächlich nennen die Indios einen Vogel, der besonders in den Cuchumatanes in der Gegend von *Huehuetenango* über die Felder dahinfliegt, den Cenzontle, den ›Vogel der 400 Stimmen‹. Jesús Castillo will selbst einmal einen Hirtenjungen beobachtet haben, wie er dem Gesang eines Cenzontle lauschte und dann versuchte, das Gezwitscher auf seiner Flöte nachzuspielen. Der Vogelgesang begleitet die Menschen im Hochland ihr ganzes Leben lang und mag so vielleicht Einfluß auf die Musik ausüben, ihr Anregungen verleihen, ebenso wie das Rauschen des Wasserfalls, das Säuseln des Windes, die Stimmen der Zikaden und alle anderen Laute der Natur in dieser grandiosen Landschaft Guatemalas.

Folgende Melodie der Mam-Indios nach Aufzeichnung von Jesús Castillo hat gewisse Ähnlichkeit mit dem Ruf eines Vogels, des ›pito real‹ oder ›Königspfeifers‹:

Belegt ist jedenfalls eine lange Tradition der Musik in Guatemala. Flöten wurden in Guatemala schon während der präkolumbischen Zeit verwendet. Im ›Popol Vuh‹ heißt es, daß zur Zeit der großen Migration aus dem legendären *Tollan* mehrere Flötenarten nach Guatemala gelangt seien. Eine dieser indianischen Flöten ist die ›tzijolaj‹; sie ist aus einem Schilfrohr gemacht und hat gewöhnlich drei, manchmal auch vier Grifflöcher. Die Maya-Quiché benutzten sie sowohl als Hirtenflöte wie auch bei der Ritualmusik. Sie gehört zusammen mit der Okarina und dem Caracol zu den melodieführenden Instrumenten. Die Okarina ist ein altindianisches Instrument. Bei Ausgrabungen im Maya-Gebiet wurden Okarinas aus Stein und gebranntem Ton in Form von Idolen zoomorpher Gestalt gefunden. Heute werden die Okarinas aus Schilf, Knochen oder Kunststoff gemacht.

Caracol ist die große Tritonmuschel aus dem Meer. Nur wenige Indios können diesem ›Instrument‹ eine Reihe von Tönen entlocken. Die besten Spieler soll es heute noch in *Cobán* geben. Ursprünglich wurde dieses Instrument nur im Kriege benutzt. In den Annalen der Cakchiquel heißt es: »Als der Krieg zwischen den Cakchiquel und den Quiché begann und das Morgenlicht den Horizont und die Höhen erleuchtete, hörte man die Kriegsschreie. Die Feldzeichen entfalteten sich; die Trommeln rollten und die Muscheln tönten, und inmitten des Tumultes sah man die Quiché herabsteigen, deren lange Reihen sich mit furchtbarer Schnelle bewegten und aus allen Richtungen vom Gebirge herabkamen.«

Ein besonders wichtiges Instrument bei den rituellen Handlungen der Maya-Quiché war eine große hölzerne Trommel, ›el tun‹ genannt, die aus einem hohlen Baumstamm angefertigt wurde. Beide Enden waren verschlossen, in den Zylinder waren zwei nebeneinander laufende Schlitze eingeschnitten und das Mittelstück zwischen ihnen in der Mitte durchgeschnitten, so daß zwei Zungen entstanden, die, wenn die Trommel mit Klöppeln geschlagen wird, vibrieren. Zum Orchester des ›Rabinal Achí‹ gehörten solche Instrumente, die zusammen mit zwei Trompeten gespielt wurden.

In drei verschiedenen Größen kommt eine mit Hirschfell überzogene Trommel vor. Im ›Popol Vuh‹ heißt sie ›atabal‹. Dann gibt es noch Rasseln, die aus mit Steinchen oder Samen gefüllten ausgehöhlten tecomates, kleinen Kürbissen, bestehen. In Kuba sind dieselben Instrumente unter dem Namen ›maracas‹ bekannt. Sowohl die Trommeln wie die Rasseln werden heute noch gespielt. Aus präkolumbischer Zeit stammt noch ein anderes Schlaginstrument, ›ayotl‹ oder ›la tortuga‹ genannt. Es besteht aus der Schale einer Schildkröte, die mit einem Knochen oder einem Hartholz geschlagen und zum Klingen gebracht wird.

Zu diesen altüberlieferten Instrumenten kommen dann noch jene Klangwerkzeuge, die erst mit den Spaniern nach Guatemala gelangt sind, wie die ›chirimia‹, eine Art Oboe, oder Violinen, Gitarren und Harfen. Vor allem aber ist es ein Instrument, das man heute überall in Guatemala hört und das sich besonderer Beliebtheit bei den Indios wie bei den Ladinos erfreut: die Marimba. Sie ist Nationalinstrument Guatemalas geworden, obwohl sie afrikanischen Ursprungs ist. Der Klang der Marimba gehört absolut zum Stimmungsbild des guatemaltekischen Hochlandes (vgl. Farbt. 13; Abb. 74).

Die Marimba kam höchstwahrscheinlich mit den Sklaven von Westafrika, wo ähnliche Instrumente unter dem Namen Balaphon heute noch sehr viel gespielt werden, zunächst auf die Westindischen Inseln. Von hier aus ist sie mit den karibischen Schwarzen in die atlantischen Küstengebiete gelangt, um von dort über Guatemala den Weg nach Chiapas und Yucatán in Mexiko zu finden. Es gibt allerdings auch die Auffassung, daß ein ähnliches Instrument schon in vorspanischer Zeit bei den Maya bekannt gewesen sei, die Argumente hierfür sind jedoch nicht stichhaltig.

Die Marimba ist ein tönendes Schlaginstrument, ähnlich dem Xylophon. Bei der Marimba werden jedoch unter jedem der hölzernen Klangblättchen, die auf einem vierbeinigen Gestell liegen, noch Resonanzkörper befestigt. Diese Schallkästen sind bei den alten indianischen Instrumenten, wie man sie heute noch in den Dörfern hier und da antrifft, ausgehöhlte Kalebassen, ›jícaras‹ oder ›tecomates‹ genannt. Bei der indianischen Marimba ist die Öffnung der Kalebasse dem Klangblatt zugekehrt. Außerdem hat man bei den tiefen Tönen über den Öffnungen der Kalebassen Membranen aus Spinnweben angebracht. Durch den Schall geraten diese Gewebe in Vibration und geben einen leisen schnarrenden Begleitton, der typisch für den Klang der Marimba ist. Bei modernen Instrumenten bestehen die Schallkästen aus Holz und die Membranen sind aus Schnarrseiten hergestellt. Die Tecomate-Marimba umfaßt drei Oktaven. Die moderne Marimba, die heute überall gespielt wird, hat zwei Teile mit je 78 und 59 chromatischen Schlagplatten. Früher mußte man auf die Hartholzplatten Kautschukstücke kleben, um die Halbtöne zu erzeugen. Gespielt wird die Marimba mit hölzernen Schlegeln, an denen Kautschukklöppel befestigt sind. An den indianischen kleinen Instrumenten spielen gleichzeitig zwei oder drei Spieler. Jeder von ihnen übernimmt dann einen bestimmten Tonabschnitt, der eine den Baß, der zweite die Mittellage und der dritte den Diskant, wobei manchmal der Spieler in je einer Hand zwei oder drei Schlegel hält, so daß er mit einer Hand Terzen, Sexten oder einen dreistimmigen Akkord anschlagen kann. Das volle Doppelinstrument wird von sieben Mann gespielt, und ein Kontrabassist, der nur pizzicato spielt, verstärkt mit seinem Instrument die Bässe. Die Marimberos spielen ohne Noten; sie beherrschen immer ein sehr umfangreiches Repertoire. Sie üben sich die Stücke in freier Nachkomposition nach einer gehörten Melodie gemeinsam ein. Die Guatemalteken, sowohl die Indios wie die Ladinos, sind außerordentlich musikalisch. Eine gute Marimba-Kapelle spielt mit vollendeter Technik virtuose Stücke so exakt und ausdrucksvoll, daß man sich dieselben Stücke von europäischen Virtuosen auf irgendeinem Instrument nicht besser gespielt vorstellen kann.

Guatemala ist nicht das einzige Land Mesoamerikas, in dem es versunkene Maya-Städte gibt und in dem wir ihre wunderbaren Kunstschätze bewundern können. Auch Mexiko und Honduras sind reich an Denkmälern jenes rätselhaften Volkes der Maya, dessen Ursprung im dunkeln liegt, doch Guatemala ist das einzige Land Zentralamerikas mit einer Bevölkerung, die einen hohen indianischen Anteil aufweist. Geschichte und Herkunft der Indios sind trotz der vielen überlieferten Daten zwar ebenso unklar und voller Fragen und Widersprüche wie die der Tiefland-Maya, aber ihrer Sprache und Rasse nach gehören sie zu den Maya, und sie sind es, die unsere Eindrücke, die wir in den verlassenen Maya-Städten des Tieflandes gewonnen haben, verstärken.

In der Erinnerung taucht wieder der mächtige Urwald des Petén vor mir auf, der so viele Rätsel versunkener Städte und ihrer Bewohner birgt. Am Tage herrscht dort lautlose Stille, aber des Nachts wird er von tausend Stimmen erfüllt, vom Geschrei der Affen und des Jaguars und von dem Millionenchor der Zikaden. Wenn wir selbst einmal diese berauschende Landschaft erlebt haben mit ihren Schönheiten und mit ihren Gefahren, so können wir kaum begreifen, daß sich hier eine der größten altamerikanischen Kulturen entwickelt hat. In verschwenderischem Maße sind uns die Reste der Städte und Bauten erhalten geblieben, einige von ihnen sind durch Restauration ›wiederauferstanden‹. Sie lassen allerdings den Eindruck und die Kraft nur mehr ahnen, die diese einzigartigen Schöpfungen während der Blütezeit dieser Kultur ausgestrahlt haben müssen.

IV Die Kunst der Eroberer

1 Die koloniale Szene

*»Die Kunst der Konquistadoren ist nicht einzig das
Werk der Mönche und Soldaten, die als schöpferische
Gestalter im Dienste Gottes und der allerchristlichsten
Könige nach und nach Tausende von Kirchen zwischen dem Wendekreis des Krebses und des Steinbockes
errichteten. Diese Kunst ist gleichzeitig Ausdruck jener
geheimnisvollen Kräfte des indianischen Glaubens.«*

François Cali

Unter den lateinamerikanischen Ländern hat Guatemala in der Entwicklung der spanischen
Kolonialkunst eine bedeutende Rolle gespielt. Genauso wie zu präkolumbischen Zeiten bildet
sich im nun lateinamerikanischen Raum, wo weiterhin unterschiedliche Sprachen und Lebens-
gewohnheiten existierten, ein Formenkanon heraus, der wohl auswärtigen (jetzt aus Spanien
übernommenen) Stilarten (wie Barock oder Rokoko) verpflichtet ist, sie aber doch in charakte-
ristischer Weise abwandelt.

Aber zunächst zur allgemeinen Geschichte Zentralamerikas während jener Zeit: Nach der
Eroberung des immensen Territoriums in der Neuen Welt errichteten die Spanier dort zwei
Vizekönigreiche, eins im Norden des Isthmus und eins im Süden. Das erste der beiden Königs-
reiche wurde 1535 gegründet, es umfaßte das heutige Mexiko und Zentralamerika, Hauptstadt
war Mexiko City. Dieses Reich, zu dem auch Guatemala gehörte, führte den Namen ›Nueva
España‹ (Neu-Spanien). Der Vizekönig regierte mit absoluter Macht im Namen des Königs.
Da die spanische Krone Anspruch auf allen Reichtum erhob, der von den Minen sowie Schätzen
aus zerstörten Tempeln und Palästen herrührte, aber auch die Vizekönige nicht zurückstehen
wollten, mußten die Indios wie zu präkolumbischen Zeiten Tribut zahlen. Einige Vizekönige
waren klug und weise, sie herrschten verantwortungsvoll über die indianische und spanische
Bevölkerung bzw. über die in der Neuen Welt geborenen Weißen. Doch eine stattliche Anzahl
war nur auf ihren eigenen Vorteil bedacht, und welche Gelegenheiten hatten sie nicht, um sich
an Gold, Silber und anderen Schätzen des Landes zu bereichern, standen ihnen doch in unbe-
schränkter Zahl die Indios und später auch die Negersklaven zur Verfügung.

Die Vizekönige regierten in Nueva España bis 1821, es waren neunundfünfzig an der Zahl;
im Vizekönigreich Peru waren es bis 1817 vierzig. Es umfaßte zunächst ganz Spanisch-Süd-
amerika, mit dem Ausbau der kolonialen Infrastruktur entstanden später daraus noch zwei
weitere Vizekönigreiche: Neu-Granada (1739 definitiv errichtet), das die heutigen Gebiete
Kolumbiens, Venezuelas, Panamas und später Ecuadors umfaßte, und Río de la Plata (1776
gegründet) mit Argentinien, Bolivien, Paraguay und Uruguay. Von den insgesamt 124 Herr-

schern waren vier gebürtige Amerikaner, die anderen – oft Verwandte des regierenden Königs-
geschlechtes – kamen aus Spanien.

Schon Anfang des 17. Jahrhunderts gab es im spanischen Kolonialreich mehr als zweihundert
Städte. Die Hauptplätze waren durch Straßen miteinander verbunden, die man Camino Real
nannte und die oft dem alten indianischen Straßennetz aus präkolumbischer Zeit folgten. Diese
Straßen wurden ständig erneuert. Indianische Hilfskräfte konnten ja in beliebig großer Menge
herangezogen werden, sie taten mehr oder weniger Sklavenarbeit. Übrigens konnten noch bis
in unsere Zeit jene guatemaltekischen Indios, die ihre Abgaben an den Staat nicht zu zahlen in
der Lage waren, ihre Schuld durch Arbeit beim Straßenbau begleichen.

Der Administration des Vizekönigtums eng verbunden war eine andere Einrichtung: die
römisch-katholische Kirche. Mit den Eroberern kamen sehr bald Abordnungen der Franziskaner, Dominikaner, Augustiner und später auch der Jesuiten und Karmeliter. Schlußendlich
zum Zweck der Bekehrung errichteten sie Klöster und Kirchen, zunächst bescheidene Bauten,
die nicht unbedingt die Jahrhunderte überdauern sollten. Die geistlichen Baukomplexe entstanden in außerordentlich kurzer Zeit und sogar weit zahlreicher, als sie im Mutterland existierten.
Während des frühen 17. Jahrhunderts hat es in der Neuen Welt schätzungsweise siebzigtausend
Kirchen und fünfhundert Klöster gegeben. Hand in Hand mit der enormen Bautätigkeit des
Klerus, der stets unter der Aufsicht der spanischen Krone stand, ging der Bau der Städte für die
spanische Bevölkerung.

Keinem Weißen, nicht einmal einem Schwarzen, war es erlaubt, in einer indianischen Siedlung zu leben. Reisende Kaufleute durften sich dort höchstens drei Tage lang aufhalten. Über
die inneren Angelegenheiten der Dörfer wachte der Dorfälteste. Der Gouverneur einer jeden
Region hatte jedoch die Verpflichtung, von Indios in die Hauptstadt gelieferte Waren einzuhan-
deln und sie anderen Indios wieder zu verkaufen.

Alarmierend war schon gegen Ende des 16. Jahrhunderts der Rückgang der indianischen
Bevölkerung; er läßt sich nicht zuletzt auf ihre grausame Behandlung durch die Spanier zurück-
führen. In der frühen Kolonialzeit war der Indio nach offizieller Lesart »nicht genügend intelli-
gent« und »vom Standpunkt der Vernunft aus für seine Handlungen nicht verantwortlich«.
Dem widersprach nicht ohne Erfolg der Bischof Bartolomé de las Casas (1474–1566), ein großer
Freund der Indios; so blieben die Ureinwohner wenigstens zeitweise von den strengen Vor-
schriften der Inquisition verschont, die in Peru 1569 und in Mexiko 1571 in Kraft traten. Die
Herrschaft der Glaubenseiferer endete erst, als 1820 die Kolonialländer den Kampf um ihre
Unabhängigkeit begannen.

In allen Hauptstädten des riesigen spanischen Kolonialreiches führten die Vizekönige
ein luxuriöses Leben, dem das des Erzbischofs nicht nachstand. Sowohl der Vizekönig wie
der Erzbischof unterhielten – nach dem Vorbild des regierenden Hauses in ihrem Mutterland – einen Hofstaat. Ein Vizekönig, der die besondere Gunst Philipps V. genoß, war Juan
de Acuña. Als Marquis de Casa Fuerte in Lima 1658 geboren, verbrachte er nach seinem
13. Lebensjahr die meiste Zeit in Spanien, wo er eine militärische Erziehung bekam. Er
wurde Gouverneur von Messina, Generalkapitän in Aragon und Mallorca und schließlich
1722 Vizekönig von Mexiko, wo man ihn als Kreolen enthusiastisch empfing. Er hat viel

zur Verschönerung der mexikanischen Hauptstadt beigetragen. Die Rekonstruktion der Münze und des Zollhauses, der Bau der Kathedrale und die Anlage der wundervollen Alameda waren sein Werk.

In dieser Zeit wurde ein Teil von Belize durch die Engländer eingenommen. Das Gebiet östlich vom Petén, bei rund 23 000 km² Fläche durchschnittlich 100 km breit, gehörte ehemals zum spanischen Kolonialreich und stand unter der Verwaltung der Capitanía von Guatemala. Englische Abenteurer und vor allem Seeräuber haben diese Küste mit Vorliebe aufgesucht, um dort tropische Edelhölzer zu laden oder sich in den zahlreichen Buchten und zwischen den kleinen Inseln zu verbergen. Der Seeräuber Wallace errichtete im Jahre 1717 an der Mündung des Río Viejo (oder Río Belize, wie er heute heißt) eine Siedlung, die dann später die Hauptstadt des Landes wurde. Obwohl ein Vertrag englischen Untertanen zwar gestattete, in diesem Lande Nutzhölzer zu schlagen, ihnen aber verbot, Befestigungen anzulegen, errichtete Wallace auf einer der Inseln ein Fort – er war nun einmal ein Seeräuber –, hißte dort die englische Fahne und nahm das Land für England in Besitz. 1783 wurden dann zum erstenmal nach einem Übereinkommen mit Spanien Grenzen zwischen dem neuen Staat und dem Departamento Verapaz, wozu das Petén damals noch gehörte, festgelegt.

Als später Zentralamerika das spanische Joch abschüttelte, wurden seine »Staaten frei und unabhängig von dem alten Spanien, von Mexiko und von irgendeiner anderen Macht, sowohl der Alten wie der Neuen Welt (...)«. So jedenfalls hieß es in der einschlägigen Erklärung. Darauf pochte natürlich auch Guatemala bezüglich Belizes, und die anderen zentralamerikanischen Staaten erkannten die Rechte Guatemalas auf Belize an. Aber England dachte nicht an die Aufgabe dieses Besitzes. 1859 kam ein Vertrag zustande, nach dem der Río Hondo als nördlichste und der Río Sarstoon (Sarstún) als südlichste Grenze von Belize festgelegt wurden, es sollte weiter unter englischer Flagge bleiben. Als Gegenleistung verpflichteten sich die Engländer, von Guatemala City aus eine Straße durch den Petén bis zum Karibischen Meer zu bauen. Der Vertrag erhielt dann 1863 noch eine Zusatzklausel, wonach England außerdem 50 000 Pfund Sterling an Guatemala zu zahlen habe. Als beide Klauseln von England nicht erfüllt wurden, erklärte Guatemala den Vertrag für ungültig. Es hält auch heute noch seine Ansprüche aufrecht, obwohl Belize seit September 1981 selbständig ist.

Der Vizekönig herrschte im Namen des spanischen Königs uneingeschränkt. Doch wie gesagt erwartete die spanische Krone Abgaben von den Bodenschätzen, den eingetriebenen Steuern und den »Schätzen der Indios«, deren sich der Vizekönig bemächtigte, und zwar den fünften Teil, die sogenannte ›königliche Fünf‹. Die Indios selbst mußten der Krone und der Kirche von allen ihren Erzeugnissen Tribut zahlen. Der König von Spanien war ja ein apostolischer Monarch; er ernannte die Bischöfe und anderen kirchlichen Würdenträger, die spanische Kirche war demnach eine nationale mit entsprechend umfangreichen Machtbefugnissen. So besaß um 1620 die Kirche in Lima derart viel Land, daß es an Fläche alle Städte Perus zusammengenommen übertraf. Und als Alexander von Humboldt 1803/04 Mexiko besuchte, berichtete er, in manchen Provinzen verfüge die Kirche über mehr als 80% des Landes.

Gegen Ende des 15. Jahrhunderts, als die hispano-amerikanische Kunst sich in den Kolonien zu entwickeln begann, gab es in Europa kein Land, dessen bildende Künste und Malerei derart viele Stile miteinander verband wie Spanien. Unterschieden sich schon die florentinische Malerei und die Venedigs sehr stark, so erst recht die byzantinische, romanische und gotische Kunst, welche in manchen Regionen Spaniens gleichzeitig vertreten waren. Hinzu kam, daß bis 1492 ein Teil der iberischen Halbinsel nahezu siebenhundert Jahre von den Mauren besetzt war, deren Architektur weiterhin starke Impulse gab. Der Mudéjar – dieser Name stand ursprünglich für bekehrte Mauren, die im Land geblieben waren – drückte etwa den glasierten bunten Ziegeln und der Holzschnitzerei seinen Stempel auf, er bezeichnete in der Baukunst bald ganz allgemein rein mohammedanische Stilelemente. Sicherlich kamen von den hierin ausgebildeten Handwerkern auch sehr bald einige in die spanischen Kolonien, besonders nach Mexiko, wo der Mudéjar-Stil eine besondere Rolle spielt.

»Der Stamm indessen, aus dem die Kunst der Konquistadoren als neuer Zweig wächst, ist ein europäisches Phänomen: das Barock« (François Cali). Das Barock war nicht einfach nur ein Kunststil – der Begriff hatte zunächst einmal negative Bedeutung, die Klassizisten bezeichneten damit alle ihrer Meinung nach verschnörkelten und überladenen Formen –, sondern auch eine Lebensart. Spanien stand damals auf dem Höhepunkt seiner Macht, es war die Hauptarena des Feudalismus. Ins Land floß ein unerschöpflicher Strom von Gold und Silber, er kam nicht zuletzt der Kunstentwicklung zustatten. Später, im 18. Jahrhundert, als die christliche Welt in Verbindung mit der östlichen Welt trat (hauptsächlich mit China und mit den Philippinen) und sie von dort neue Formen und Farben erreichten, erfuhr auch die Kunst des Barock stilistische Umformungen, die sich im sogenannten Rokoko zu voller Blüte entwickelten.

Die barocke Kunst brauchte die Stütze der Aristokratie, sie brauchte aber auch den erfinderischen Geist eines Volkes. Beides fand sie in den iberoamerikanischen Kolonien. Hier war es die Volkskunst, die Kunst des einfachen Mannes, des Indios mit seiner großen präkolumbischen Tradition, ohne die sich die Kunst der Konquistadoren nicht so glanzvoll hätte entwickeln können. Aber was von ihr erhalten blieb, ist ebenso ein Torso wie die Kunst der Maya, Inka und Azteken. Erdbeben, Vulkanausbrüche, Kriege und Revolutionen, Aufstände und antireligiöse Auseinandersetzungen haben zur Vernichtung oder Zerstörung vieler Kunstwerke beigetragen. Doch sind die überlieferten Fragmente von solcher Großartig- und Vielseitigkeit, daß sie den Denkmälern der Alten Welt ebenbürtig zur Seite stehen.

2 Das barocke Pompeji im Tal von Panchoy

»Als wir in das Tal kamen, bot sich uns ein herrliches Landschaftsbild, und ich wunderte mich nicht, daß selbst Erdbeben es nicht entstellen konnten.« Das schrieb John Lloyd Stephens, als er im Jahre 1840 das Tal von Panchoy mit seinen 3800 m hohen Vulkankegeln, dem Agua und dem Fuego (s. Farbt. 21), zum erstenmal erblickte. Gewiß, dieses herrliche Tal wird immer wieder wie ein Phoenix aus der Asche neu und in noch hellerem Glanz erstehen, aber die majestätischen Vulkane, deren Glut durchaus noch nicht erloschen ist, erinnern uns daran, daß ihre ungezähmte Kraft schon drei Hauptstädte Guatemalas zerstört hat.

Nachdem Pedro de Alvarado gewissermaßen die ›Urstadt‹ Santiago an einer Stelle gegründet hatte, wo heute das Dorf *Tecpán* steht, mußten die Spanier diese erste Siedlung schon bald wieder verlassen, da sie sich gegen die feindlichen Cakchiquel auf die Dauer nicht halten konnten. So wählte man einen Platz am Fuße des Vulkans Agua im herrlichen Almolonga-Tal, von den Indios Bulbuxya genannt, ›wo das Wasser von den Bergen fließt‹. Hier entstand 1527 die erste Hauptstadt der neuen ›Capitanía General de Goathemala‹; man nannte auch sie ›Santiago de los Caballeros‹. Daß man ihr diesen Namen gab, ist nicht verwunderlich, denn San Jago war stets der Schutzheilige der Spanier bei ihren Eroberungszügen in Mexiko und in Peru gewesen. Auf einem weißen Roß, das Schwert in der Hand, so wurde er dargestellt (Abb. 52). Die Gestalt des Alvarado ist aus der Geschichte der Konquista nicht wegzudenken. Mit Cortés zog er nach Mexiko, mit Juan de Grijalva nach Yucatán. Auf sein Konto geht das furchtbare Blutbad, das im Hofe des Palastes von Tenochtitlán in Mexiko unter den zu einem Feste versammelten Fürsten angerichtet wurde. Grausam bis zur Wollust war er gegen die Indios, die ihm weniger als Tiere galten. Ließen sie sich zum Christentum bekehren, nun gut, dann wurden sie als Sklaven behandelt, wollten sie das nicht, dann machte er sie nieder. Doch die Spanier verehrten in ihm einen der kühnsten Draufgänger und heldenmütigsten Feldherrn, dessen Mut und beispielloses Vertrauen auf seinen Erfolg sie bewunderten.

Nachdem Alvarado in Windeseile seinen Eroberungszug durch Guatemala und El Salvador beendet hatte, eilte er im Jahre 1526 nach Spanien, um seine Rechte persönlich vor dem König geltend zu machen. Alvarado erreichte alles, was er wollte: er erhielt den Titel ›Adelantado‹, wurde zum ›Gobernador y Capitán General de Goathemala‹ ernannt und gleichzeitig mit dem Rang eines ›Capitán General‹ des Santiago-Ordens ausgezeichnet. Er heiratete die Nichte des Herzogs von Albuquerque, Doña Francisca de la Cueva, und trat mit ihr die Rückreise nach Guatemala an. Doch unterwegs, in Mexiko, starb seine schöne Gemahlin, und Alvarado kehrte allein nach Guatemala in seine inzwischen aufgeblühte Hauptstadt zurück, der 70 indianische Dörfer Tribut zahlen mußten. 1532 wurde der Stadt von Karl V. ein Wappen verliehen: Über drei spitzen Vulkanen, von denen der mittlere in voller Eruption ist, galoppiert hoch zu Roß der Santiago mit einem Schwert in der Hand.

In der Stadt entstanden stattliche Häuser, Klöster, Schulen und ein Hospital, an einer weiten Plaza erhob sich der Gouverneurspalast und in den Außenbezirken wurden für die Mexikaner aus Tlaxcala und Cholula, die Alvarado bei seinen Eroberungszügen geholfen hatten, Häuser gebaut. Aber die Unrast des Capitán General und sein Hunger nach Reichtum und Macht veranlaßte ihn zu neuen Eroberungszügen. Mit einem Expeditionsheer reiste er nach Ecuador und unternahm einen Kriegszug in das Hochland, welches er in Besitz nehmen wollte, bevor Pizarro käme. Doch als er in Riobamba mit einem Abgesandten Pizarros zusammentraf, kamen sie überein, seine gesamte Ausrüstung und seine Soldaten dem Pizarro für 100 000 Goldpesos zu verkaufen. Mit diesem Geld reiste Alvarado nach Spanien und holte sich wieder eine Frau. Es war die Schwester seiner verstorbenen Gattin, Doña Beatriz de la Cueva. Mit großem Pomp traten beide die Heimreise nach Guatemala an, zwanzig adlige Damen hatte sich Doña Beatriz zu ihrer Begleitung ausgewählt. Dienerinnen und Negersklaven im Troß, traf der Zug in der schönen Hauptstadt ein, wo inzwischen auch eine prächtige Kathedrale entstanden war.

Aber wieder fand Pedro de Alvarado keine Ruhe. Er brach zu einer Expedition auf, um die ›Sieben Städte von Cibola‹ aufzufinden, die im Norden Mexikos liegen sollten. Doch dieses Unternehmen wurde ihm zum Verhängnis. Nicht in der Schlacht fand er den Tod, er starb vielmehr nach einem Unglücksfall am 24. Juni 1541 in dem Dorf Nochistlán, fern von Guatemala. Erst drei Monate später erreichte die Nachricht von seinem Tode Santiago. Die erst 22jährige Doña Beatriz war untröstlich über den Tod ihres Gatten. Schwarz verhüllte sie den Palast des Adelantado innen und außen, duldete kein Gold in den Kirchen. Damit rief sie die Empörung des Volkes hervor, nach dessen Auffassung sich solche Eingriffe gegen den Willen Gottes richteten. Der Cabildo übertrug ihr dennoch die Regierungsgeschäfte; unterzeichnete die Witwe Dokumente, so setzte sie unter ihren Namen »la Sin Ventura« (die Unglückliche).

Nachdem die letzten Totenmessen der offiziellen Trauerzeit für Alvarado gelesen worden waren, trat am 6. September der Cabildo zu einer Sitzung zusammen und wählte Doña Beatriz als rechtmäßige Erbin des Adelantado zur Gobernadora von Guatemala. Sie war die einzige Frau, der jemals in Amerika die Leitung der Staatsgeschäfte anvertraut worden ist. Aber ihre Regierungszeit währte nur einen Tag, dann brach das Unglück über die Stadt herein, bei dem auch sie den Tod finden sollte. Erdbeben erschütterten das Land und gewaltige Wassermassen ergossen sich über Santiago, die Mauern der Häuser stürzten ein, um sogleich von den Fluten mitgerissen zu werden. Inmitten dieses Infernos stand der schwarz verhüllte Palast als einziges Gebäude, das dem entfesselten Element standzuhalten schien. Doña Beatriz hatte sich, nebst ihrer fünf Jahre alten Tochter und ihren Hofdamen, in die kleine Hauskapelle auf dem Dach des Palastes geflüchtet, die aber stürzte mitsamt dem Dach in die Tiefe, und alle Frauen ertranken.

Die schöne Tote wurde später auf dem Wasser treibend gefunden, die Haare im Geäst eines Baumes verwickelt. Die Überlebenden, nach deren Überzeugung allein das gotteslästerliche Verhalten der Gobernadora den Zorn des Himmels heraufbeschworen hatte, wollten ihren Leichnam den Hunden zum Fraß vorwerfen. Dies wurde jedoch verhindert, und später setzte man die sterblichen Überreste der ›Sin Ventura‹ zusammen mit den Gebeinen ihres Gatten, die aus Mexiko geholt worden waren, in der stark zerstörten Kathedrale bei.

Es ist jedoch zweifelhaft, ob diese Kirche damals schon zur Kathedrale erhoben war, und auch über die Entstehungszeit herrscht Unklarheit. Heute, nachdem die Stadt – sie trägt seit der Katastrophe den Namen Ciudad Vieja (vgl. Farbt. 21) – längst wieder aufgebaut worden ist, erhebt sich an derselben Stelle erneut eine imposante Bischofskirche. Der Typ des gewölbten Daches über dem Längshaus ist beim Kirchenbau nicht vor Mitte des 17. Jahrhunderts üblich und die Verwendung der doppelten Pilaster, die die Fassade gliedern, kam erst im 18. Jahrhundert auf. Aber die Figur der ›Virgen de la Concepción‹ soll dasselbe Muttergottesbild sein, vor dem Doña Beatriz für das Seelenheil ihres verstorbenen Gatten gebetet hat. ›La Chapetona‹ nennt das Volk die Heiligenfigur, womit zum Ausdruck gebracht werden soll, daß die Figur aus Europa hierher gebracht wurde. Von dem Palast der Gobernadora blieb nur noch der Rest einer Mauer erhalten, der sich im Garten der ›Escuela Nacional de Varones‹ schräg gegenüber der Kathedrale befindet.

Über die Ursache der damaligen Katastrophe ist man sich nicht im klaren. Es hieß, daß der Krater des Vulkans infolge der anhaltenden Wolkenbrüche große Regenmengen aufgenommen habe; bei der Eruption sei die Kraterwand dann geborsten und das Wasser habe sich über die Stadt ergossen. Maudslay, der der Sache nachgegangen ist, und später auch Verle L. Annis stellten dazu fest, daß diese Annahme fehlgehe, weil die Kraterwand auf der stadtabgewandten Seite gebrochen sei. Die Wasserfluten hätten Santiago infolgedessen niemals erreichen können.

Nach dem Unglück wurde die Hauptstadt Santiago de los Caballeros nicht wieder aufgebaut. Es vergingen viele Jahre, ehe man sich im Almolonga-Tal abermals ansiedelte. Im nahe gelegenen und nicht minder schönen Tal von Panchoy entstand nun eine neue Hauptstadt, die denselben Namen trug. Und sehr bald stieg sie zu einem der glanzvollsten Kulturzentren Neuspaniens auf, dessen religiöses und politisches Leben das von Mexiko und Lima noch zu übertreffen schien. Klöster, Kirchen und Paläste wurden mit einer Pracht aufgeführt, die nur unter der Hand begeisterter Architekten entstanden sein kann. Bei der Festlegung des Stadtplanes hat man die großen Avenidas so angelegt, daß immer der Blick auf den Vulkan Agua als Fluchtpunkt des Straßenbildes gerichtet ist. Im Jahre 1566 wurde die Stadt ›geadelt‹. Sie hieß von nun an ›La Muy Noble y Muy Leal Ciudad de Santiago des los Caballeros de Goathemala‹.

Mehr als vierhundert Jahre sind seit der Gründung dieser »sehr edlen und treuergebenen Stadt« vergangen, eine Zeit, in der sich ein Unheil an das andere reihte. Viermal brach die Pest in der Stadt aus und raffte unzählige Menschenleben dahin. Viermal wurde sie wie die Stadt Ciudad Vieja von Wassermassen überflutet und viermal ergossen sich Lavaströme über den Kraterrand des Vulkans Fuego, überschütteten Aschenregen die Stadt. 1717 stürzten bei einem Erdbeben 3000 Gebäude ein und andere wurden so schwer beschädigt, daß sie verlassen werden mußten. Aber die Bevölkerung harrte geduldig aus, ja sie war bis zum Jahre 1733 auf 80 000 Menschen angewachsen, und in den umliegenden Tälern siedelten noch einige Tausende mehr. Aber dann brach die größte Katastrophe über die schöne Stadt herein. Seit Anfang 1773 hatte die Erde nicht mehr zu beben aufgehört. Im Juni desselben Jahres erfolgte dann ein derart heftiger Stoß, daß die meisten Gebäude in Trümmer fielen.

Zwei Jahre dauerte es, bis die Obrigkeit sich entschloß, die so schwer heimgesuchte Stadt aufzugeben und wiederum einen neuen Platz für die Hauptstadt auszuwählen. Dieser Platz lag im Hochtal ›La Ermita‹, und die Stadt, die nun hier entstand, wurde ›La Nueva Goathemala de la Asunción‹ genannt, das heutige Guatemala City.

3 Die Architektur von Antigua Guatemala

Nach dem Amtsantritt des neu ernannten Gouverneurs Alonso de Maldonato 1542 beauftragte man den Architekten Juan Bautista Antonelli, einen Plan für die neue Hauptstadt zu entwerfen. Schon im Jahre vorher hatten der Bischof Marroquin und Francisco de la Cueva als provisorische Staatsverwalter den neuen, nur 4 km vom Almolonga-Tal entfernten Platz im Panchoy-Tal für die Stadt ausgesucht. Es war die erste Hauptstadt Amerikas, die ganz auf dem Reißbrett ent-

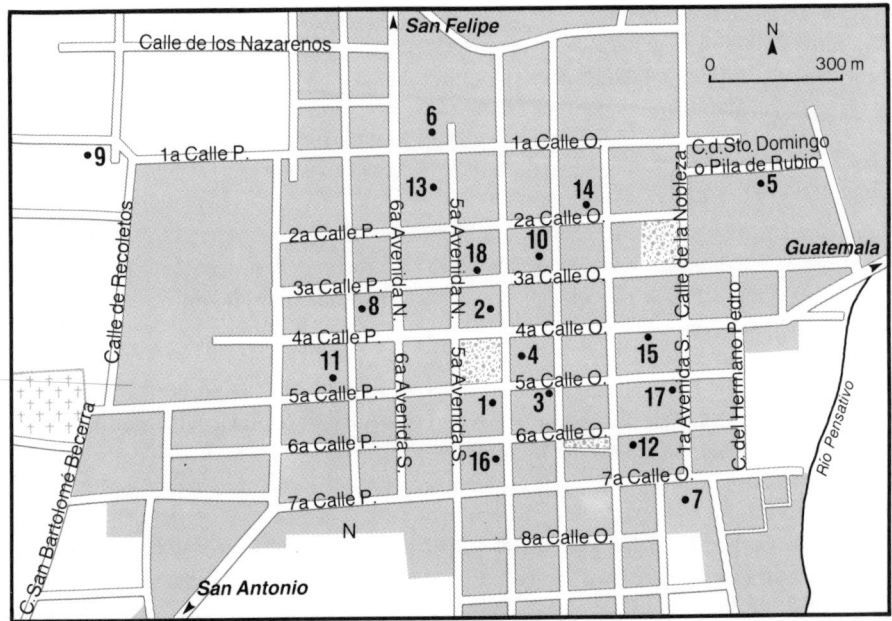

Antigua Guatemala im Überblick: 1 Palacio de los Capitanes Generales 2 Palacio Real Cabildo 3 Universidad de San Carlos 4 Kathedrale 5 Santo Domingo 6 Nuestra Señora de la Merced 7 San Francisco 8 Compañía de Jesús 9 La Recolección 10 Nuestra Señora del Carmen 11 San Agustín 12 Santa Clara 13 Santa Catarina 14 Las Capuchinas 15 Casa de Bernal Díaz del Castillo 16 Casa de Chamorro 17 Popenoe-Haus 18 Casa de los Leones

stand, alle anderen spanischen Städte waren bisher entweder bei schon vorhandenen indianischen Siedlungen angelegt worden, oder sie entstanden allmählich aus kleinen Dörfern, ohne daß man für ein künftiges Wachstum vorausplante. Antonelli legte die Stadt in jener Ebene an, die sich zwischen den kleinen Flüssen Pensativo und Guacalate oder Magdalena erstreckt, sie lieferten genügend Wasser für die Stadt. Deren Zentrum sollte aus 25 Manzanas oder Häuserblöcken bestehen, die jeweils 100 m Seitenlänge hatten. Von einer Plaza central aus wurden die Straßen in Nord-Süd- und in Ost-West-Richtung schnurgerade gezogen.

Der Aufbau der Stadt Santiago im Tal von Panchoy erstreckte sich insgesamt über einen Zeitraum von 230 Jahren. Zunächst mußten die häufigen Erdbeben berücksichtigt werden. Obwohl man beim Bau der Kirchen und Paläste keine Kosten scheute und ihre mächtigen Mauern auf, wie man glaubte, besonders sicheren Fundamenten baute, hielten viele von ihnen dann doch nicht der Wucht der Elemente stand.

Es wird vermutet, daß um 1700 die Bevölkerung von Antigua auf 70 000 angewachsen war, jedenfalls besaß die Stadt damals schon 60 Straßen und 6000 Häuser. An öffentlichen Gebäuden zählte man 18 Konvente (Klöster), 32 Kirchen, 10 Kapellen, eine Universität, 7 Schulen, ein Waisenkinderheim, 5 Krankenhäuser und einige andere kleinere Einrichtungen.

Als Folge des Bebens von 1773 hatte der Statthalter des zerstörten Santiago de los Caballeros ein Aufbauverbot erlassen. Man nannte es von nun an ›La Antigua‹ (die Alte). Aber Antigua geriet nicht in Vergessenheit. Als dann einige Jahre ohne Erdbeben vorübergegangen waren, duldete man stillschweigend, daß sich Antigua wieder bevölkerte. Einige setzten ihre zerfallenen Häuser instand, doch die 23 Kirchen blieben als Ruinen stehen; nur hier und da wurde eine wieder notdürftig ausgebessert. Heute ist diese Stadt ein wunderbares Denkmal aus einer großen Epoche. Denn zu unserer Zeit erließ man wiederum ein Aufbauverbot, das aber jetzt lediglich untersagt, stilistisch nicht angepaßte bzw. mehrstöckige Bauwerke aufzuführen. Heute ist Antigua eine der größten und sehenswürdigsten Stätten Guatemalas.

Antigua steht heute unter Denkmalschutz. Am 7. Juli 1965 erhielt die Stadt bei der VIII. Asamblea General del Instituto Panamericano de Geografía e Historia den Beinamen ›Ciudad Monumento de América‹.

In Mexiko ist es verhältnismäßig leicht, die Entstehungszeit der einzelnen Bauten nach stilistischen Merkmalen dem 16., 17. oder 18. Jahrhundert zuzuschreiben. Nicht so in Antigua. Dies erklärt sich daraus, daß Guatemala nicht direkt von Spanien, sondern von Mexiko aus kolonisiert wurde. Gewiß waren auch hier die Spanier die eigentlichen Kolonisatoren, aber sie brachten aus Mexiko und Cholula Verbündete mit, etwa die Tlaxcalteken, mexikanische Maurer und Handwerker, die hier auch ansässig wurden. Im Tal von Panchoy war die indianische Bevölkerung nicht gewöhnt, Steine bildhauerisch zu bearbeiten. Das harte Gestein dort konnte man zwar brechen und vermauern, aber es ließen sich aus ihm keine großen Blöcke schlagen, die man künstlerisch gestalten konnte – wie zu Saxahuaman oder Cuzco. Man findet im Tal von Panchoy auch kein Material, aus dem man ›tezontle‹ herstellen könnte, das in der mexikanischen Architektur eine so große Rolle spielt. Die spanischen Architekten verstanden es aber, mit Hilfe ihrer mexikanischen Handwerker vor allem Kirchen und Klöster zu errichten, und die Art und Weise ihres Bauens hat sich seit 1550 über vier Jahrhunderte nicht geändert. Aus unbehauenen, mit Mörtel verfugten Steinen aufgeführt, haben die Gebäude je nach Höhe verschieden mächtige Mauern. Zusammen mit diesem steinernen Mauerwerk verwendete man Reihen von Lehmziegeln. Besonders Gewölbe und Kuppeln errichteten die Baumeister nur aus Ziegeln, deren Innen- und Außenflächen eine Stuckverkleidung erhielten. Bis zur Mitte des 17. Jahrhunderts wurden die Kirchen und die weitläufigen Räume der Klöster über einem hölzernen Gerüst ebenfalls mit Ziegeln eingewölbt. Danach wurden Rippen und Bögen (also die tragenden Teile) aus Stein eingesetzt.

Nach dem großen Erdbeben von 1651 sind nur wenige Gebäude des 16. Jahrhunderts erhalten geblieben. Alle schwachen Mauern und hölzernen Decken stürzten zusammen. Instandsetzen konnte man sie nicht, man konnte nur den vorherigen Zustand wiederherstellen, und so weisen die entsprechenden Gebäude zwar Stilmerkmale des 16. Jahrhunderts auf, stammen aber aus späterer Zeit.

1717 suchte erneut ein Beben die Stadt heim. Inzwischen waren alte Gebäude wieder hergerichtet und viele neue Bauten entstanden. Ihnen wurde jetzt durch die Erdstöße erneut schwerer Schaden zugefügt, doch hielten ihre Außenmauern zum größten Teil stand, das gilt jedenfalls für die Kirchen, Klöster und öffentlichen Gebäude, deren Ruinen heute das Stadtbild von Antigua wesentlich prägen.

El Palacio de los Capitanes Generales

Die Plaza Real oder Plaza de Armas, heute allgemein Parque Central genannt, ist nach wie vor Mittelpunkt Antiguas. Hier liegen die wichtigsten Regierungsgebäude, die nach den vielen Erdbeben immer wieder aufgebaut wurden: die Intendencio, heute allgemein Ayuntamiento (Abb. 48) genannt, und der Palacio de los Capitanes Generales.

Der Palacio de los Capitanes Generales (Abb. 49) war ohne Zweifel eins der markantesten Gebäude Antiguas, nicht allein wegen seiner gigantischen Ausmaße, sondern vor allem wegen seiner massiven Bauweise. Er wurde ursprünglich in der zweiten Hälfte des 16. Jahrhunderts errichtet. Von 1549 bis 1773 wurden ganz Zentralamerika und Chiapas von hier aus regiert; mit Ausnahme jener kurzen Zeit, während der die Regierung des Vizekönigreiches Goathemala nach Panama übersiedelte. Im Laufe dieser zweihundert Jahre erweiterte und vergrößerte man den ganzen Komplex mehrmals. Ein großer Teil wurde aus Lehmziegeln erbaut, aber auch die solidesten Steinmauern waren nach den Erdbeben erneuerungsbedürftig. 1751 war die Anlage dem Zusammenbruch nahe, doch fehlte das Geld, sie wiederherzurichten. Erst 1754 wurde – nach einem Bericht von Angulo Iñiguez – der größte Teil des sogenannten ›Palacio Chico‹, des kleinen Palastes, rekonstruiert, doch blieb der ›Palacio Grande‹ in schlechtem Zustand.

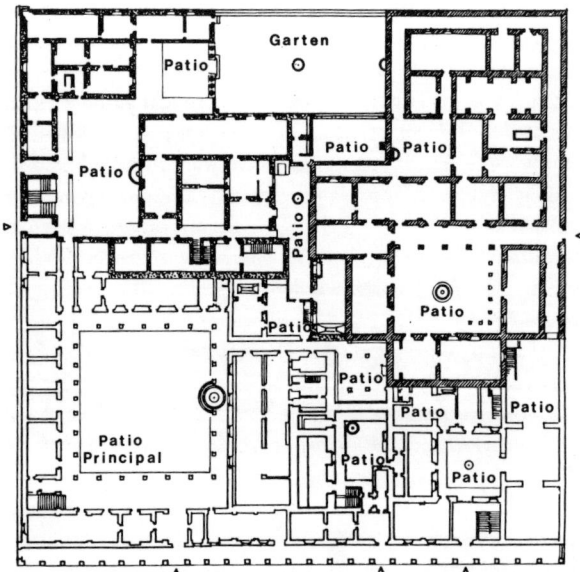

Palacio de los Capitanes Generales, Grundriß nach V. L. Annis

1764 hatte man den Palast wiederaufgebaut, indessen nur für neun Jahre. Bei dem großen Erdbeben von 1773 wurde er abermals ernstlich in Mitleidenschaft gezogen. Seine Fassade erfuhr
jedoch eine vollkommene Restauration, sogar die Ornamentik wurde wieder im Stil der Erbau-
ungszeit gehalten. Der Sitzungssaal, die Real Audiencia, war ein prächtiger Raum mit getäfelten
Wänden; kostbare Möbel und Ölbilder der Vizekönige, der Königinnen, der Bischöfe und der
Priester gehörten zu seiner Ausstattung. Innerhalb der Mauern des Palastes befanden sich das
königliche Steueramt, das Schatzamt für die königlichen Bälle und Veranstaltungen sowie das
Hauptquartier des Militärs. Auch das Gefängnis war dort untergebracht, es galt zur damaligen
Zeit als das beste in Spanisch-Amerika. Die Palastmauern umschließen auch zwei große Patios
mit Brunnen im spanischen Kolonialstil. Jetzt beherbergt das Gebäude die Büros des Departe-
ments Sacatepéquez, und die Räume der alten Casa de la Moneda dienen heute noch als Büros
für das Steueramt und zur Aufbewahrung alkoholischer Getränke. Ein Plan aus dem 18. Jahrhundert veranschaulicht die großzügige Anlage des ganzen Palastbezirkes. Außer den verschiedenen Büros der Regierung und der königlichen Kapelle besaßen in dem weitläufigen Komplex
auch Verwaltungsbeamte, Soldaten und Hausangestellte ihre Wohnungen. Vierunddreißig
Pferdeställe waren der Garnison zugeteilt und die Kutschen, Pferde sowie die Maultiere des
Capitán General standen hier ebenfalls noch unter.

El Palacio Real Cabildo

Schon zur Gründungszeit der Hauptstadt im Almolonga-Tal wurden jährlich zwei Verwaltungsbeamte, Alcaldes, ernannt. Später, in der neuen Hauptstadt im Tal von Panchoy, nannte
man sie Regidores oder Stadträte. Einer von ihnen war Bernal Díaz del Castillo. Der alte Haude-
gen, der unter Cortés und Alvarado 119 Schlachten gewonnen hatte, wählte nach Beendigung
der Conquista Santiago de los Caballeros zu seinem Alterssitz; er wurde dort auf Lebenszeit
zum regidor perpétuo gewählt. Zunächst war das Amt noch in einem bescheidenen kleinen
Haus, genannt ›Casas Consistoriales‹, untergebracht. 1743 entstand dann ein neues Gebäude,
ebenfalls an der Plaza Real; es trug den Namen ›El Palacio Real Cabildo‹. Ganz ähnlich dem
Palacio de los Capitanes Generales bildet die Front zur Plaza eine doppelte Arkadenstellung mit
je 24 Bögen (Abb. 48). Von seinen Emporen herab verfolgten einst die Honoratioren der Stadt
samt ihren Familien die auf dem königlichen Platz abgehaltenen Feste und Stierkämpfe, aber
auch die Auspeitschungen und Hinrichtungen unschuldiger Indios.

Um die Mitte des 19. Jahrhunderts wurde das Gebäude restauriert. Allgemein ›Ayuntamiento‹ genannt, gehört der Palast auch heute noch zu den Regierungsgebäuden der Stadt. In
seinen Archiven befinden sich zahlreiche Dokumente von historischem Wert.

Das *Museo de Armas* wurde 1957 in jenem Teil des Palacio Real Cabildo (Ayuntamiento)
eröffnet, in dem sich früher das Gefängnis der Stadt befand. Der riesige Raum konnte damals bis
zu 80 Gefangene fassen; er war eigentlich eine große offene Halle, wo sich die Gefangenen während des Tages aufhielten. Heute ist sie der Hauptinnenhof, in dem man einige Kanonen aufgestellt hat, die größte wiegt drei Tonnen. Im Oberstock gab es einen Schlafraum für die Gefangenen und den Gerichtssaal. Mit besonderer Erlaubnis darf man das Dach betreten, von dem aus

das Gefängnis bewacht wurde. Im Turm über dem Palast hängt noch die alte Glocke aus der Kolonialzeit, sie ertönt zu bestimmten Anlässen noch heute.

Die Universität und das Schulwesen

Auf das Gesuch des Bischofs Marroquin hin beschloß der spanische König im Jahre 1559 die Gründung einer guatemaltekischen Universität. Kurz vor seinem Tod war der geistliche Würdenträger mit den Dominikanern übereingekommen, ein Institut zu gründen, in dem Theologie, Philosophie und die Künste gelehrt wurden, sie sollten es später ›Colegio de Santo Tomás de Aquino‹ nennen. Die Mittel für den Bau der Hochschule in Antigua stellte das Testament des Bischofs (†1563) bereit, doch eine Opposition aus Franziskanern und Jesuiten, die in der Universität einen Rivalen ihrer Anstalten sahen, suchte zunächst den Bau zu verhindern.

Die Jesuiten gründeten eine Schule namens ›San Francisco de Borja‹, doch sie hatten um 1620 nur vier oder fünf Kollegiaten, lebten von Almosen und besaßen nicht einmal das Geld, um eine Elementarschule für Kinder zu unterhalten. Auch die Franziskaner hatten ein Colegio mit Namen ›San Buenaventura‹ eröffnet, in dem sie einen ähnlichen Unterricht abhielten wie die Dominikaner. Im Jahre 1678 endlich wurde das ›Colegio de Santo Tomás de Aquino‹ unter dem neuen Namen ›La Pontificia y Real Universidad de San Carlos Borromeo‹ zur Universität erhoben.

Eine Zeitlang versuchte die Aristokratie als Hörer der Universität nur Spanier rein kastilischer Abstammung zuzulassen, doch bald nahmen Mitglieder aller Bevölkerungsgruppen an den Vorlesungen teil. Gelehrt wurden Theologie, Philosophie, Rechtslehre, Medizin und die indianische Sprache Cakchiquel. Den Unterricht gaben bedeutende Wissenschaftler. Die Rivalität, die zwischen der Hochschule und den Colegios der verschiedenen katholischen Orden bestand, trug zum hohen Standard an der Universität bei. Seit 1687 wurden ihr alle Privilegien garantiert, die Universitäten in Mexiko und Peru genossen.

Es muß ein buntes Leben und Treiben gewesen sein, das sich damals dort abspielte. Zu den kirchlichen Roben, den militärischen Uniformen und bunten Trachten der Indios kamen noch verschiedenfarbige Kopfbedeckungen der Studenten: die Theologen trugen weiße, die Philosophen blaue, die Mediziner gelbe und die Rechtsschüler grüne; man nannte sie deshalb auch ›pericos‹ (Papageien).

Im frühen 16. Jahrhundert öffnete das ›Colegio de Indios de Nuestra Señora‹ seine Tore, doch ist hierüber wenig bekannt. Später gliederte man diese Schule in die Universität ein. 1596 wurden auf Anordnung Philipps II. in ganz Neu-Spanien Seminare für die Indios eingerichtet. Vier Jahre danach gründete die Real Audiencia eine Schule mit Namen ›La Asunción de Nuestra Señora‹, die nahm jedoch nur Kinder der spanischen Adelsfamilien auf. Von 1767 an mußten auf königlichen Befehl Mitglieder der indianischen Fürstengeschlechter zugelassen werden, für sie wurde zusätzlich das ›Colegio Tridentino‹ geschaffen.

Die Architektur der Universität ist ein gutes Beispiel für den spanisch-maurischen Stil mit verzierten Bögen und hexagonalen Fenstern. Seine ursprüngliche Fassade besaß ein mächtiges, schön verziertes Portal: aus Stuck geformte Engel hielten Bücher als Symbole für die Wissen-

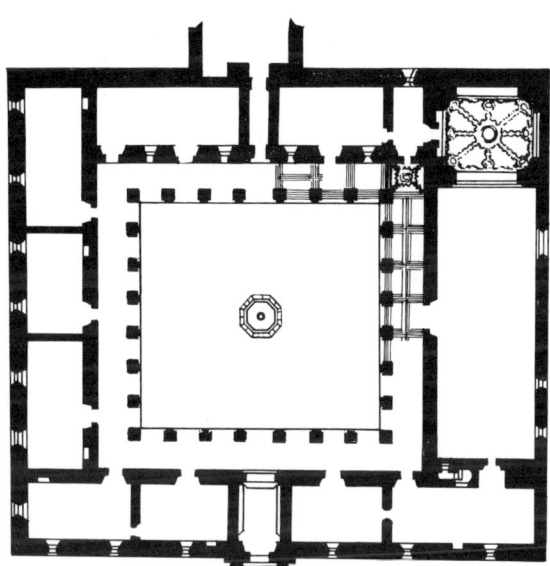

Universidad de San Carlos, Grundriß nach V. L. Annis

schaften in den Händen. Ein ausgedehnter Patio ist von sieben Arkadenbögen an jeder Seite eingeschlossen, die Kleeblattornamente aus Stuck zieren.

Die ›Universidad de San Carlos‹ ist jetzt ein Museum; es zeigt viele Kunstschätze aus der Kolonialzeit. Sie stammen häufig aus den in Trümmern liegenden Kirchen, andere kommen aus Privatbesitz. Man sieht hier auch Porträts der Capitanes Generales und ihrer Angehörigen, Gemälde von Merlo, Montúfar und Corea, zwei Arbeiten ahmen den Stil Murillos nach. In einem besonderen Kabinett hängt das Gemälde einer Nonne, der Schwester Berengaria, die im Kloster Santa Clara zwanzig Jahre lang niedere Dienste verrichtete und sich plötzlich zur Äbtissin erhoben sah, weil die eifersüchtigen Schwestern höheren Ranges sich nicht auf eine der ihren verständigen konnten. Zahlreiche Heiligenfiguren, Kunstwerke aus Stein und Metall, antike Möbel, reich verzierte und vergoldete Schreine sowie Türen und nicht zuletzt die Architektur und das Dekor des Museums selbst tragen dazu bei, dem Besucher einen Begriff vom Prunk der alten Hauptstadt zu geben.

Die Kathedrale

An der Ostseite der Plaza Real oder des Parque Central erhebt sich ein mächtiger Bau: die Kathedrale. Aber ihre reich verzierte Fassade (Abb. 50) täuscht, sie selbst ist eine geisterhafte Ruine mit zerbrochenen Mauern und Bögen, leeren Gewölben und finsteren Nischen. Von den 23 verfallenen Kirchen Antiguas hat die Bischofskirche die gewaltigsten Ausmaße. Mit ihrem Bau wurde schon 1543 begonnen, 1773 war er noch immer nicht vollendet, nach zeitgenössischen Berichten fehlten 25 000 Ziegel. Außerdem hatte der Hauptaltar noch keine Lackierung und

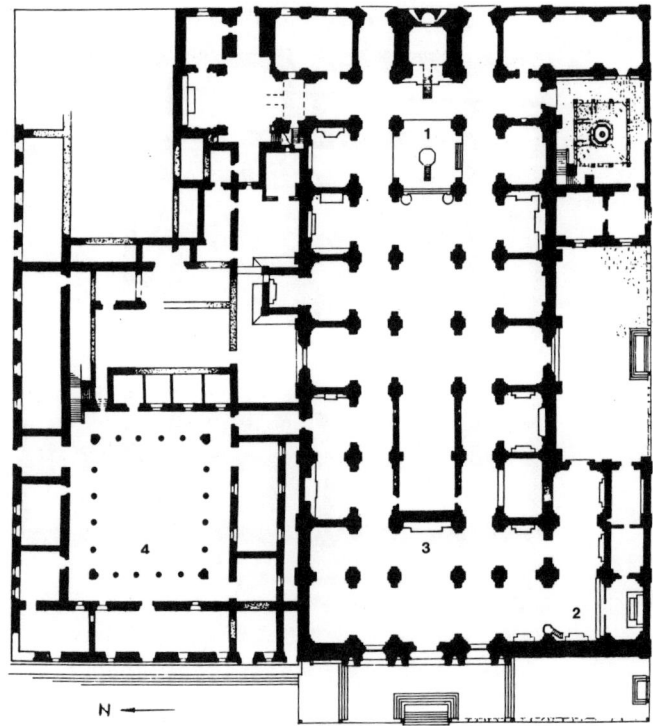

Kathedrale und Erz-
bischöflicher Palast,
Grundriß nach
V. L. Annis.
1 Hochaltar
2 Guadelupe-Kapelle
3 Sagario-Kapelle
4 Erzbischöflicher
Palast

Vergoldung, 25 Statuen von Heiligen und Evangelisten waren in Auftrag gegeben, aber noch nicht geliefert. Die dreischiffige Kirche, im Innern 100 m lang und 60 m breit, besaß an ihren Schmalseiten je acht Kapellen. 68 mit Engeln geschmückte Säulen trugen Decken und Gewölbe, 16 Säulen die Kuppel. In 18 Nischen standen Heiligenfiguren.

Unter der Kuppel in der königlichen Kapelle erhob sich der von Mateo de Zúñiga (genannt 1687) entworfene Hauptaltar. Seine Schnitzereien wiesen Einlegearbeiten aus Silber, Perlmutt und Elfenbein auf, die viel bewundert wurden. Die Statuen und Gemälde hatten die besten zeitgenössischen Künstler Europas und der Kolonie geschaffen, unter anderen Cataño, Paz, Tomás de Merlo († 1739), Montúfar und Villalpando.

Nach den wiederholten schweren Erdbeben wurden nur zwei Kapellen wieder instandgesetzt, El Sagrario und Guadelupe. Sie fungieren heute als Pfarrkirche San José. Die Fassade zur Plaza (oder zum Parque) Central ist praktisch neu, auch ihr Dekor. Erhalten blieb jedoch eine Christusfigur, der Jesús de Perdón von Quirio Cataño († 1622), eine der besten Skulpturen Zentralamerikas. Am Karfreitag findet die größte und eindrucksvollste Prozession des Kirchenjahres statt, auf einem riesigen, tonnenschweren Podest wird dann die Figur durch die geschmückten Straßen von Antigua getragen.

Im Hauptschiff nahe dem ehemaligen Standort des prächtigen Altars befindet sich neben dem Eingang zu einem unterirdischen Raum eine Inschrift, die besagt, daß in der Gruft Pedro de Alvarado, sein Weib Doña Beatriz de la Cueva, ihre Tochter, der Bischof Francisco Marroquin und Bernal Díaz del Castillo beigesetzt worden seien. Doch sind nach dem großen Erdbeben, bei dem die Kathedrale fast vollständig zerstört wurde, sicher auch die Gebeine der berühmten Persönlichkeiten aus der Kolonialzeit verschwunden.

Es wird uns berichtet, daß Doña Leonor de Alvarado Xicoténcatl, eine Tochter Alvarados, zwei Sarkophage anfertigen ließ, die für Pedro de Alvarado und ihre Stiefmutter Doña Beatriz bestimmt waren. Zuvor hatte sie auf ihre Kosten die sterblichen Reste ihres Vaters von Mexiko nach Ciudad Vieja und später zusammen mit denen ihrer Stiefmutter feierlich in die neue Hauptstadt überführen lassen.

Nördlich an die Kathedrale schließt der ursprüngliche erzbischöfliche Palast an, hier residierte das geistliche Oberhaupt des Vizekönigreiches Guatemala. Drei mit Bronzen und Steinskulpturen geschmückte Eingänge führen in das Innere des Palastes. Von seinem Balkon aus segnete der Bischof die großen Prozessionen während der Karwoche und zu anderen Festlichkeiten.

Kirchen und Klöster

Charakteristisch für die Kirchen und Klöster Antiguas sind ebenso wie bei den profanen Bauten die dicken Mauern, die gedrungenen Säulen und die massiven Strebepfeiler. Zusammen mit den Gewölben aus Ziegeln und den verschwenderischen Stuckornamenten prägen sie eine Architektur, der man den Namen ›Erdbeben-Barock‹ gegeben hat.

Bei dieser Gelegenheit noch eine Anmerkung: Das Spanische hat für die Frauen- und Männerklöster besondere Wörter. ›Convento‹ (Konvent) meint das Männer-, ›monasterio‹ das Frauenkloster.

Santo Domingo

Der Dominikaner-Orden genoß bei den Autoritäten Spaniens und der Kolonien hohes Ansehen. 1528 gründete Fray Domingo de Betanzos in der ersten Hauptstadt im Almolonga-Tal eine kleine Kirche und einen Konvent. Sechs Jahre später brachte der Bischof Marroquin aus Nicaragua Bartolomé de las Casas, der als besonderer Freund der Indios das Land auf friedliche Weise zu erobern suchte, und drei andere Dominikaner mit. Sie unterstützten später tatkräftig den Bau der großartigen Anlage des Konvents und der Kirche Santo Domingo im Tal von Panchoy.

Wenn wir heute die Ruinen von Kirche und Kloster sehen, können wir uns kaum vorstellen, wie reich – nach zeitgenössischen Berichten – allein die Kirche ausgestattet war. Gigantische Säulen gliedern das kompakte, durch zwei Glockentürme gekrönte Mauerwerk der Fassade. In einem der Türme hing die erste Glocke, die 1553 von Europa nach Guatemala gebracht wurde. Die Kuppel und die Bögen waren mit Cherubinen aus Stuck geschmückt und der Hauptaltar soll an Schönheit alle übrigen der Stadt übertroffen haben. Die Fenster waren so angeordnet, daß am Tage das Sonnenlicht alle goldenen und silbernen Gegenstände auf dem Altar in überirdischem Glanz erstrahlen ließ, nachts riefen Hunderte von Kerzen einen nicht minder großartigen Lichteffekt hervor. Vor dem Altar hing eine silberne Lampe, die so schwer war, daß drei Männer nötig waren, um sie aufzuhängen.

Der englische Priester Thomas Gage, der 1645 ein berühmtes Buch über seine Erlebnisse bei den Dominikanern und Jesuiten in der Neuen Welt veröffentlichte, schrieb: ». . . da gab es eine schlanke, lebensgroße Frauenfigur aus reinem Silber. Sie stand in einem Tabernakel, das eigens für sie angefertigt war, in der Kapelle El Rosario. Vor ihr hingen mindestens ein Dutzend silberner Lampen.« Nach dem großen Erdbeben wurde die ›Virgen del Rosario‹ (Abb. 53) zur Schutzheiligen der Stadt erklärt. Danach erhielt sie eine goldene Krone, »mit Edelsteinen dicht besetzt«. Und der Fray Domingo Reyes hielt fest: »Man kann angesichts solcher Schönheit und solch immensen Reichtums kaum seinen Augen trauen und sich nicht vorstellen, daß man nicht im Himmel ist.«

Kaum weniger beeindruckten die unterirdischen Grabstätten der Dominikaner, denen schon zu Lebzeiten aller nur erdenkliche künstlerische Aufwand zugute gekommen war. Thomas Gage: »Im Kloster gab es einen weitläufigen Garten; in seiner Mitte befand sich eine Fontäne mit wenigstens einem Dutzend Röhren und ein Teich voller Fische, das ewige Rauschen war wie Musik im ganzen Kloster zu hören und veranlaßte viele Enten und andere Wasservögel zum Besuch des Teiches. Ferner besaß das Kloster zwei Gärten für Früchte und Kräuter; in einem lag ein Teich, eine viertel Meile lang, ganz und gar mit Fliesen ausgekleidet, wo die Mönche sich auf Bootsfahrten ergötzten und fischen konnten. Sie hatten dort genug Fische, um alle Insassen des Klosters damit zu verköstigen.« Einer der beschriebenen Brunnen steht jetzt eingangs der ›Alten Stadt‹ an der Straße nach Guatemala City.

Die Kirche und das Kloster Santo Domingo verdanken ihren Ruf nicht zuletzt Bartolomé de las Casas, dem ersten Vikar des Klosters. »Ohne Zweifel, er war der bescheidenste, der mildtätigste und der menschlichste von allen, die in den Tagen der Conquista nach Amerika kamen. Wir müssen Gott danken, daß er das Volk von der Alta Verapaz auf friedliche Weise erobert hat. Sein Name muß in goldenen Lettern auf den besten Seiten der altamerikanischen Geschichte geschrieben stehen« (Fray Domingo Reyes).

Nuestra Señora de la Merced

Die Bruderschaft des Mercedarier-Ordens kam im Jahre 1534 nach Guatemala. Die Mönche lebten zunächst in sehr bescheidenen Quartieren. Aber als sie dann auch in der neuen Hauptstadt Antigua Fuß gefaßt hatten, begannen sie, dort einen wahrhaft majestätischen Kirche-Kloster-Komplex (Farbt. 23) anzulegen; er wurde erst 1760 vollendet. Die Patres mußten seinen Bau gegen den erbitterten Widerstand der Franziskaner und Jesuiten durchsetzen. Den Erdbebenkatastrophen von 1565 und vom 29. Juli 1773 hielten die mächtigen Mauern stand, doch bei dem Erdbeben am 13. Dezember desselben Jahres fielen auch sie in Trümmer, und verfallen bietet sich der Konvent noch heute dar, während die Kirche wieder aufgebaut wurde. Auch den Brunnen im Patio (Farbt. 24) hat man inzwischen wieder restauriert. Zu seiner Zeit galt er als

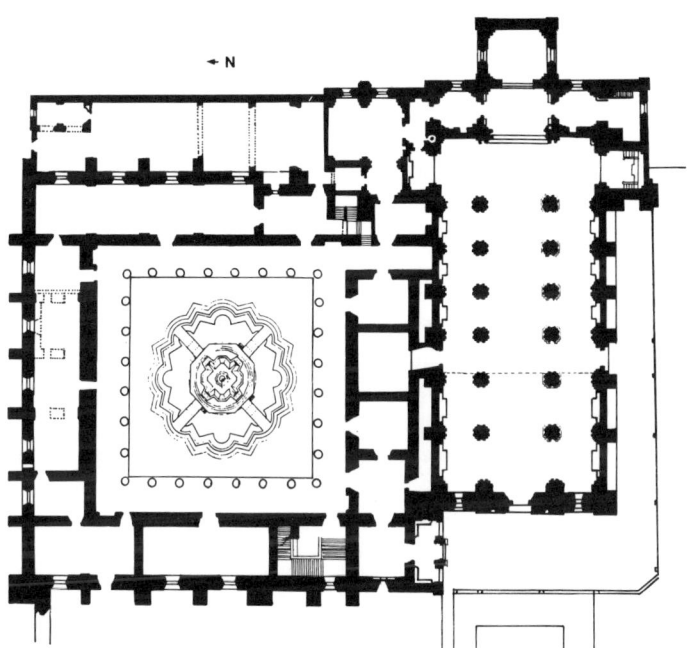

Kirche und Konvent
Nuestra Señora de la
Merced, Grundriß
nach V. L. Annis

Meisterwerk, und auch jetzt noch ist er eine besondere Sehenswürdigkeit Antiguas. Seinen
Namen ›Fuente de los Pescados‹ (Brunnen der Fische) verdankt er den Fischzuchtexperimen-
ten, die die Patres hier anstellten.

Die Fassade der Kirche im spätbarocken, churrigueresken Stil besitzt ebenfalls hohen künstle-
rischen Rang. Sie ist verziert mit Flachreliefs aus floralen und abstrakten Ornamenten und von
stuckierten Girlanden umrankt. In einer Nische über dem Haupteingang steht eine Plastik der
›Nuestra Señora de la Merced‹ (Abb. 54), und sieben kleinere Nischen bergen Heiligenfiguren.
Zwei mächtige, mit Engeln dekorierte Türme und die mit vergoldeten Löwen geschmückte
Kuppel vervollständigen das äußere Bild des Gotteshauses.

Auch das Innere der Kirche prägt der churriguereske Stil; über dem Altar im Hauptschiff
steht wiederum eine Figur der ›Nuestra Señora de la Merced‹. Sie trägt eine goldene, mit Juwelen geschmückte Krone. Allgemein wird behauptet, daß die Statue das Werk eines spanischen
Künstlers ist und 1628 nach Antigua gebracht wurde. Die Kapelle südlich des Altars birgt eine
berühmte Figur des kreuztragenden Christus, diese Arbeit des in Guatemala geborenen Künstlers Alonso de la Paz soll im Jahre 1616 entstanden sein. Beachtung verdient auch eine Figur der
›Virgen de Dolores‹, ein Werk von Mendoza.

Das Längshaus hat an beiden Seiten sechs Kapellen mit geschnitzten und vergoldeten Altären
und Figuren von Martín Cuellar, Quirio Cataño, Evaristo Zúñiga (genannt um 1720) und
anderen. Zur Ausstattung der Kirche gehören auch etliche Ölgemälde in prächtigen goldenen
Rahmen.

San Francisco

Die Franziskaner begannen mit dem Bau ihrer Kirche 1543. Das Gotteshaus wurde bei dem Erdbeben von 1773 schwer beschädigt, 1960 erstand es wieder neu. Eines der schönsten Gotteshäuser der alten Hauptstadt, nimmt es zusammen mit dem Kloster eine größere Fläche ein als die Kathedrale, ja sogar mehr als ein Häuserblock. Mit der Kirche Santo Domingo und der Kirche San Francisco bot die ehemalige Calle de la Nobleza an Fest- und Feiertagen ein farbenprächtiges Bild; sie war eine besonders beliebte Promenade der Standespersonen.

Den ganzen Sakralbezirk schließt eine hohe Mauer ein. Auf dem Platz vor der Kirche stehen Heilige aus Stuck. Über dem Portal befindet sich das Wappen Karls V.

Zeitgenossen rühmten die wundervollen Glasfenster der Kirche, die natürlich zuerst den Beben zum Opfer fielen. Von den beiden Türmen wurde 1773 der eine vollständig zerstört und der andere schwer beschädigt. Jeder besaß acht Glocken, von denen einige erhalten blieben.

Das Längs- und das Querhaus der Kirche haben jeweils nur ein Schiff, das aber ist weit und geräumig. Ihr Dach wird von mächtigen Säulen und Bögen getragen. Den hochragenden Hauptaltar schmückten Plastiken des San Miguel (Michael), des hl. Franziskus von Assisi und der ›Virgen de la Concepción‹, sie alle Schöpfungen von Alonso de la Paz. Auf einem silbernen Thron saßen Engel. Unter einem farbigen Glasfenster stieg in ihrer Nähe 10 Fuß hoch eine Fontaine, von der Sonne angestrahlt warf sie das Licht auf den Altar. Die Kirche schmückten

Kirche und Konvent San Francisco, Grundriß nach V. L. Annis.   1 Kirche   2 Arbeitsräume, unter anderen die Druckerei   3 vermutliche Lage des ›Colegio San Buenaventura‹   4 Hauptsakristei, darüber lag die Bibliothek

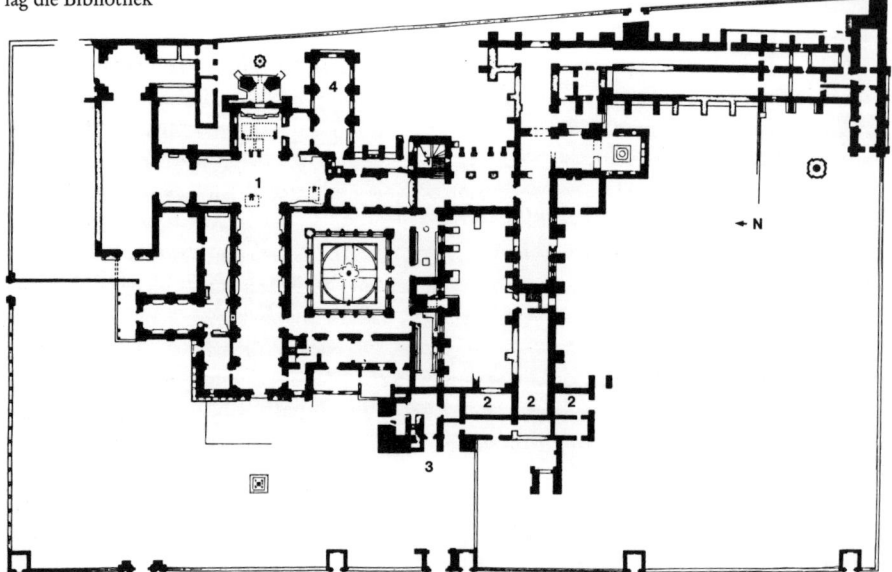

45 Gemälde, die Szenen aus dem Leben des hl. Franziskus von Assisi darstellten. Einige davon befinden sich heute im Museo de Historia y Bellas Artes der neuen Hauptstadt Guatemala City. Im Kirchenschatz wurden neben Juwelen auch einige Reliquien aufbewahrt, so ein goldgefaßter Splitter des Kreuzes Christi (Lignum Crucis). Der Arm und die Hand vom ›Cristo de Trujillo‹ fielen einem Überfall holländischer Seeräuber zum Opfer. In der Kirche und im Kloster waren namhafte Künstler der Kolonialzeit beigesetzt, darunter Villalpando, Merlo, de Liendo und Alonso de la Paz.

Dem Konvent gehörten vormals mehr als 150 Mönche an. Einer von ihnen, dessen Person eng mit der Geschichte der Kirche verbunden ist, hieß Hermano Pedro de San José Bethancourt. Auf Teneriffa 1626 geboren, kam er 1651 nach Santiago de los Caballeros, wo er in das Kollegium der Franziskaner eintrat. Nach drei Jahren steckte er jedoch das Lernen auf, verzweifelt, weil er nichts behalten konnte. Dann begab er sich in das Dörfchen Petapa, ging in die kleine Kirche und schüttete dort der geschnitzten Figur der Jungfrau Maria sein Herz aus, und es geschah ein Wunder: Die Statue bewegte ihre Lippen und ermutigte ihn, in die Hauptstadt zurückzukehren.

Pedro erzählte im Konvent, was er erlebt hatte, und trat dem Tercera-Orden bei. Er wohnte in einer Eremitage, meditierte und fühlte sich zur Krankenpflege berufen. Eine strohgedeckte Indiohütte richtete er als Spital ein. Ganz auf sich gestellt, schleppte er die Kranken in die Hütte und sorgte für sie. Bald hieß er in der Stadt nur der »Diener Gottes«. Man erlaubte ihm, Mittel für den Bau eines wirklichen Krankenhauses zu sammeln. Er gewann auch Leute, die ihm zur Seite standen und die er ›Bethlehemites‹ nannte. Als Pedro de Bethancourt 1716 starb, wurde er in der Kapelle des Tercera-Ordens nahe am Eingang der Kirche beigesetzt. Sein Grab ist jedem zugänglich und gilt als eine der meistbesuchten Pilgerstätten. Hierhin werden Kranke gebracht und Dankesgaben aller Art, wenn die Wünsche in Erfüllung gegangen sind. So dankt eine gerahmte Schrift dem Bruder Pedro für die Hilfe bei der Erlangung eines USA-Visums und für die Protektion, die es dem Stifter erlaubte, vier Jahre in den Staaten zu bleiben, ohne daß ihn die dortige Einwanderungsbehörde belästigt habe. 1771 sprach Papst Clemens XIV. Pedro de Bethancourt selig.

Von der einstigen Pracht und Größe des Konvents blieb sehr wenig übrig, doch seine Ruinen gehören immer noch zu den eindrucksvollsten Resten der Kolonialarchitektur. Das Kloster war ein Monumentalbau mit einer Anzahl von Nebengebäuden wie der Druckerei, der Bibliothek, dem Musiksalon oder dem berühmten ›Colegio San Buenaventura‹, das 1595 als erstes in Guatemala errichtet wurde. Erwähnung verdient außerdem die ›Casa de los Estudios‹, wo Theologie, Philosophie und später auch Experimentelle Physik sowie Mathematik gelehrt wurden. Einer der Priester hatte dort seine eigene Bibliothek und ein Laboratorium mit Mikroskopen, Barometern und astronomischen Instrumenten.

Compañía de Jesús

Mitten in der Stadt Santiago de los Caballeros gründeten zwei Jesuiten, die 1582 von Mexiko kamen, eine Kirche und einen Konvent, ›La Compañía de Jesús‹. Einen ganzen Häuserblock sollten Kirche, Kloster und die ›Casa de los Estudios‹ einnehmen. Im gegenüberliegenden Block wurde später zusätzlich das ›Colegio San Francisco de Borja‹ untergebracht.

Von der 1626 geweihten Kirche stehen jetzt nur mehr Ruinen, aber die guten Proportionen ihrer Mauern, Säulen und Bögen beeindrucken heute noch. Einst zierte die Kirche eines der größten Fenster ganz Lateinamerikas, die Wände waren mit einzigartigen, roten und grünen Ornamenten geschmückt, und das enorm weite Kirchenschiff barg außer seinen reich vergoldeten Altären an die 70 Bildwerke und Statuen sowie 40 Gemälde wichtiger Künstler jener Zeit.

Das ›Colegio San Francisco de Borja‹ brachte bedeutende Gelehrte und Künstler hervor. Einer von ihnen war der Poet Rafael Maria Landivar. 1731 in Guatemala geboren, ging er 1767, als die Jesuiten des Landes verwiesen wurden, zusammen mit zwei Priestern nach Mexiko ins Exil und kehrte zu seinen Lebzeiten nie mehr in seine Heimat zurück. Doch überführte man 1949 seine sterblichen Überreste nach Guatemala. Während des Exils schrieb er in Latein sein berühmtestes Buch, die ›Rusticatio Mexicana‹, das zwei Jahrhunderte später zu den besten literarischen Werken Mittelamerikas gerechnet wurde.

Die Ruinen der zentral gelegenen Kirche und des Klosters galten lange Zeit als idealer Platz, um dort Markt abzuhalten (Abb. 71), doch hat man vor wenigen Jahren wegen der Baufälligkeit des Gemäuers dem pittoresken Treiben ein Ende gemacht.

La Recolección

Santiago de los Caballeros ist schnell gewachsen. Die Bevölkerung nahm immer stärker zu und mit ihr die Behausungen. Eine gewaltige Bürde hatten die Mönche auf sich genommen, als sie eine Kirche und einen Konvent nach dem anderen bauten. Außerdem entstanden überall Kapellen und Einsiedeleien, auch sie vergrößerten die Stadt jeden Tag. So nimmt es nicht wunder, daß sich anfangs die Stadtverwaltung dem Bau noch einer Kirche und noch eines Klosters widersetzte. Aber laut königlichem Dekret begann man 1701 dann doch mit dem Bau von La Recolección in den Außenbezirken am westlichen Stadtrand.

Fray Antonio Margil de Jesús gründete Kirche und Konvent. Ebenso wie Las Casas und Bethancourt widmete er sich den Armen und den versklavten Indios; der Aufbau des Rekollektenordens in Guatemala war sein Werk. Geboren 1657 in Valencia, kam er als Franziskaner in die spanischen Kolonien. Zusammen mit seinem Ordensbruder Melchior Lopez durchstreifte er vier Jahre lang Guatemala (er legte dabei 1200 Meilen zurück) und versuchte, die Indios auf friedliche Weise zu bekehren. Als der Bischof von Guatemala von seinen Erfolgen hörte, erbat er seine Hilfe, um eine Revolte der Urbevölkerung in der Provinz Verapaz zu beenden, nachdem militärische Aktionen ohne Erfolg geblieben waren. Zum Dank für seinen Beistand erlaubte man ihm, in Santiago de los Caballeros eine Schule zu gründen. Diese Schule war zunächst nicht viel mehr als eine große, mit Stroh gedeckte Hütte. Sie erhielt den wohlklingenden Namen ›Colegio de Cristo Crucificado de Misioneros‹. Der Erfolg blieb jedoch nicht aus, und so entstand später noch eine imposante, dreischiffige Kirche mit mächtigen Säulen und Bögen, die vor allem wegen ihrer ausgewogenen Proportionen gerühmt wurde. Die ungewöhnlich große Sakristei war mit wunderbar geschnitzten Möbeln und Gemälden berühmter Künstler ausgestattet. Auf dem Hauptaltar stand ein Kalvarienberg Bodegas.

60 ZACULEU Der Ballspielplatz, dahinter die große Tempelpyramide, rekonstruiert und neuver-
kleidet, Zustand vor dem Erdbeben von 1976

61 ZACULEU Die große Tempelpyramide   62 MIXCO VIEJO Luftbild ▷

63 MIXCO VIEJO Die rekonstruierte Pyramide C 1

64 CHINAUTLA
Hier töpfern die
Frauen noch in
alter Weise ohne
Drehscheibe.
Nur Frauen töp-
fern, die Män-
ner bringen
dann die Ware
zum Markt (vgl.
Farbt. 5)

65 CHINAUTLA
Die Tonwaren
werden über
einem alten
Tontopf mit der
Hand geformt

67 India vom Atitlán-See am Gürtelwebgerät
mit Litzenstab, Webschwert und Schützen

◁ 66 Indio in der Tracht von Sololá. Das Traggestell (Cacaxte) wird mit dem Stirnband
aus Fell (Mecapál) getragen

68 CHICHICASTENANGO Quiché-India vor
dem Opferaltar auf den Stufen der Kirche
Santo Tomás (vgl. Farbt. 1)

69   India aus HUEHUETENANGO

71   ANTIGUA GUATEMALA   Indio-Markt in den ▷
Ruinen der Kirche La Compañía de Jesús

70   Cakchiquel-Indios in der Tracht von Sololá.
Der Träger des schwarzen Strohhutes ist ein
Kazique

◁ 72, 73 Indios in der Tracht von Sololá mit ▷ Feuerwerkskörpern

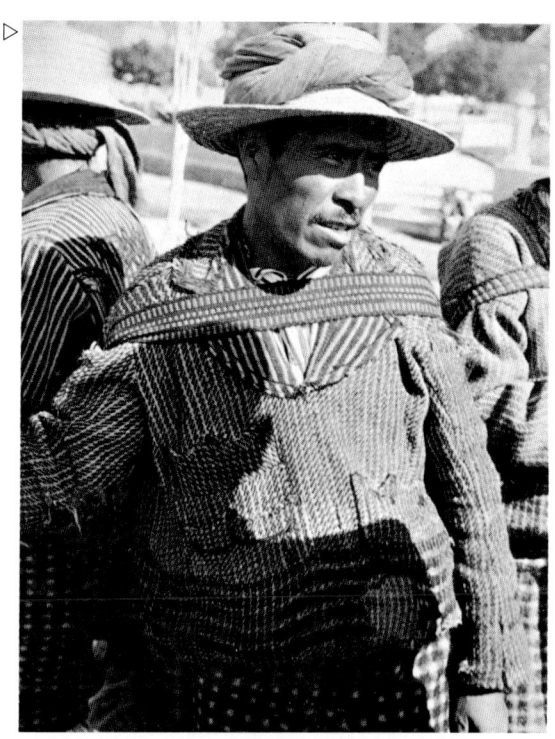

74 Marimba-Spieler bei einem Fest im Hochland von Guatemala

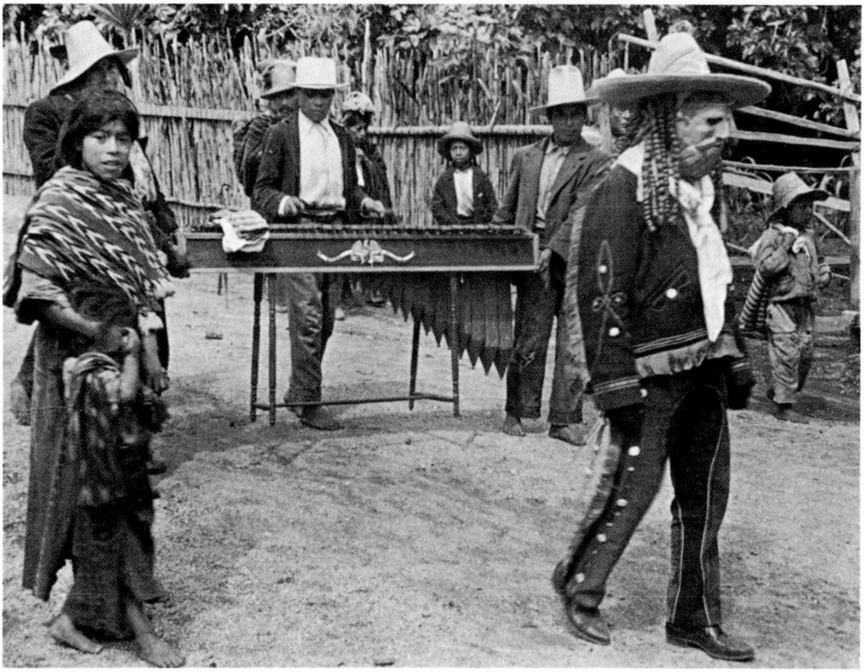

75–77 Kostümierte Indios beim ›Baile de la Conquista‹. In Pantomimen stellen die Indios bei dieser Vorführung ihre Unterwerfung unter die Herrschaft der Spanier dar. Die Kostüme werden von Leihhäusern ausgeliehen, das berühmteste befindet sich in Totonicapán

78 Indio im Kostüm und in der Maske des Pedro de Alvarado. Seines hellen Gesichts und seiner blonden Haare ▷ wegen nannten die Indios den Eroberer Tonatiu, ›die Sonne‹

◁ 79 Jedes Dorf in Guatemala hat seinen Schutzheiligen, nach dem es meist auch benannt ist. Der
Kalendertag des Heiligen wird stets mit einem
großen Fest begangen

80, 81 CHICHICASTENANGO Auf den Treppenstufen und im Eingang zur Kirche Santo
Tomás verbrennen die Quiché-Indios
Kopal (Weihrauch) und beten zu den Göttern, bevor sie die Kirche betreten ▽ ▷

82 CHICHICASTENANGO Markt und Kirche Santo Tomás, heute das größte christliche Heiligtum der Quiché-Indios

Das zweigeschossige Kloster besaß eine Bibliothek und ein Archiv, welche die besten Guatemalas gewesen sein sollen. Ferner gab es eine Krankenabteilung und eine Apotheke, ein Oratorium und ein Refektorium. Antonio Margil fungierte zunächst als Vorsteher des Klosters, ging dann aber, als er sein Werk hier vollendet glaubte, wieder auf Wanderschaft, zu Fuß durch das ganze Land. 1726 erreichte er Mexiko, wo er wenige Monate später starb.

Die Ruinen der Kirche (Farbt. 25) und des Konvents geben uns eine besonders anschauliche Vorstellung von der Gewalt der Erdbebenkatastrophe, die sie vernichteten. Das Trümmerfeld wird von einem mächtigen Bogen überragt, er bildet sozusagen den Rahmen für die Schutt- und Steinmassen.

Nuestra Señora del Carmen

Diese Kirche galt zu ihrer Zeit als eine der schönsten von Santiago; auch heute noch gehören ihre Ruinen zu den beliebtesten Fotoobjekten Antiguas. Noch 15 der ehemals 16 ionischen Säulen gliedern die Fassade, und auch die Stuckfigur der ›Nuestra Señora del Carmen‹ über dem Portal hat die Zeiten überdauert. Dicke, mehrfach verstärkte Mauern, zwei Türme und die reich gegliederte Stirnseite bilden das imposante Äußere der Kirche. Mit einem ersten Bau begann die Bruderschaft ›San Escapulario‹ 1686, er wurde aber bei dem Beben von 1717 fast vollständig zerstört. 1728 fand dann die pompös begangene Weihe der nach dem alten Plan neu erbauten Kirche statt. Arabesken und goldüberladene Schnitzereien zierten das Innere, auf dem Hochaltar stand eine kostbar gekleidete und juwelengeschmückte Señora del Carmen-Figur und auf einem Seitenaltar ein ›Cristo de Escipulas‹.

Die Klostergebäude schlossen wie die Seitentrakte eines Dreiflügelbaus an die Kirche an, bildeten also mit ihr einen offenen Platz. Hier wurde der Festtag der Virgen (16. Juli) mit Maskentänzen, Spielen und Feuerwerk gefeiert.

San Agustín

Die Augustiner übernahmen zuerst das Gotteshaus Santa Catarina de Martír, doch 1615 bauten sie eine neue Kirche und einen Konvent. Er genoß bald in Santiago de los Caballeros einen guten Ruf, denn aus ihm gingen berühmte Theologen und Philosophen hervor. Die Kirchenfassade besaß ein großes Fenster über dem Portal, darüber stand wiederum eine San Agustín-Plastik, umgeben von anderen Heiligenfiguren. Kloster und Kirche überdauerten die großen Erdbeben der Kolonialzeit, die Bauten wurden erst 1917 Opfer von Erdstößen. Das Gotteshaus besaß drei berühmte Gemälde von Montúfar, sie stellen die Heiligen St. Augustinus, St. Peter und St. Johannes den Täufer dar. Doch beruhte das Ansehen dieser Ordensniederlassung nicht auf der Architektur ihrer Bauwerke oder den Schätzen der Kirche, sondern auf den hervorragenden Lehrkräften, die sich unter den Mönchen befanden.

Santa Catarina de Martír

Als die Schwestern ihre erste Kirche Santa Catarina de Martír den Augustinern überlassen hatten, gründeten sie 1613 eine zweite Andachtsstätte und ein Monasterio, das mit dem Orden

›de la Concepción‹ in scharfe Konkurrenz trat. Eine der Gründerinnen des Monasterios war Elvira de San Francisco, die als Findelkind in einem Kloster aufwuchs und es bis zur Äbtissin brachte. Als ihre zweifelhafte Herkunft bekannt wurde, ihre Mitschwestern sie aber dennoch nicht fallen ließen, war das Wasser auf die Mühlen der rivalisierenden Gemeinschaft. Doch schon hatte das Monasterio, eins der kleinsten der Stadt, eine derartige Popularität gewonnen, daß seine Räume nicht mehr ausreichten, um alle Klosterangehörigen unterzubringen. Man errichtete ein zweites Gebäude auf der gegenüberliegenden Seite der Straße und überbrückte beide mit einem Laufgang, so daß die Nonnen ungesehen von einem Gebäude ins andere gelangen konnten. Der Stadtteil, in dem das Monasterio liegt, wurde bei dem Beben von 1773 besonders stark in Mitleidenschaft gezogen, nicht anders erging es dem Kloster, dessen Verbindungsgang einstürzte. Er wurde 1833 wie das gesamte Monasterio wiederaufgebaut und gehört heute zu den besonders pittoresken Wahrzeichen Antiguas.

Santa Clara

Die Kirche Santa Clara (Abb. 56) hat sicher die eigentümlichste Lage aller Gotteshäuser innerhalb der jeweiligen Klosterkomplexe. Kirche und Monasterio stehen sich so gegenüber, daß die Nonnen ungesehen von der einen zum anderen gelangen konnten. 1699 gegründet, hielten die massiven Mauern der Andachtsstätte dem Beben von 1773 stand, fielen aber dann später weniger starken Erdstößen zum Opfer.

Die Kirche besaß ein berühmtes Gemälde des gekreuzigten Christus, ein Geschenk des Bischofs von Toledo. Der Hochaltar hatte die Form einer Bischofsmütze; ihn schmückten eine Figur der Santa Clara, deren Hand ein Engel hielt, und ein Kalvarienberg Zúñigas.

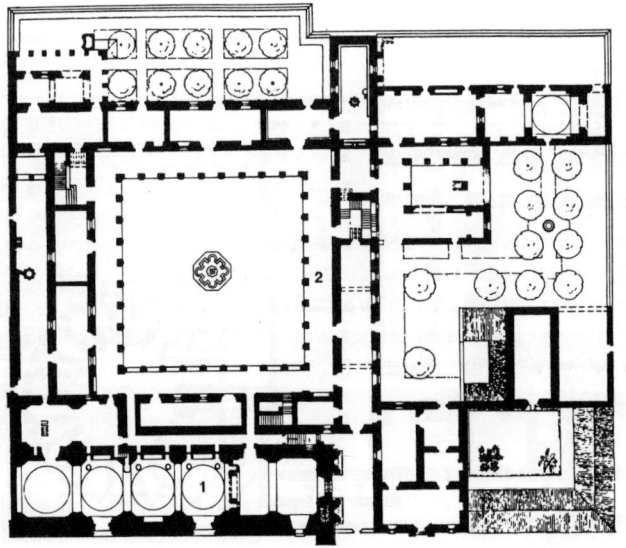

Kirche und Kloster
Santa Clara, Grundriß
nach V. L. Annis
1 Kirche
2 Kloster

Kirche und Kloster Las ▷
Capuchinas, Grundriß
nach V. L. Annis
1 Kirche
2 Kloster
3 Garten
4 ›Torre del Retiro‹

Das Kloster nahm eine Fläche von 225 000 Quadratfuß ein, es besaß den größten Patio der Stadt, in dem ein wundervoller Brunnen stand. Die Ruinen des Klosters und der Kirche mit den Figuren San Miguels und San Gabriels zählen unter die besonderen Sehenswürdigkeiten der Stadt.

Die Klarissinnen hatte großen Zulauf von jungen Mädchen, die den Schleier nehmen wollten. Denn dort betrachtete man das Klosterleben nicht als Martyrium, sondern als Freude. Die Nonnen backten ein köstliches Brot, das an die Aristokratie zu den Festlichkeiten verkauft wurde, nicht minder berühmt war ihre Kochkunst.

Las Capuchinas

1726 fand die Gründung des Kapuzinerinnenordens in Guatemala statt. Die Initiative dazu ging vom Bischof Juan Bautista Alvarez de Toledo aus, der fünf Kapuziner-Nonnen aus Madrid kommen ließ. Die Weihe von Kloster und Kirche nahm 1736 Bischof Juan Gómez de Parada vor, er hatte auch die Mittel für den Bau beschafft. Es war das fünfte und letzte Kloster Antiguas und das einzige in Guatemala, das die Aufnahme von Frauen ohne Mitgift erlaubte. Obwohl ein Armenkloster, besaß es die luxuriöseste Ausstattung aller städtischen Abteien.

In der großzügigen Anlage verbinden Korridore die einzelnen Gebäude, die immer wieder mit Patios und Gärten für Früchte, Gemüse und Kräuter abwechseln. Das zweigeschossige Kloster charakterisieren die mächtigen Mauern, getragen von ganz besonders gedrungenen Säulen (Abb. 58); die Architekten scheinen hier schon Erfahrungen, die sie bei früheren Erdbeben machten, berücksichtigt zu haben.

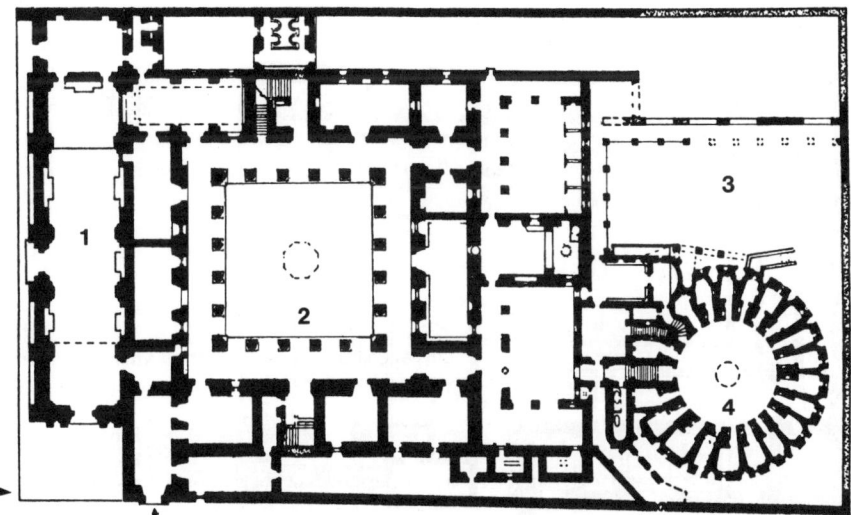

In der Mitte befindet sich ein Patio, den 18 Zellen umgeben. Die Novizinnen lebten im Erd-geschoß, die Nonnen in den Zellen darüber. Bei der ohnehin ungewöhnlichen Planung des Klo-sters überrascht zusätzlich, daß überall für sanitäre Anlagen gesorgt war. Durch ein ausgeklügel-tes System hatte jede Zelle fließendes Wasser. Auch Ventilationsvorrichtungen gab es, durch die der Rauch der Kerzen, die gewöhnlich vor den Heiligenbildern in den Nischen entzündet wurden, abziehen konnte.

In einem Garten steht ein seltsames Gebäude, der ›Torre del Retiro‹, hierhin mußte sich jede Nonne einmal jährlich zur Klausur zurückziehen. Man hat den Turm auch Torre del Martirio genannt und erzählte sich, die Schwestern hätten dort grausame Torturen erlitten, das ist indes-sen nicht erwiesen. Befremdend wirken jedoch die Löcher und Ringe in den Nischen an den Turmaußenwänden, wo nach der Überlieferung die Martern stattgefunden haben. Aber viel-leicht waren sie auch nur zum Halten der Fackeln bestimmt. Unter dem Turm befindet sich ein Gewölbe, und auch über seine Funktion ist viel gerätselt worden. Wahrscheinlich diente es den Nonnen als Weinkeller.

Welche Ausstattung die Kirche hatte, ist nahezu unbekannt. Man spricht von einigen Ölbil-dern Merlos, auf dem Altar stand in einem gläsernen Schrein die ›Virgen del Pilar‹, die Patronin des Klosters. Von der Kirche ist nicht viel übriggeblieben, doch mit dem gut erhaltenen Kloster können wir ein gigantisches Werk der damaligen Baukunst bewundern.

Die Kolonialhäuser

Es gibt in Antigua eine ganze Anzahl von Häusern (Farbt. 30), die man etwas pauschal der Kolo-nialepoche zuschreiben könnte. Einige von ihnen sollen in der Zeit vor 1700 entstanden sein, doch gibt es keinerlei Beweise dafür. Die Chronisten berichten, nach jedem Erdbeben sei ein großer Teil der Häuser eingestürzt oder beschädigt worden. Solche Erdbeben fanden 1586, 1651, 1689, 1717 und 1751 statt, und selbst wenn ein solches Haus auch noch das Beben von 1773 überstanden hat, so läßt sich kaum annehmen, daß es mehr als zweihundert Jahre später noch dem ursprünglichen Bau gleicht. Viele der aus ›Adobe‹, also aus Lehmziegeln, errichteten Häuser waren verhältnismäßig leicht wieder aufzubauen.

La Casa de Bernal Díaz del Castillo

Ein Beispiel für die Fragwürdigkeit der Behauptung, manche Häuser Antiguas hätten schon die Waffengefährten des Cortés bewohnt, ist die sogenannte ›Casa de Bernal Díaz‹. Erwiesen ist, daß der 1583 verstorbene Díaz sein berühmtes Buch ›La Historia Verdadera de la Conquista de Nueva España‹ in Santiago de los Caballeros geschrieben hat. Das stattliche Gebäude, welches die Besucher heute sehen, ist solide gebaut, aber ein Haus des 16. Jahrhunderts ist es nicht. Einige Experten zweifeln sogar daran, daß das Haus des Bernal Díaz überhaupt an diesem Platz gestan-den hat.

La Casa de Chamorro

Zu den Häusern, die nachweislich das Erdbeben des Jahres 1773 überstanden haben, gehört die ›Casa de Chamorro‹, die allgemein auch ›La Casa de las Sirenas‹ genannt wird – nach den dekorativen Figuren an der Fassade. Eins der wenigen zweistöckigen Häuser aus dem 18. Jahrhundert, hat es vielleicht der Architekt Luis Díaz Navarro 1762 für Francisco Ignacio Chamorro de Murga y Sotomayor gebaut. Seine späteren Besitzer hielten das Gebäude stets gut instand. Mehrere Jahre lang diente es als Hotel, heute ist es guatemaltekisches Staatseigentum.

Die Casa de Chamorro diente sowohl als Wohn- als auch als Geschäftshaus für die Importeure. Im Erdgeschoß befanden sich die Büros und die Lagerräume für die Waren, eine Remise, die Wohnungen der Dienerschaft nebst einer Küche und einer Wäscherei. Im Obergeschoß lagen ein großer Empfangsraum, die Wohnräume mit der Küche für die Besitzer und die Gästezimmer. Außergewöhnlich ist die Existenz zweier Küchen, die beide fließendes Wasser und Backöfen haben. Zwei kleine, halbgedeckte Patios standen der Dienerschaft zur Verfügung. Von dem Patio mit der Wascheinrichtung aus führt eine Wendeltreppe zu einem Altan hinauf, der einen wunderbaren Blick auf die Stadt und die Kulisse der Vulkane gewährt.

Im Oberstock führen drei Türen zum Balkon an der Straßenseite. Vom großen, 21 m langen Salon aus führen ebenfalls Türen zu einem nach dem Patio hin gelegenen Balkon. Die meisten Türen und Fenster sichern eiserne Gitter, wie das allgemein in Antigua üblich ist.

Das Popenoe-Haus

Es ist das bekannteste und das am besten restaurierte Haus in Privatbesitz, ein wahres Museum kolonialer Wohnkultur. Das Gebäude liegt an der Calle de la Nobleza, die einst Paläste und wichtige Handelshäuser säumten, hier war der Handel und folglich der Reichtum Antiguas konzentriert.

Das Gebäude trug, bevor es in den Besitz von Dr. Wilson Popenoe ging, den Namen ›Casa del Capuchino‹. Dr. Popenoe selbst berichtet, in welchem Zustand es sich beim Kauf befand und welche Anstrengungen nötig waren, um es wieder bewohnbar zu machen. »Das ganze Haus verfügte nurmehr über ein einziges Tor; die Korridore waren völlig verschwunden, desgleichen die Fliesen mit Ausnahme einiger weniger im großen Salon. Um das Haus wieder instandzusetzen, mußten die Türen und Fensterläden von anderen alten Häusern in Antigua beschafft werden. Das schöne Fenstergitter und das große Tor zur Sala wurden nach einem Gitter in einem anderen alten Haus aus der Kolonialzeit kopiert. Das Dach mußte vollständig repariert werden.«

Aus einigen alten Dokumenten, in deren Besitz Dr. Popenoe gelangte, geht hervor, daß dieses Haus vor 1640 für Don Luis de las Infantes y Mendoza gebaut wurde, den man als Richter von Spanien nach Santiago de los Caballeros beorderte. 1755 kaufte es ein Capitano Diego de Guerra; er ließ das Gebäude reparieren, weil es bei den Erdbeben von 1717 und 1751 Schaden genommen hatte. Nach 1773 wurde es wie so viele Häuser in Antigua verlassen, die folgenden Besitzer sind nicht bekannt.

Die Popenoes erwarben das Haus 1929. Sie lebten zunächst bescheiden in den wenigen noch intakten Räumen. Als Dorothy Popenoe 1932 starb, dauerte es noch fünf oder sechs Jahre, bis

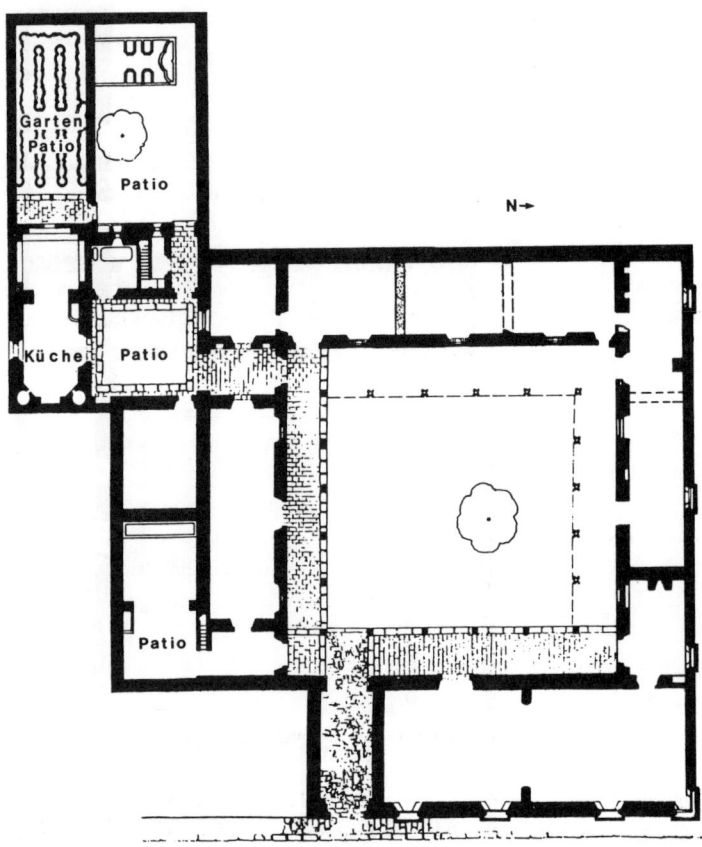

Popenoe-Haus,
Grundriß nach
V. L. Annis

die Restaurationsarbeiten beendet waren. Mehrere besonders tüchtige Handwerker wurden hinzugezogen, die bei ihrer Arbeit mit großer Sorgfalt vorgingen. Die architektonische Grundidee blieb auch für sie verbindlich.

Der Plan des Besitztums zeigt neben den Räumen für die Dienerschaft auch Patios und Gärten. Überragt wird das Haus von einer riesigen Zypresse, die 1850 gepflanzt wurde. Die Küche, eine der besterhaltenen Antiguas, ist durch einen Bogen zweigeteilt. Das Bad, ein in die Erde versenktes Bassin, hat Zugang vom Patio neben der Küche. Mit heißem Wasser speist es ein Tank, der aus der Wäscherei versorgt wird. Über dem Bad befindet sich ein Taubenhaus, und eine Wendeltreppe führt auf das Dach hinauf, von dort genießt man eine herrliche Aussicht. Jeder Raum ist mit antiken Kolonialmöbeln ausgestattet, und in der Sala läßt sich eine Kollektion älterer und zeitgenössischer Porträts bewundern. In einem Patio hat Dr. Popenoe eine Orchideenzucht angelegt. Das Haus kann morgens von 10–11 und nachmittags von 16–17 Uhr besichtigt werden.

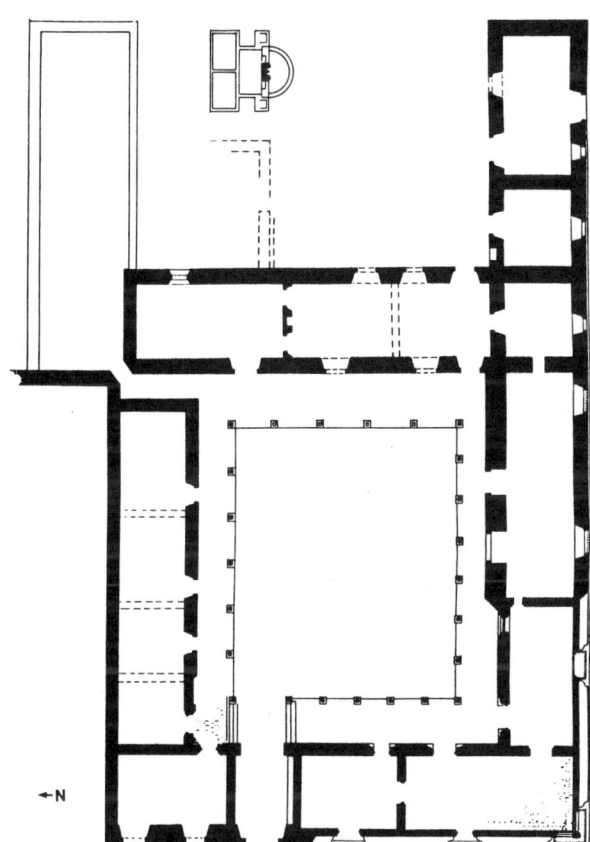

Casa de los Leones, Grundriß
nach V. L. Annis

La Casa de los Leones

Eines der auffälligsten und meistbeschriebenen Häuser aus dem 16. Jahrhundert ist die ›Casa de los Leones‹. Sie verdankt ihren Namen den steinernen Löwen zu beiden Seiten des Portals (Farbt. 27, 28). Dieses großzügig angelegte Haus muß einmal einer illustren Persönlichkeit gehört haben, doch über seine früheren Eigentümer weiß man weiter nichts. Während der letzten hundert Jahre ziemlich vernachlässigt, ist das Gebäude neuerdings wieder sehr gut hergerichtet. Es wurde zusammen mit zwei benachbarten Häusern aus derselben Zeit in ein Hotel umgewandelt, dessen Ausstattung aus antiken Möbeln besteht. Der Komplex heißt jetzt ›Hotel Posada de Don Rodrigo‹.

Das Tor mit den Löwen blieb der Haupteingang auch des Hotels. Kunsthistoriker wie Verle L. Annis halten es für wahrscheinlich, daß die steinernen Löwen nicht ursprünglich zu dem Haus gehörten, sondern erst später dort angebracht wurden. Auch die beiden gedrehten Säulen zu beiden Seiten des Tores sind genau wie die Löwen Fremdkörper in der Architektur, sie haben keinerlei konstruktive Funktion, dienen mithin lediglich als Verzierungen. Diese Säulen treten in Antigua erst während der zweiten Hälfte des 17. Jahrhunderts auf, und es gibt kein weiteres Beispiel für ihre Verwendung an Wohnhäusern. Wahrscheinlich sind Säulen wie Löwen nach einem der großen Erdbeben aus den Trümmern eines anderen Gebäudes hierher geschafft worden.

Der Plan der Casa de los Leones zeigt das herkömmliche Grundmuster, die Haupträume liegen um einen großen Patio. Wie so manche Häuser aus der Kolonialzeit besitzt auch dieses Haus ein großes Eckfenster (vgl. Farbt. 29).

4 Die wichtigsten Kirchen der neuen Hauptstadt Guatemala City

Nuestra Señora de la Merced

Die neue Kirche ›La Merced‹ wurde erst 1813 geweiht. Sie ist berühmt wegen ihrer kostbaren Schätze, der Skulpturen und Gemälde, der Juwelen, der Brokatgewänder für die Priester. Sie alle stammen aus Antigua, und zwar aus den Ruinen der Kirche gleichen Namens. Die meisten Altäre kommen ebenfalls aus Antigua und wahrscheinlich auch die Orgel, deren Erbauer Juan de Léon und sein Sohn gewesen sein sollen. Heiligenfiguren und die Schätze brachte man sehr bald nach der Weihe der hauptstädtischen Kirche in einer spektakulären Prozession von Antigua nach Guatemala, sie führte über die immerhin 40 km lange Straße zwischen beiden Gemeinwesen.

Die Kirche besitzt zwei berühmte Marienstandbilder: Die ›Virgen de la Merced‹ und die ›Virgen de la Concepción‹, eine der am meisten verehrten Skulpturen in Guatemala. Über die ›Virgen de la Merced‹ schreibt der Chronist Antonio Francisco de Fuentes y Guzmán folgendes: »Unsere Señora de la Merced ist eine Conquistadora, die bei den Schlachten der Conquista del Reyno de Goathemala und Mexiko mitgeführt wurde. Ihre wundertätige und schöne Figur hat etwas Außergewöhnliches.« Die Plastik entstand jedoch erst in der zweiten Hälfte des 16. Jahrhunderts; die Notiz von Fuentes y Guzmán wird wohl auf einer volkstümlichen Legende beruhen, wenngleich andere Chronisten – wie Manuel Rubio Sánchez und Vázquez – berichten, die Spanier hätten bei den Kämpfen mit den Quiché kleine Marienstatuen mit in die Schlacht genommen.

Hier steht auch die berühmte, angeblich 1654 geschaffene Figur des Jesús Nazareno von Mateo de Zúñiga (Farbt. 33), der das Bildwerk modellierte, und José de la Cerda, der es bemalte. 1665 wurde sie auf einem Altar der Kirche Merced in Santiago de los Caballeros aufgestellt und genoß von dem Moment an die ganz besondere Verehrung der Gläubigen, woran sich bis heute nichts geändert hat. 1717 wurde die Figur vom Bischof geweiht und im selben Jahr bei einer Bittprozession aus Anlaß eines Vulkanausbruchs mitgeführt. Auch später war dieser Jesús Nazareno die zentrale Skulptur der Bittgänge, ob sie nun ein Erdbeben, eine Heuschreckenplage oder eine Rinderpest abzuwenden suchten. 1857 führte man die Figur an einer Prozession mit, deren Teilnehmer für das Ende des Krieges in Zentralamerika beteten. Auch 1976, als ein

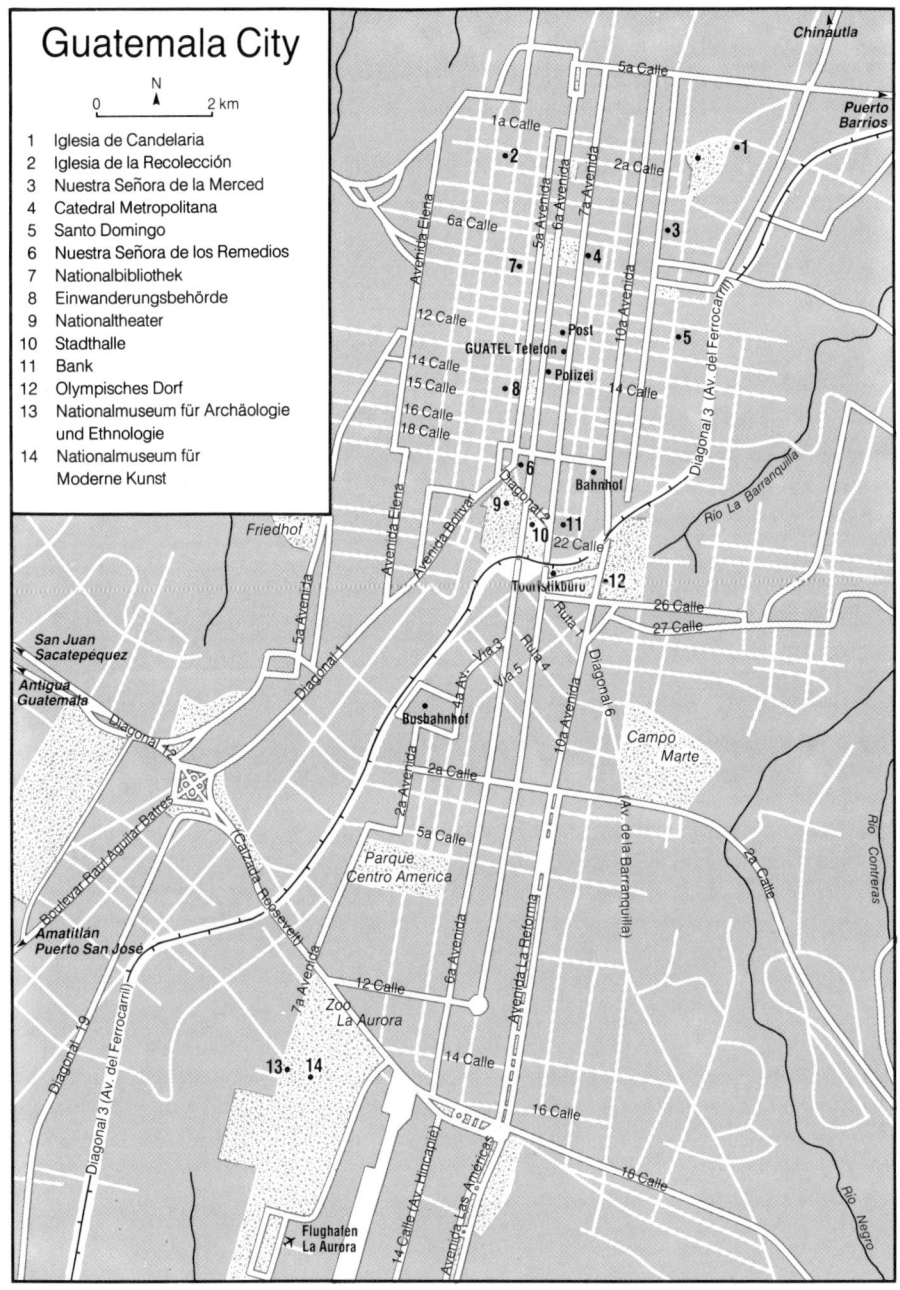

Guatemala City

N

0 ▲ 2 km

1 Iglesia de Candelaria
2 Iglesia de la Recolección
3 Nuestra Señora de la Merced
4 Catedral Metropolitana
5 Santo Domingo
6 Nuestra Señora de los Remedios
7 Nationalbibliothek
8 Einwanderungsbehörde
9 Nationaltheater
10 Stadthalle
11 Bank
12 Olympisches Dorf
13 Nationalmuseum für Archäologie
   und Ethnologie
14 Nationalmuseum für
   Moderne Kunst

Chinautla

Puerto
Barrios

5a Calle

1a Calle
•2
2a Calle
•1

6a Calle
5a Avenida
6a Avenida
7a Avenida
•3

7•
•4

10a Avenida

Avenida Elena

12 Calle
•Post
•5

GUATEL Telefon
14 Calle
•Polizei
15 Calle
•8
14 Calle
16 Calle
18 Calle

Diagonal 3 (Av. del Ferrocarril)

Rio La Barranquilla

•6
Bahnhof
9•
•11
•10
22 Calle

Diagonal 2

Avenida Bolívar

Friedhof

Touristikbüro
•12
26 Calle
27 Calle

5a Avenida

Diagonal 1

San Juan
Sacatepéquez

Antigua
Guatemala

Diagonal 12

4a AV.
Vía 3
Vía 5
Rula

Ruta 4

Diagonal 6

Campo
Marte

Rio Contreras

Busbahnhof

2a Avenida

Avenida Elena

2a Calle

5a Calle

Parque
Centro America

Av. de la Barranquilla

2a Calle

Boulevar Raúl Aguilar Batres

Calzada Roosevelt

Amatitlán
Puerto San José

12 Calle

6a Avenida

7a Avenida

Avenida La Reforma

Diagonal 19 (Av. del Ferrocarril)

Zoo
La Aurora

13• 14
14 Calle

16 Calle

18 Calle

Rio Negro

14 Calle (Av. Hincapié)

Avenida Las Américas

Flughafen
La Aurora

2a Calle

schreckliches Erdbeben Guatemala heimsuchte, verließ die Figur des Jesús Nazareno bei einer Bittprozession wieder die Kirche.

Unter den Gemälden, die ebenfalls aus Antigua gerettet wurden und die jetzt die Kirche La Merced der neuen Hauptstadt schmücken, befindet sich das größte Gemälde hierzulande, das die ›Apotheose des Mercedarier-Ordens‹ darstellt und dessen Schöpfer unbekannt ist. An der zentralen Säule hängt ein Apostelgemälde von José Valledares. Und von Alonso de la Paz stammt eine Reihe von Bildwerken, die Szenen aus dem Leben des San Pedro Nolasco darstellen.

Nach dem Beben von 1917 wurde die Kirche restauriert und dadurch statisch gesichert, daß man die beiden mächtigen Glockentürme entfernte.

Die Kathedrale

Auch ›La Catedral Metropolitana‹ besitzt eine Anzahl religiöser Kleinodien aus der zerstörten Kathedrale von Antigua. Die hauptstädtische Bischofskirche liegt an der Ostseite des Parque Central; mit ihrem Bau wurde schon 1782 begonnen, aber geweiht wurde sie erst 1868. Links von ihr steht der bischöfliche Palast und rechts das ›Colegio de Nuestro Señor San José de Infantes‹ (1781 gegründet); es ist berühmt durch seine Unterweisungen zum Chorgesang. In seinem Patio steht ein Standbild des Christoph Columbus.

Die Kathedrale ist etwa 100 m lang und 34 m breit. Ihre drei Schiffe sind durch Kuppeln auf rechteckigen Tambouren gekrönt. Viele ihrer 16 Altäre haben eine Blattgoldauflage. Die Orgel erhielt die Kathedrale erst 1937, nachdem man die schweren Schäden, die das Gotteshaus beim Erdbeben von 1917 erlitten hatte, wieder ausgebessert hatte. Die vielen Bilder an den Wänden und Säulen stammen aus Antigua, ebenso die zahlreichen Heiligenfiguren der Kapellen. Als beste gilt die Plastik des San Sebastián von Juan de Dios Chavez (18. Jh.), aber auch der San Juan von Juan Perales und der San Francisco de Paula von Alonso de la Paz verdienen Aufmerksamkeit. Am Peterstag legt man dem San Pedro von Anton Rodas die Schlüssel der Kathedrale in die Hand. Im Sagrario, der Kapelle links vom Hauptaltar, befindet sich ein Tabernakel aus purem Silber, und die Kapelle rechts vom Altar birgt die ›Virgen Nuestra Señora del Socorro‹. Francisco de Garay soll diese Figur mit sich geführt haben, als er die Conquistadores nach Cuba und Mexiko begleitete. Ursprünglich hieß sie ›Virgen de la Piedad‹. Padre Godinez, der sie unter Alvarado nach Guatemala brachte, hielt bei der ersten Gründung einer Stadt auf dem Boden des heutigen Guatemala, nämlich in Iximché, eine feierliche Messe vor der Figur. Danach spielte sie bei der Gründung der nächsten beiden Städte in den Tälern von Almolonga und Panchoy ebenfalls eine Rolle. Von den Figuren, die später entstanden, mögen folgende erwähnt werden: ›La Virgen de la Concepción de los Espinos‹ (1852) von Santiago Ganuza, ›La Virgen de Lourdes‹ (1878) von Mariano Ganuza, beide Künstler waren gebürtige Guatemalteken. Aus Antigua wiederum stammt der ›Cristo de los Reyes‹.

Santo Domingo

Die 1792 geweihte Kirche Santo Domingo war das erste Gotteshaus eines Ordens, das in der neuen Hauptstadt errichtet wurde. Schon zehn Jahre vor der Grundsteinlegung hatte man mit den Entwürfen begonnen, doch machte es den Dominikanern große Schwierigkeiten, die Mittel für den Bau der Kirche und des Klosters aufzubringen. Aber damit nicht genug: Nach den Erdbebenkatastrophen, denen Antigua zum Opfer fiel, erließ Karl IV. (von Spanien, König seit 1788) eine Anweisung, in der es hieß: »Wir ordnen an und befehlen euch Präsidenten, keine großen Gebäude zu errichten, auch keine großen Kirchen [...] gleichzeitig befehlen wir, daß die Kirchen mit Holz und Ziegeln gedeckt werden und daß sie nur eine geringe Höhe haben, um kommenden Katastrophen vorzubeugen.«

Doch die Dominikaner haben die Bestimmung zunächst nicht beachtet. 1797 beschlossen sie, die Kuppel so großartig wie vordem zu konstruieren und baten den König um eine Ausnahmeregelung. Die erhielten sie auch, allerdings erst zwei Jahre später, als der Bau des Gotteshauses schon beträchtlich vorangeschritten war.

Die Fassade der Kirche weist sehr eigenartige Proportionen auf, sie betont die Vertikale stark und wird von zwei Türmen nur ganz wenig überragt. Durchgängig klassizistisch geprägt, macht sich der Barock doch in der Bewegtheit der Linienführung geltend. Über dem Portal befindet sich das Wappen des Dominikanerordens.

Die Kirche birgt einige bedeutende Kunstschätze. Die ›Virgen del Rosario‹, die hier den ganzen Oktober über gefeiert wird und 1933 zur ›Königin von Guatemala‹ erklärt wurde, trägt eine silberne, juwelenbesetzte Krone. Zu den bedeutenden Werken gehört auch die ›Apoteosis de Santo Tomás de Aquino‹ von einem unbekannten Künstler, die einige Kunsthistoriker als bestes Gemälde der Hauptstadt ansehen. Ferner finden sich hier das ›Martyrium der Dominikaner in Sandomir‹ von Mariano Potaza und Gemälde von Rosales, Zurbarán und Alonso de la Paz, auch sie stammen aus Kirchen Antiguas.

Die Kirche Santo Domingo ist ein besonders gutes Beispiel für die Kolonialkunst in Guatemala. Bei dem Erdbeben von 1917/18 wurden viele Kunstwerke schwer beschädigt. Die meisten konnten restauriert werden, nicht jedoch die Orgel.

Die Prozession der hauptstädtischen Dominikaner ist in ganz Zentralamerika berühmt.

San Francisco

Eine Kirche, die einst unter die großartigsten des Landes zählte, ist San Francisco. Mit ihrem Bau über dem Grundriß eines lateinischen Kreuzes wurde 1780 begonnen, aber immer wieder wurde er unterbrochen, da Erdbeben gerade fertiggestellte Partien zum Einsturz brachten. So konnte das Gotteshaus erst 1851 geweiht werden. Um die seismischen Störungen besser aufzufangen, mischte man den Mörtel mit Eiweiß, Kuhmilch und Zuckerrohrsirup statt mit Wasser an.

In den Katakomben des Gotteshauses ruhten viele berühmte Persönlichkeiten Guatemalas, doch wurden die Gräber vollständig zerstört. In der subterranen Kapelle finden zu Allerheiligen Messen statt. Die Kirche besitzt viele Reliquien, Gemälde und Heiligenstatuen, von denen viele einmal mehr aus Antigua stammen. Zu nennen wären ein hl. Franziskus von Assisi von Alonso de la Paz, der hl. Sebastian von Vicente España, die ›Virgen de los Pobres‹ von Aguirre, die ›Nuestra Señora del Coro‹, die ›Nuestra Señora de Loreto‹ sowie als Reliquien das Haupt des Christus von Trujillo und ein Fragment des ›Heiligen Kreuzes‹. Während der späteren republikanischen Zeit entstand die Plastik des ›Salvator mundi‹ (Christus als Erlöser der Welt), die 1916 aus Spanien hierher kam.

5 Pilgerstätten

Esquipulas

Im Südosten Guatemalas liegt nahe der Grenze zu Honduras und El Salvador eine dörfliche Wallfahrtsstätte, deren Kirche in ganz Lateinamerika bekannt ist: Esquipulas. Der imposante Bau erhebt sich leuchtend weiß über einer großen Plattform inmitten der tropischen Landschaft (Abb. 59). Vier gleich hohe Türme akzentuieren die Ecken des Gotteshauses. Besonders bemerkenswert ist der Verlauf des Gebälks an der Front, hier mußten die Niveauunterschiede von Türmen und dazwischengespannter Langhausfassade optisch zum Ausgleich gebracht werden. Die Bauzier der – zurückgesetzten – Stirnwand konzentriert sich im zweiten Geschoß mit seinem Gitterwerk und der doppelten Nischenreihe, darüber steht eine Marienfigur. Die vielfältigen Verzierungen an diesem Bauwerk mit seinen Säulen, Bögen und Voluten kennzeichnen ein Barock, das Elemente der Mudéjar-Architektur aufgenommen hat. Auch die Seitenportale mit ihren Säulen und Giebeln tragen reichen Schmuck.

Eine Vielzahl silberner Leuchter erhellt das gewaltige Kirchenschiff, es sind Geschenke reicher Pilger, die schon vor langer Zeit gespendet wurden. An manchen Wänden hängen Hunderte sogenannter ›votos‹, Miniatur-Nachbildungen von Armen, Beinen oder anderer Gebilde in Gold, Silber, Holz respektive Wachs; Pilger brachten sie als Dank für ihre Heilung dar. Primitive Bilder und Zeichnungen, die wundertätige Heilungen der Wallfahrer darstellen, bedecken andere Wände.

Der Platz, an dem heute die Wallfahrtskirche steht, war schon zur Zeit der Maya eine Kultstätte, die eine Straße mit Copán (Honduras) verband, das nur eine Tagesreise zu Fuß entfernt war. Und fünf im Mayastil behauene Steine stehen heute noch auf einer Brücke zum Heiligtum. Zwei von ihnen stellen Pumas oder Jaguare dar, die wahrscheinlich ein Symbol für Ek-Balam-Chac, den schwarzen Jaguar als Regengott sind. Schwarz ist auch die in der Kirche von Esquipulas verehrte Christusfigur.

Bald nach der Conquista errichteten die Spanier auf der Maya-Pilgerstätte eine Kapelle, sie barg, wie eine Chronik von 1595 vermerkt, einen wundertätigen Christus am Kreuz. Diese Schnitzerei aus Balsa-Holz sei vom Rauch der Kerzen und des Weihrauches stark geschwärzt gewesen. Das Quirio Cataño zugeschriebene Werk ist derselbe schwarze Christus, den die Gläubigen noch heute in der 1758 vollendeten Kirche verehren. Deren Bau verdanken die Guatemalteken dem Bischof Pardo de Figueroa, der 1737 dem wundertätigen Bildwerk die Genesung von einer schweren Krankheit verdankte. Dieser hohe geistliche Würdenträger wurde unter dem Hauptaltar beigesetzt, sein Porträt hängt in der Kirche von Esquipulas.

Jährlich zum 15. Januar kommen aus aller Welt an die hunderttausend Pilger in die kleine Stadt. Sie kommen zu Fuß oder mit dem Flugzeug, auf Maultieren oder mit allen möglichen Fahrzeugen; Indios, Ladinos, Arme und Reiche. Das Fest dauert eine ganze Woche, und als Zeichen, daß sie an der Pilgerfahrt teilgenommen haben, tragen die Wallfahrer große Strohhüte, die mit grauem Moos und Flaschenkürbissen geschmückt sind.

Chiantla

Chiantla ist eine kleine Ortschaft, die 6 km von Huehuetenango entfernt an den Hängen der Chuchumatanes-Berge liegt. In seiner einst von den Dominikanern erbauten Kirche befindet sich die Figur der wundertätigen ›Virgen de la Candelaria‹. Die hier verehrte Marienfigur ist ein typisches Beispiel für den Manierismus des 16. Jahrhunderts. Sie gehört zu den ersten Bildwerken der Jungfrau, die in Guatemala entstanden. Laut Padre Remesal wurde die Figur 1593 vollendet, über ihre kostbare Kleidung berichtet schon Thomas Gage in seinem berühmten Reisebericht von 1626. Er bewunderte die mit zoomorphen Motiven in Silber bestickte Tunika. Solche silbern gewandeten Plastiken waren im 17. Jahrhundert typisch für die okzidentale Region Guatemalas. Thomas Gage schreibt ferner: »Die Kirche ist reich ausgeschmückt, besonders der Hochaltar, über dem die Virgen sich in einem Tabernakel mit sechs Vorhängen aus Taft, Atlas und Blattgold befindet. (...) Die Jungfrau trägt eine goldene Krone, die mit Diamanten und anderen kostbaren Steinen geschmückt ist. Mindestens ein Dutzend silberner Lampen hängen vor dem Altar.« Zweimal im Jahr kommen Pilger aus Guatemala, Mexiko und allen Teilen Zentralamerikas nach Chiantla zur ›Virgen de la Candelaria‹, am 2. Februar und am 8. September.

San Felipe de Jesús

In unmittelbarer Nähe von Antigua, am Fuße des Vulkans Acatenango, gründeten Indios im Jahre 1670 eine Siedlung; sie nannten sie San Felipe. Fluchtartig hatten diese Menschen ihren Heimatort San Juan el Perdido vor blutsaugenden Fledermäusen verlassen, kurz vorher waren sie schon von Pockenepidemien heimgesucht worden. Und obwohl ihr sonst wundertätiges Bildnis des ›Jesús Sepultado‹ (begrabener Christus) sie im Stich gelassen hatte, nahmen sie die Statue mit und bauten ihr in der neuen Heimat eine Kapelle. Die brannte bald darauf nieder, doch wurde die Figur gerettet. 1760 errichteten sie eine Kirche, die ebenfalls einem Brand zum Opfer fiel. 1914 entstand dann eine dritte Kirche im neogotischen Stil nach dem Vorbild der Kathedrale von Barcelona. Auch sie wurde bei dem letzten Erdbeben von 1976 schwer beschädigt, doch hat man sie jetzt wieder restauriert, und heute wie ehedem strömen unzählige Pilger zu dem wundertätigen Jesús Sepultado in San Felipe.

Aguacatán mit Chalchitán

39 km von Sacapulas und 20 km von Huehuetenango entfernt liegt in einem schönen,
fruchtbaren Tal *Aguacatán*, »der Platz, an
dem es reichlich Aguacates (Avocados) gibt«.
Etwa 3 km östlich entspringt als sprudelnde
Quelle der Río San Juan, dessen kristallklares
Wasser heute wie ehedem durch Kanäle fließt,
die schon in vorspanischer Zeit angelegt wurden, und Gärten wie Felder der indianischen,
zur Quiché-Nation gehörigen Bevölkerung
bewässert.

Hier lag schon vor der Conquista eine
bedeutende Siedlung der Hochland-Maya,
Chalchitán genannt. Ihre Überreste finden
sich nahe der Quelle, an der Nordseite des
Flusses. Bevor man auf der Hauptstraße von
Sacapulas *Aguacatán* erreicht, kommt man
dicht an ihnen vorbei. Die stark überwachsenen Ruinen mit ihren Innenhöfen und Plattformen wurden im Jahre 1945 von Ledyard
Smith erforscht, bevor man an die Freilegung
von Zaculeu (s. S. 126 f.) ging. Und fast hätten
die Archäologen damals eine Freilegung Chal-
chitáns in Angriff genommen. Smith stellte
aber fest, daß schon vor Jahren von dieser
Stätte viele Steine weggeschleppt worden
waren, mithin ihre Anlage aus den übrigge-
bliebenen Resten nicht mehr ersichtlich war.

Altar de los Sacrificios

Altar de los Sacrificios, ebenso wie El Ceibal
von Teobert Maler entdeckt, ist vor allem
durch seine große Anzahl Stelen berühmt.
Die älteste mit dem Datum 475 n. Chr.
stammt aus der ersten Periode der klassischen
Maya-Epoche. Ausgrabungen haben jedoch
ergeben, daß dieser Platz schon sehr viel früher von den Maya besetzt wurde.

Aber auch Funde aus der späten Periode
wurden hier gemacht: polychrome Keramik.
Als Meisterstück der klassischen Vasenmalerei, die in derselben Art und mit demselben
Geschick wie die berühmten Wandmalereien
der Maya ausgeführt wurde, gilt ein hier
gefundenes zylindrisches Gefäß, auf dem
sechs Figuren abgebildet sind, die entweder
selbst tot sind oder irgendwelche Symbole des
Todes als Attribute zeigen. Die Zentralfigur
ist ein alter Mann mit geschlossenen Augen,
der über sich eine fette Schlange hält. Das
Gefäß trägt die Jahreszahl 754.

Atitlán-See

Kein anderes Binnengewässer Guatemalas
weist eine großartigere Szenerie auf als der
Atitlán-See mit seinen drei Vulkanen (Farbt. 8;
Abb. 2). Er ist 26 km lang und 18,5 km breit,
seine Tiefe beträgt 320 m, und er hat keinen
uns bekannten Abfluß. Gegen Mittag ballen
sich gewöhnlich hinter den Vulkanen mächtige Wolken zusammen, in denen sich die
vom Pazifischen Ozean aufsteigende Feuchtigkeit sammelt. Am Nachmittag kommt der
Chocomil auf. Dieser starke Wind kann kleinen Booten zum Verhängnis werden und hat

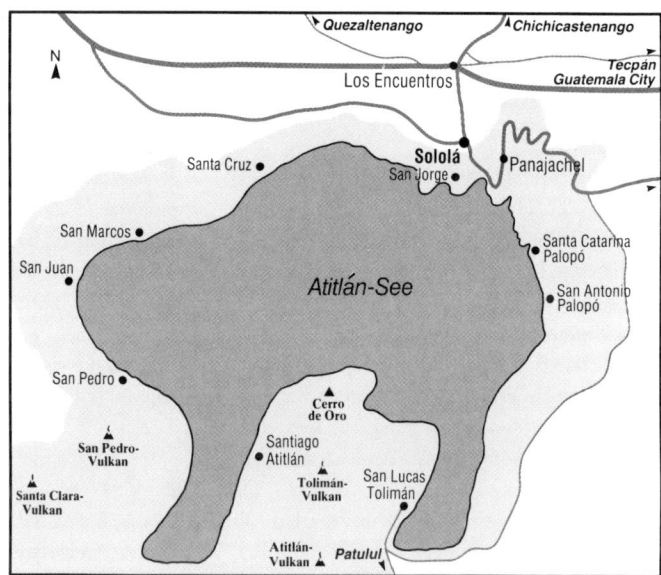

Atitlán-See und
Umgebung

Anlaß zu manchen Legenden gegeben. Rund um den See herum, entweder direkt am Seeufer oder hoch oben an den Berghängen, liegen siebzehn kleine Dörfer mit mehr oder weniger rein indianischer Bevölkerung, die hauptsächlich den Völkern der Tzutuhil oder Cakchiquel angehört. Die Bewohner eines jeden Dorfes zeichnen sich durch besondere Trachten aus, deren Farbenpracht jener Gegend eine besondere Note verleiht. Nur wenige Ortschaften sind über eine Fahrstraße zugänglich, die anderen kann man nur über Fußpfade oder mit dem Boot erreichen. Sehr reizvoll ist eine Fahrt über den See mit einem Motorboot nach *Santa Catarina Palopó, San Antonio Palopó* und *Santiago Atitlán.* Bei einer Rundfahrt auf dem See, zu der man Boote in *Panajachel* bekommen kann, lohnt es sich, folgende Ortschaften zu besuchen:

Santa Catarina Palopó: Cakchiquel. Fest: 25. bis 26. November

San Antonio Palopó: Cakchiquel. Feste: 13. Juni. Donnerstag und Freitag der Karwoche, 10. September

San Lucas Tolimán: Tzutuhil. Fest: 17. bis 19. Oktober. Markttage: Donnerstag und Sonntag

Santiago Atitlán: Tzutuhil. Fest: 25. bis 26. Juli. Markt: Donnerstag, Sonnabend, Montag

San Pedro: Tzutuhil. Fest: 29. Juni, Markt: Donnerstag und Sonntag

San Pablo: Tzutuhil. Fest: 30. Juni

Panajachel (San Francisco): Tzutuhil. Fest: 4. Oktober. Markt: Sonntag

Panajachel ist der Ort, von dem man alle Dörfer am See am leichtesten erreichen kann, entweder mit dem Boot oder auf dem Landweg. Von hier aus hat man auch den schönsten Blick auf die Vulkane (an der Straße Sololá – Panajachel gibt es zwei sogenannte Miradores, Aussichtspunkte, an denen man auf jeden Fall

Halt machen sollte). In Panajachel gibt es heute eine ganze Anzahl von Hotels und Pensionen.

El Ceibal

Der Zeremonialplatz von *El Ceibal* (Farbt. 20) besitzt eine Hauptpyramide (Abb. 36) und etliche Opferstätten, die erhaltene Architektur hat man hier teilweise restauriert. Bekannt wurde El Ceibal durch seine Stelen (Abb. 37), die künstlerisch denen von Quiriguá (s. S. 29 ff.) und Copán (s. S. 52 ff.) ebenbürtig sind. Einige zeigen offensichtlich mexikanischen Einfluß. Toltekischen Stils ist eine Maske Tlalocs, auch die Art der Sandalen im Relief ist toltekisch. Ebenso erinnert eine Gottheit mit Speer, die aus einer Art Sonnenscheibe hervortritt, an toltekische Darstellungen in Chichén Itzá. Das sind Anzeichen, die auf die Endzeit der klassischen Maya-Epoche hinweisen. Andererseits ist man bei Ausgrabungen in den tiefsten Schichten sowohl hier in Ceibal wie in Altar de Sacrificios (s. S. 214), ebenfalls am Río de la Pasión gelegen, auf Reste aus einer sehr frühen bisher wenig bekannten Periode, der sogenannten Xe-Kultur, gestoßen. Nach Ansicht der Archäologen, zum Beispiel von Michael D. Coe, waren um die Mitte des 9. Jahrhunderts die Stadtstaaten des Maya-Tieflandes aus uns unbekannten Gründen schon so schwach, daß die Mexikaner ohne großen Widerstand in die Zentralzone eindringen konnten. Doch solange wir nicht die Inschriften der letzten Periode entziffert haben, können wir nicht genau sagen, was sich hier ereignet hat.

Momostenango

Der Quiché-Name der Stadt ist *Tzunn-ché*, ›Drei Kolibris‹. Sie gilt als das größte Wollwebzentrum in Guatemala, die Wolle stammt von großen Schaf- und Ziegenherden der nahen Berge. Hier werden Wolldecken auf einfachen indianischen Webstühlen gewoben. Danach walkt man sie in den nahen Schwefelquellen, wodurch sie außerordentlich weich werden.

Interessant sind auch die durch Erosion entstandenen Erdformationen, Los Riscos genannt, in der Nähe der Ortschaft.

1 km außerhalb der Stadt findet bei ›Quemaderos‹ alle Jahre eine der ältesten Zeremonien statt, das Fest ›Guajxaquip-Bats‹ (Acht Affen), und zwar immer zu Beginn des indianischen Heiligen Kalenders von 260 Tagen (s. S. 219).

Sacapulas

Sacapulas liegt am Fuß der Cuchumatanes, des höchsten Gebirges Guatemalas, im Tal des Río Negro. Die Ortschaft wurde 1537 in der Nähe der alten präkolonialen Siedlung *Chutixtiox* gegründet, von der noch Reste vorhanden sind. Bartolomé de las Casas, der große Indianerfreund und -beschützer, hat hier eine Zeitlang gelebt. Nach seinen Angaben wurde die steinerne Brücke über den Río Negro gebaut, die jetzt in Ruinen liegt.

Sacapulas ist schon in vorspanischer Zeit ein bedeutendes Salzzentrum gewesen und ist es auch heute noch. Das Salz wird durch natürliche Filtration in dem breiten Schwemmgebiet des Río Negro gewonnen. Das so gewonnene und später gewaschene, gebleichte und zu Kuchen geformte Salz kommt auf den indianischen Märkten noch immer zum Verkauf. Früher spielte es als Zahlungsmittel bei den Indios eine Rolle. Mandizábal berichtet in seinen ›Relaciones de Meztitlán‹ hierüber: »Salz gilt als Zahlungsmittel für den Einkauf kleiner Objekte unter den Indios.« Als Kleingeld war Salz in Guatemala noch bis 1890 im Gebrauch. Der Verzicht auf Salz stand bei den

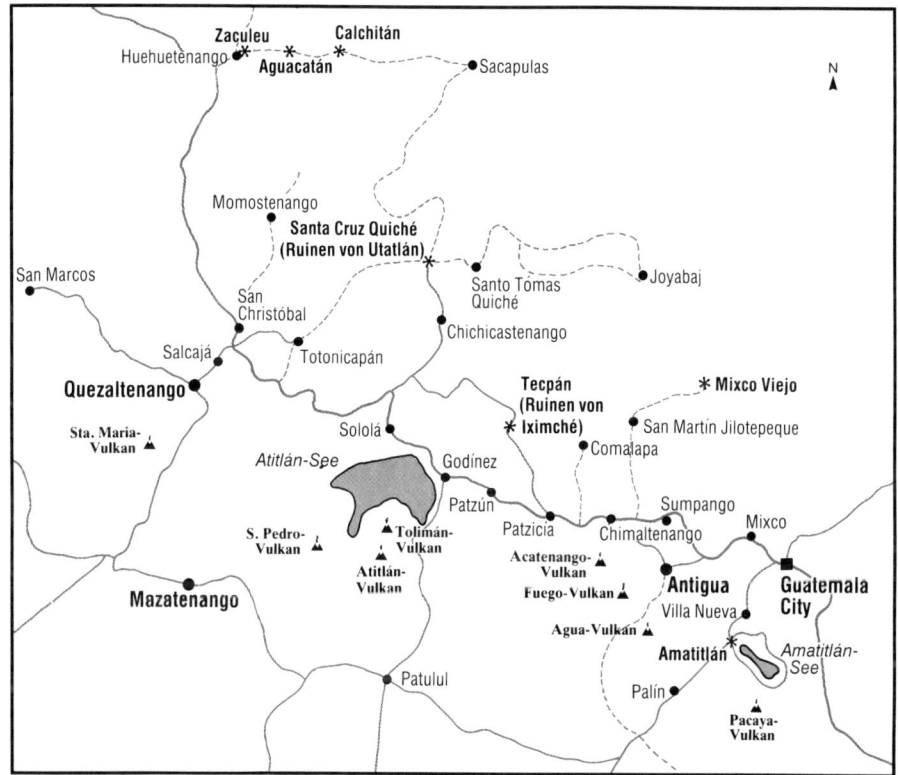

Hochland von Guatemala

Maya mit mehreren Tabus in Verbindung. Diego de Landa berichtet, daß die Maya nur ungesalzene Speisen zu sich nehmen durften, wenn sie an bestimmten Opferungen teilnahmen.

Die Indios von Sacapulas sprechen Mam. Die Frauen tragen oft einen besonders interessanten Silberschmuck, wie man ihn sonst nirgendwo antrifft. An langen, silbernen Ketten sind zahlreiche alte Münzen aus der Kolonialzeit aufgereiht. Aristokraten tragen an Ketten und Armringen soviel Silber, wie sie nur eben können.

Sololá

In Los Encuentros biegt vom Panamerican Highway die Straße ab, die über *Sololá* zum Atitlán-See (s. S. 214 ff.) und weiter nach Guatemala City (s. S. 208 ff.) führt. Es ist die alte Verbindungsstraße zwischen der Hauptstadt und dem Hochland. Sololá, 2103 m hoch gelegen, ist das Zentrum der Cakchiquel. Altindianische Gebräuche sind hier noch erhalten. Besonders eindrucksvoll ist das indianische Leben und Treiben an den Markttagen (freitags), wenn mehr als 800 Indios aus den umliegenden Dörfern nach Sololá kommen.

Von großem Reiz sind auch die Feste: 13. bis 14. August und die Karwoche.

Sololá liegt fast 500 m über dem Spiegel des schönsten Sees Zentralamerikas, des Atitlán-Sees, nahe der schroff abfallenden Bergwand. Auf der anderen Seite des Sees bestimmen die majestätisch aufsteigenden Vulkankegel das Landschaftsbild: der San Pedro (3024 m), Tolimán (3130 m) und Atitlán (3525 m). Von den 33 Vulkanen Guatemalas sind übrigens noch zwei aktiv: Santa Maria (3768 m) und Fuego (3835 m).

Tazumal, El Salvador

El Salvador, das kleinste der zentralamerikanischen Länder, ist archäologisch ein Land ungeahnter Möglichkeiten, dessen Erforschung sich jedoch erst in den Anfängen befindet. Zahlreiche Pyramiden, Plattformen und andere bauliche Reste harren noch einer Ausgrabung. Eine der wenigen Stätten, die bisher eingehend von den Archäologen untersucht und restauriert wurde, ist die vierzehnstufige Pyramide von *Tazumal*, die östlich von Chalchuapa liegt und um 980 v. Chr. erbaut wurde. Um sie gegen weitere Zerstörungen durch Witterungseinflüsse zu schützen, hat man sie mit Beton ummantelt. Südlicher als sie liegen von den großen pyramidalen Anlagen Mittelamerikas nur noch zwei Mounts in Honduras. Einigen ausgegrabenen Funden nach soll der Platz schon 5000 v. Chr. besiedelt gewesen sein. Dicht bei den Ruinen befindet sich ein kleines Museum, in dem Fundstücke aus dem Schlamm des nahegelegenen Sees ausgestellt sind. Zur Zeit der spanischen Eroberung Guatemalas bewohnten die Pipil das nahe dem Pazifik gelegene Hochland von El Salvador. El Salvador ist auf diese Weise auch kulturgeschichtlich außerordentlich interessant, denn es liegt ja mitten in der Bahn der großen Völkerwanderungen, die über den Isthmus gingen. Zur Zeit werden in verschiedenen archäologischen Zonen El Salvadors fünf Projekte von der ›Administración del Patrimonio Cultural‹ durchgeführt. Als Teilprojekt von San Lorenzo wird dabei auch die Felskunst im unteren Lempa-Tal untersucht. Wichtige Aufschlüsse erhielt man dabei bisher über die Besiedlungsgeschichte dieses Gebietes. So hatten etwa die Ausgrabungen von 1978 zum Ziel, im Zapotitlán Basin die Abhängigkeit der Besiedlungsdichte von Vulkanausbrüchen zu untersuchen, denn die geologische Beschaffenheit des Landes ist weitgehend vom Vulkanismus bestimmt. Die Reihe der Vulkane setzt sich von Guatemala nach El Salvador fort, über ein Dutzend an der Zahl.

Von Kolonialbauten aus der Zeit der spanischen Eroberung ist in El Salvador so gut wie nichts erhalten geblieben, weder in der Hauptstadt noch an anderen Plätzen, eben weil das Land immer wieder von schweren Erdbeben heimgesucht wurde. Nur in zwei Ortschaften El Salvadors ist noch eine rein indianische Bevölkerung anzutreffen: in Asunción de Izalco am Fuße des gleichnamigen Vulkans und in Panchimalco. Beide Punkte gehören zu der Landschaft in der westlichen Hälfte El Salvadors, die früher Cuzcatlán genannt wurde, dem Gebiet, das früher die Pipil besiedelten.

Beispiel einer Maya-Datierung

Datierung auf der Ostseite der Stele E in Quiriguá mit der ›Initial Serie‹ und ›Supplementary Serie‹ nach S. G. Morley (vgl. den Text S. 51).

Die Bezeichnung dieser Methode stammt von A. P. Maudsley und ist weiterhin beibehalten. Die Maya-Initial-Serie ist heute so klar lesbar wie unser Kalender. Die große Glyphe zu Beginn, viermal so groß wie die anderen, ist konstant. Nur ihr Mittelstück ist variabel. Es kommen 19 verschiedene Figuren vor, die den 19 Monaten der Maya entsprechen.

Die Maya-Glyphen müssen von links nach rechts und von oben nach unten gelesen werden.

Die Einheit der Maya-Initial-Serie ist die der Tage, unsere Chronologie beginnt mit den Jahren. In den folgenden sechs Glyphen der Initial Serie werden die Tage fixiert. Die siebente Glyphe hat neun verschiedene Formen, eine jede bezieht sich auf verschiedene Götter; hier, bei der Stele E, auf den Sonnengott. Sie wird die Glyphe G genannt. Die Bedeutung der achten Glyphe ist unbekannt.

Dann folgt die Supplement Serie mit gewöhnlich sechs Glyphen. Diese informieren über das Alter des Mondes an dem bestimmten Datum, die Länge des Monats, auf den das Datum fällt, hier 29 Tage, und verschiedene bisher ungedeutete Bestimmungen. Mit dem System der Initial Serie, auch ›Long Count‹ genannt, konnten die Maya jedes Datum auf das genaueste fixieren. Die bestimmte Konstellation konnte im Maya-Kalender nicht wieder auftreten, bevor nicht ein Zyklus von 374 440 Jahren abgelaufen war.

(Genaue Erklärungen der Maya-Kalender bei S. G. Morley, ›The Ancient Maya‹)

Zeit		Maya-Tiefland		
		Uaxactún	**Tikal**	**Copán**
3000	Archaikum			
2000				
1500				
1000	Formative Periode			
500				
0		Pyramide E VII		
100				
200				
300	Klassische Periode	328 Stele 9	292 Stele 29 320 Leidener Platte	
400			416 Stele 18	
500			481 Holztafel (Basel)	485 Stele 24 514 Ballspielplatz
600				545 Hierogly- phentreppe
700				732 Stele B 757 Treppenstele
800				771 Tribüne 801 Altar G (letzte Zeit- angabe)
900	Interregnum Periode der mexikanischen Verschmelzung	889 letztes Datum	869 Stele 11 (letzte Zeit- angabe)	
1000				
1200				
1500	Spanische Eroberung		1697 die letzten Maya erge- ben sich in Tayasal	

Quiriguá	Palenque	Maya-Hochland	Fremde Einflüsse	Zeit
				3000
				2000
				1500
				1000
				500
				0
				100
				200
				300
zwischen 400 und 500 Gründung von Piedras Negras und Yaxchilán		350 Esperanza-Epoche in Kaminaljuyú		400
			450 starker Einfluß von Teotihuacán auf Kaminaljuyú	500
	536 Blattkreuz-Tempel			
	642 Sonnen-Tempel			600
	672 Palast			
	692 Inschriften-pyramide		7. Jh. Zeit der Völkerverschiebungen	700
746 Stele (frühestes Datum)	783 Turm des Palastes	im 12. Jh. Gründung Mixco Viejo		800
810 (letztes Dat.)		im 14. Jh. Gründung Zaculeus		
		um 1470 Gründung Iximchés	10. Jh. Ausstrahlung der Tolteken	900
		1512 Gesandtschaft Moctezumas nach Guatemala	12. Jh. Eindringen der Pipil in Guatemala	1000
		1524 Einzug Pedro de Alvarados in Guatemala	1200–1540 Periode der mexikanischen Verschmelzung (Tolteken-Einfall)	1200
				1500

221

Ausgewähltes Schrifttum

Bei der umfangreichen Literatur, namentlich über die Kunst der Maya, können hier nur einige wesentliche Arbeiten aufgeführt werden. Ein * kennzeichnet Werke allgemeinen Charakters.

Adams, Richard E. W.: *The Origins of Maya Civilisation*, Albuquerque 1977
Anders, Ferdinand: *Maya. Indianische Kunst aus Mittelamerika*, München 1965
Annis, Verle L.: *La Arquitectura de la Antigua Guatemala 1543–1733*, Guatemala 1968
Anton, Ferdinand: *Maya. Indianische Kunst aus Mittelamerika*, München 1965
Coe, Michael D.: *The Maya*, Mexiko 1967
Coe, William R.: *Tikal – A Handbook of the Ancient Maya Ruins*, Philadelphia 1972
Cordan, Wolfgang: *Das Buch des Rates Popol Vuh*, Köln 1962
Cordan, Wolfgang: *Maya-Kreuz und rote Erde*, Zürich 1960
Culbert, T. Patrick (ed.): *The Classic Maya Collapse*, Albuquerque 1973
El Baile de la Conquista, Guatemala 1981
Díaz, Enrique A.: *Esbozo Historico-Social de la Musica en Guatemala*, Guatemala 1978
Disselhoff, Hans Dietrich: *Geschichte der altamerikanischen Kulturen*, München/Wien ²1967
Fox, John W.: *Quiché Conquest. Centralism and Religionalism in Highland – Guatemalan State Development*, Albuquerque 1978
Gallo, Antonio: *Escultura estilística de los Siglos 16-17-18*, Guatemala 1979
Girard, Rafael: *Die ewigen Maya*, Zürich 1969
Glassman, Paul: *Guatemala Guide*, New York 1987
Hammond, Norman: *Ancient Maya Civilisation*, Cambridge 1982
Harrison, Peter D./Turner II, B. L.: *Pre-Hispanic Maya Agriculture*, Albuquerque 1978
* Helfritz, Hans: *Amerika, Land der Inka, Maya und Azteken*, Wien 1965
* Helfritz, Hans: *Zentral-Amerika, die Länderbrücke im karibischen Raum*, Berlin 1963
Kidder, Alfred Vincent: *Excavations at Kaminaljuyú*, Washington 1946 (= Carnegie Institution of Washington, Publication 561)
Kidder, Alfred Vincent: *The Artefacts of Uaxactún*, Washington 1947 (= Carnegie Institution of Washington, Publication 576)
Kidder II, Alfred/Samayoa Chinchilla, Carlos: *The Art of Ancient Maya*, New York 1959
Kunst der Maya. Ausstellungskatalog des Rautenstrauch-Joest-Museums, hrsg. von Ingeborg Bolz-Augenstein, Köln 1966
* Lentz, Franz Josef: *Aus dem Hochlande der Maya*, Stuttgart 1930
Maler, Teobert: *Explorations in the Department of Petén, Guatemala and adjacent Regions*, 2 Bde, Cambridge 1908 und 1911 (= Memoirs of the Peabody Museum Bd. 4, Nr. 2 und Bd. 5, Nr. 1)
Maler, Teobert: *Bauten der Maya, aufgenommen in den Jahren 1886 bis 1905*, aus dem Nachlaß herausgegeben von Gerdt Kutscher, Berlin 1971 (= Monumenta Americana IV)
Marquina, Ignacio: *Arquitectura Prehispánica*, Mexiko 1951
Mason, John A.: *Excavations in Piedras Negras*, in: Univ. Mus. Bull. Pennsylvania, Vol. III, Nr. 6 (1932)
Maudslay, Alfred P.: *Archaeology*. 5 Bde, London 1889–1902 (Erschien innerhalb der Biologia Centrali-Americana; mit ausgezeichneten Photos)

Maudslay, Alfred P. und Anne C.: *A Glimpse at Guatemala, and Some Notes on the Ancient Monuments of Central America*, London 1899

Mencos Franco, Augustín: *Crónicas de la Antigua Guatemala*, Guatemala 1980

Morley, Sylvanus, G.: *The Ancient Maya*, Stanford [3]1956

Morley, Sylvanus G.: *La Civilisación Maya*, Mexiko 1961

Muñoz, Luis L.: *Semana Santa Tradicional en Guatemala*, Cuadernos de la Tradición Guatemalteca 1982

Muñoz, Luis L.: *Tradiciones Navideñas de Guatemala*, Cuadernos de la Tradición Guatemalteca 1981

Oakes, Maud: *Matilda, die Zauberin*, Wiesbaden 1953

Piña Chán, Román: *Una Visión del México Prehispánico*, Mexiko 1953

Proskouriakoff, Tatiana: *An Album of Maya Architecture*, Oklahoma 1963 (Neuausgabe)

Ricketson, Oliver G. Jr.: *The Culture of the Maya*, Washington 1933

Ricketson, Oliver G. Jr.: *Uaxactún, Guatemala*, Washington 1937 (= Carnegie Institution of Washington, Publication 477)

Rivet, Paul: *Cités Mayas*, Paris 1954

* Rodman, Selden: *The Guatemala Traveler*, New York 1967

Ruz Lhuillier, Alberto: *La Civilisación de los Antiguos Mayas*, Mexico 1963

Schele, Linda/Miller, Mary E.: *The Blood of Kings. Dynasty and Ritual in Maya Art*, London 1986

Schultze-Jena, Leonhard: *Popol Vuh, das heilige Buch der Quiché-Indianer von Guatemala*, Stuttgart 1944

Seler, Eduard: *Gesammelte Abhandlungen zur amerikanischen Sprach- und Altertumskunde*, Graz 1960 (Neuausg.)

Seler-Sachs, Caecilie: *Auf alten Wegen in Mexico und Guatemala*, Stuttgart 1925

Soustelle, Jacques: *Die Kunst des Alten Mexiko*, Osnabrück 1968

Stephens, John L.: *In den Städten der Maya. Reisen und Entdeckungen in Mittelamerika und Mexiko 1839-1842*, Köln 1980

Stierlin, Henri: *Weltkuren der Baukunst – Maya*, München 1966

* Termer, Franz: *Zur Geographie der Republik Guatemala*, Hamburg 1936

Thompson, J. Eric S.: *The Rise and Fall of Maya Civilization*, Oklahoma [4]1959

Tozzer, Alfred M. (Hrsg.): *Landa's Relación de las Cosas de Yucatán, a translation, edited with notes by A. M. Tozzer*, Cambridge/Massachusetts 1941

Trimborn, Hermann: *Das Alte Amerika*, Stuttgart 1959

Westheim, Paul: *Die Kunst Alt-Mexikos*, Köln 1966

Wilhelmy, Herbert: *Welt und Umwelt der Maya. Aufstieg und Untergang einer Hochkultur*, München/Zürich 1981 (die beste Darstellung des Lebensraums der Maya unter geographischen Gesichtspunkten)

Zea Flores, Carlos E.: *Historia y Descripción de la Iglesia de Santo Domingo de Guatemala*, Guatemala 1984

Fotonachweis

Alle Aufnahmen des Buches stammen vom Verfasser, ausgenommen die folgenden:

Abb. 6   Aero Exploration, Frankfurt
Abb. 17   University Museum, Philadelphia

Abb. 18   Völkerkunde-Museum Basel
Abb. 40   Dr. Wolfgang Vollrath, Essen
Abb. 48–59   INGUAT (Guatemala)
Abb. 61   Jose F. Poblete
Abb. 62, 63   Henri Lehmann

Nachweis der Textabbildungen

S. 2   Staatliche Museen Preußischer Kulturbesitz. Museum für Völkerkunde, Berlin-Dahlem

S. 9, 13, 78   Nach: J. Eric S. Thompson, *The Civilization of the Mayas,* Chicago Natural History Museum Press 1953

S. 20   Nach: Ignacio Marquina, *Architectura Prehispanica,* Inst. Nacional de Antropología e Historia, Mexico 1951

S. 22, 24 25 (unten)   Nach: William R. Coe, Tikal. *A Handbook of the Ancient Maya Ruins,* University of Pennsylvania, Philadelphia 1970

S. 25 (oben), 26, 27, 28, 29   Nach: *Bauten der Maya, aufgenommen in den Jahren 1886 bis 1905 und beschrieben von Teobert Maler.* Aus dem Nachlaß hrsg. von Gerdt Kutscher, Gebr. Mann Verlag, Berlin 1971

S. 30, 31, 32   Nach: Sylvanus G. Morley, *Guia de las Ruinas de Quiriguá,* Carnegie Institution, Washington

S. 120, 122, 124   Nach: Jorge F. Guillemín, *Iximché. Capital del Antiguo Reino Cakchiquel,* Guatemala 1965

S. 70, 71, 72   Nach: David M. Pendergast, *Altun Ha. A Guidebook to the Ancient Maya Ruins,* Drawings by Claus Breede. The Government of British Honduras (Belize)

S. 174, 177, 178, 182, 202, 203, 206, 207   Nach: Verle L. Annis: La Arquitectura de la Antigua Guatemala 1543–1733, Guatemala 1968

S. 76, 77   Nach: Journal of Field Archaeology, Vol. 8 (1981)

S. 56   Nach: Linda Schele/ Mary E. Miller, The Blood of Kings. Dynasty and Ritual in Maya Art, London 1986

Praktische Reiseinformationen

von Gerhard Heck und Manfred Wöbcke

Inhalt

Klima und Reisezeit

Mittelamerika läßt sich das ganze Jahr hindurch bereisen, im Tiefland herrschen immer sommerliche Temperaturen. Die Monate Oktober bis April sind jedoch die angenehmeren, da es aufgrund der dann herrschenden Trockenzeit weniger Mücken gibt. Von Mai bis September fallen die meisten Niederschläge, am Pazifik und im Binnenland regnet es – kurz und meist gegen Abend – fast täglich bei hoher Luftfeuchtigkeit. An der Pazifikküste sind allerdings kurze und heftige Regenschauer zu jeder Jahreszeit möglich.

Die Höhenlage eines Ortes bestimmt in der Regel sein Klima. Bis zu einer Höhe von 800 m ist es tropisch heiß *(tierra caliente)*, zwischen 800 m und 1800 m gemäßigt warm *(tierra templada)*, wobei es nachts schon recht kühl werden kann. Ab 1800 m *(tierra fría)* ist gelegentlich sogar Frost möglich.

Kleidung und Ausrüstung

Empfehlenswert ist leichte Baumwollkleidung, die – jedoch nicht als Stranddress – überall in Mittelamerika akzeptiert ist. Formelle Garderobe ist nur in den teureren Hotels gefragt. Für das kühlere Hochland sollte man in jedem Fall einen warmen Pullover oder eine Wolljacke mitnehmen. Unbedingt notwendig sind eine Sonnenbrille und eine Kopfbedeckung als Sonnenschutz (überall in Mittelamerika für wenige Mark zu erwerben), flache, bequeme (z. B. Tennis-)Schuhe für den Besuch archäologischer Stätten, ein Regencape und ein Taschenmesser (zum Obstschälen). Nützlich sind eine Windjacke, bequeme und strapazierfähige Kleidung für Fahrten in Überlandbussen sowie ein Brustbeutel für Geld und Reisedokumente.

Gesundheitsvorsorge

Bei Reisen in Gebiete unter 1500 m Höhe ist eine Malaria-Prophylaxe erforderlich, z. B. mit Daraprim- oder Resochin-Tabletten. Wer nicht schon vor der Abreise mit der Einnahme der Tabletten begonnen hat, erhält Resochin unter dem Namen ›Aralen‹ in Guatemala und Honduras (auch in Mexiko). Inzwischen haben viele Moskitostämme Resistenzen gegen Resochin entwickelt, so daß es empfehlenswert ist, sich beim Gesundheitsamt oder den Tropeninstituten der Universitäten nach der jeweils besten Medikation zu erkundigen. Notwendig sind ebenso Impfungen gegen Tetanus, Polio und Typhus. Gegen die weit verbreitete Hepatitis bietet eine (allerdings recht teure) Injektion von Gammaglobulin einen relativ zuverlässigen Schutz und stärkt generell die körpereigenen Abwehrkräfte. Obwohl das Mittel in Mexiko nur DM 2 kostet, ist von einer Selbstinjektion dringend abzuraten. Eine Impfung gegen Cholera ist für Mittelamerika nicht erforderlich. Alle drei Länder verlangen bei Einreise aus Infektionsgebieten allerdings den Nachweis einer Gelbfieber-Schutzimpfung. Jedoch wird an den Grenzübergängen nicht danach geforscht.

Mitnehmen sollte man unbedingt Insektenschutzmittel (sehr wirksam: Autan), Creme, um den unvermeidlichen Sonnenbrand zu lindern, persönlich benötigte Medikamente, Mittel gegen Magenverstimmung und Durchfall, ein Antibiotikum sowie antibiotische Salbe.

Anreise nach Guatemala, Honduras und Belize

... mit dem Flugzeug aus Europa

Preiswerteste Anreise mit American Airlines nach Miami, dann mit US- oder mittelamerikanischen Fluglinien nach Guatemala City, Tegucigalpa oder Belize City. Aviateca, Air Florida, TACA und andere Fluglinien starten täglich von Miami.

Iberia fliegt von Düsseldorf/Frankfurt/München sowie von Genf/Wien/Zürich über Madrid nach Guatemala City, Sabena über Brüssel nach Guatemala City, KLM über Amsterdam nach Guatemala City (alle 2× wöchentlich). Air Florida fliegt von Amsterdam/Brüssel über Miami nach Guatemala.

Das Linienflugticket kostet DM 4500,–, der Holiday-Tarif (14–90 Tage) DM 2300,–, bzw. 2615,– (Hauptsaison).

... mit dem Flugzeug aus den USA und Mexiko

Die Fluggesellschaften Aviateca (guatemaltekisch), PanAm, Lacsa, TACA, Mexicana, TAN/SAHSA, Eastern und Aeronica fliegen von vielen Städten der USA und Mexikos nach Belize, Honduras und Guatemala; PanAm z.B. täglich von San Francisco, Los Angeles, Miami und Mexico City nach Guatemala.

... über Land

Täglich Busverkehr von Mexico City (24 Std.) und San Salvador (6 Std.) nach Guatemala City, von dort täglich ein Bus nach Tegucigalpa. Belize ist per Bus von Chetumal (Mexiko) und von Flores (Guatemala) zu erreichen. Busverkehr von Belize City nach Punta Gorda im Süden des Landes, von dort mit der Fähre nach Puerto Barrios in Guatemala und La Ceiba in Honduras.

... mit dem Schiff von Europa

Frachter zur mittelamerikanischen Karibikküste und – durch den Panamakanal – zur Pazifikküste verkehren ab Bremen, Hamburg, Kiel und Rotterdam etwa alle vier Wochen. Buchung bei spezialisierten Reiseagenturen, z.B. Euro-Lloyd. Die Spezialagentur Pfeiffer und Reffelt, Gottfried-Keller-Str. 43, 4030 Ratingen 4, vermittelt die Teilnahme an einfachen Frachterfahrten (2–3 Wochen) sowie 4–6wöchige Rundreisen für jeweils 10–12 Personen. Die einfache Fahrt an die Karibikküste kostet DM 1600–2500, Rundreisen DM 4000–6000, je nach gewünschter Kabinenart.

Adressen: Hamburg-Süd Reiseagentur, Ost-West-Str. 59, 2000 Hamburg 11, ✆ 0 40/3 70 50; Navis-Reiseagentur, Billhorner Kanalstr. 69, 2000 Hamburg 28, ✆ 0 40/78 94 81.

Pauschalreisen

nach Guatemala/Honduras/Belize werden meist im Zusammenhang mit Reisen nach

Mexiko von folgenden Veranstaltern angeboten:

M.A.T.A., München (Guatemala); Ikarus, Berlin (Guatemala); Excellent, München (Guatemala, Honduras); A-Reisen, Frankfurt (Guatemala); ultramar, Dorsten (Guatemala); Klingenstein, München (Guatemala, Belize, Honduras); Caribbean Adventures, Hamburg (Belize); Medico, Baden-Baden (Guatemala); Airtours (Guatemala, Honduras, Belize). Gebucht werden diese Reisen im Reisebüro.

Reisen zwischen Guatemala, Honduras und Belize

Öffentliche Verkehrsmittel

Guatemala – Belize
Busverbindung zwischen Flores (im Petén) und Belmopán/Belize City dreimal täglich; Schiffsverkehr zwischen Puerto Barrios und Punta Gorda zweimal pro Woche.

Guatemala – Honduras
Landübergang nach Copán: per Bus von Guatemala City direkt nach Chiquimula oder Richtung Puerto Barrios (CA 9) und in Río Hondo umsteigen Richtung Chiquimula (CA 10). Dort Bus bis zur Grenze. Dann mit Kollektivtaxi oder Bus nach Copán, Weiterfahrt ins Landesinnere per Bus.

Von Chiquimula auch Busverbindung nach Esquipulas (CA 10), dort Kollektivtaxis zur honduranischen Grenze.

Schiffsverbindung zwischen Lívingston/Puerto Barrios und Puerto Cortés/La Ceiba (zweimal wöchentlich).

Honduras – Belize
Landverbindung nur über Guatemala (s. o.). Die angegebene Fähre zwischen Honduras und Guatemala fährt weiter nach Punta Gorda im Süden Belizes; von dort Bus über Schotterstraße nach Norden (Belize City).

Flüge in Mittelamerika

Die honduranische Fluggesellschaft TAN/SAHSA verbindet die USA (Houston, Miami, New Orleans) und Mexiko mit Belize, Guatemala City, San Salvador, Tegucigalpa, Managua, San José und Panama City. Costa Ricas Fluglinie Lacsa fliegt von den USA über Mexiko nach Guatemala, Honduras, San Salvador, San José und Panama City. TACA International, El Salvadors Fluggesellschaft, bietet ebenfalls Flüge von USA und Mexiko nach Belize, Guatemala City, San Salvador,

Tegucigalpa, Managua und Panama City. In Honduras werden außer der Hauptstadt auch die Flughäfen von San Pedro Sula und La Ceiba im Norden des Landes angeflogen.

Trampen

Man sieht selten Anhalter, und wenn, dann zumeist auf dem Panamerican Highway. Die preiswerten Verkehrsmittel machen Trampen eigentlich auch nicht erforderlich. Dennoch: Eine Tafel mit der Aufschrift ›ALE-MAN‹ (Deutscher) oder eine Nationalflagge sind hilfreich. Personen- und Gepäckkontrollen durch Polizisten oder Militär sind wahrscheinlich. Wer einmal mitgenommen wurde und ein paar Brocken Spanisch spricht, wird einen begeisterten Chauffeur finden, der auch kleine Umwege fährt.

Sprachführer

Die Kenntnis des Spanischen ist bei Mittelamerikareisen, die über die Hauptstädte hinausführen, sehr nützlich. Es spricht auf dem Lande kaum jemand Englisch. Selbst die Kenntnis nur weniger Brocken hilft enorm weiter und öffnet viele Türen. Das mittelamerikanische Spanisch unterscheidet sich vom europäischen in gewisser Weise. Erfreulich: Man spricht deutlicher als die Spanier. Aus vielen indianischen Sprachen gingen Wörter in das Spanische ein, insbesondere Orts- und andere geographische Bezeichnungen. Außerdem haben sich einige Grammatikregeln geändert, und auch altspanische Ausdrücke, die in Europa nicht mehr gebräuchlich sind, findet man in Mittelamerika. In Guatemala konnten sich einige indianische Sprachen und Dialekte erhalten.

In Belize spricht man Englisch. Sie hören jedoch auch Spanisch (besonders an den Grenzen zu Guatemala und Mexiko).

Wichtige Wörter für unterwegs

Abfahrt	– salida	billig	– barato
Adresse	– dirección	bitte	– por favor
Ankunft	– llegada	bitte schön	– de nada
Auf Wiedersehen	– adiós	Brief	– carta
Ausgang	– salida	Briefmarke	– sello, timbre
Bad	– baño	danke	– gracias
Bahnhof	– estación	Eingang	– entrada
Bedienung	– servicio	Fahrkarte	– boleto
Bett	– cama	Flughafen	– aeropuerto
bewahren	– guardar	Gebäude	– edificio

Geld	– dinero	wieviel kostet	– cuánto cuesta	
Gepäck	– equipaje	wo	– dónde	
gestohlen/bestohlen	– robado	wohin	– adónde	
gut	– bueno	Zigaretten	– cigarros, cigarillos	
Guten Morgen,	– buenos días	Zimmer	– cuarto, habitación	
Guten Tag		Zoll	– aduana	
Guten Tag (ab 12 h)	– buenas tardes			
Guten Abend,	– buenas noches	**Zahlen (Numeros)**		
Gute Nacht		1 uno	20 veinte	
Haltestelle	– parada	2 dos	30 treinta	
Handtuch	– toalla	3 tres	40 cuarenta	
heute	– hoy	4 cuatro	50 cincuenta	
hier	– aquí	5 cinco	60 sesenta	
ja	– sí	6 seis	70 setenta	
Koffer	– maleta	7 siete	80 ochenta	
Kollektivtaxi	– colectivo	8 ocho	90 noventa	
links	– a la izquierda	9 nueve	100 cien	
Markt	– mercado	10 diez	200 doscientos	
morgen	– mañana	11 once	300 trescientos	
nahe	– cerca	12 doce	400 cuatrocientos	
nein	– no	13 trece	500 quinientos	
Paß	– pasaporte	14 catorce	600 seiscientos	
Polizei	– policía	15 quince	700 setecientos	
Postamt	– correo	16 dieciseis	800 ochocientos	
Postkarte	– tarjeta postal	17 diecisiete	900 novecientos	
Preis	– tarifa, precio	18 dieciocho	1000 mil	
Rechnung	– cuenta	19 diecinueve	2000 dos mil	
rechts	– a la derecha			
Rucksack	– mochila	**Die Woche (La Semana)**		
Ruine	– ruina	Sonntag	– domingo	
Strand	– playa	Montag	– lunes	
Stunde	– hora	Dienstag	– martes	
Tag	– día	Mittwoch	– miércoles	
Tasche	– bolsa	Donnerstag	– jueves	
Telefon	– teléfono	Freitag	– viernes	
teuer	– caro	Samstag	– sábado	
Toilette	– baños, retretes, sanitarios, tocadores			
Herren	– caballeros, hombres	**Monate (Meses)**		
Damen	– damas, mujeres	Januar	– enero	
Touristeninformation	– oficina de turismo	Februar	– febrero	
Unterschrift	– firma	März	– marzo	
verloren	– perdido	April	– abril	
wann	– cuándo, a qué hora	Mai	– mayo	
Warteraum	– sala de espera	Juni	– junio	
was	– qué	Juli	– julio	
Wechselgeld	– cambio	August	– agosto	
weit	– lejos	September	– septiembre	
wie	– cómo	Oktober	– octubre	
wieviel	– cuánto	November	– noviembre	
		Dezember	– diciembre	

Essen und Trinken

Abendessen	– cena
Ananas	– piña
Apfel	– manzana
Austern	– ostras
Bananen	– plátanos, bananas
Brot	– pan
Butter	– mantequilla
Eier	– huevos
Spiegeleier	– huevos fritos
Rühreier	– huevos revueltos
Erdbeeren	– fresas
Essen	– comida
Fisch	– pescado
Fleisch	– carne
Forelle	– trucha
Frühstück	– desayuno
Garnelen	– gambas, cigalas
Gemüse	– verdura
Hammel	– carnero
Huhn	– pollo
Kalb	– ternera
Kaninchen	– conejo
Karamelpudding	– flan
Karotte	– zanahoria
Kartoffeln	– papas, patatas
Knoblauch	– ajo
Kohl	– col
Krabben	– camarones
Kuchen	– pan dulce
Lamm	– cordero
Languste	– langosta
Mango	– mango
Marmelade	– mermelada
Meeresfrüchte	– mariscos
Melone	– melón
Nachspeise	– postre
Orange	– naranja
Pampelmuse	– toronja
Papaya	– papaya
Pfeffer	– pimienta
Reis	– arroz
Rotbarsch	– huachinango
Salat	– ensalada
scharf	– picante
sehr scharf	– muy picante
nicht scharf	– sin picante
Schweinefleisch	– puerco

Soße	– salsa
Tomatensoße mit Zwiebeln + Chili	– salsa roja
Suppe	– sopa
klare Suppe	– consomé
Brühe	– caldo
Tee	– té
Kamillentee	– té de manzanilla
Thunfisch	– atún
Tintenfische	– calamares
Tomate	– tomate
Traube	– uva
Würstchen	– salchicha
Zucker	– azúcar
Zunge	– lengua
Zwiebel	– cebolla

Im Hotel

Stern	– estrella
Luxus	– lujo
Einzelzimmer	– cuarto sencillo, habitación individual
Doppelzimmer	– cuarto doble, habitación de dos camas
Doppelbett	– cama matrimonial
2 Betten	– dos camas
Stockwerk	– piso

Rund um's Auto

abdichten	– ajustar
abschleppen	– remolcar
abschmieren	– engrasar
Anlasser	– arranque
anschrauben	– atornillar
ausbauen	– desmontar
Auspuff	– tubo de escape
Auto	– coche
Automatik-Getriebe	– cambio automático de marchas
Batterie	– batería
Benzin	– gasolina
Benzinpumpe	– bomba de gasolina
Benzintank	– depósito de gasolina
beschädigt	– deteriorado
bezahlen	– pagar
Birne	– bombilla
Bremsen	– frenas
Bremsflüssigkeit	– líquido para frenos
Bremsschlauch	– tubo para frenos

Defekt	– defecto	Rad	– rueda
destilliertes Wasser	– agua destilada	Reifen	– neumático
Dichtung	– junta	reinigen	– limpiar
Düse	– inyector	reparieren	– reparar
einbauen	– montar	Schalter	– conmutador
einstellen	– ajustar	schmieren	– engrasar
elektrische Störung	– defecto eléctrico	Schraube	– tornillo
Ersatzteil	– repuesto	schrauben	– atornillar
fahren	– conducir	Sicherung	– fusible
Feder	– resorte	Stoßdämpfer	– amortiguador
Felge	– llanta	Strom	– corriente
Fernlicht	– luz larga	Thermostat	– termostato
festschrauben	– atornillar	Unfall	– accidente
Filter	– filtro	Ventil	– válvula
Führerschein	– permiso de conducir	Vergaser	– carburador
Gang	– velocidad	verstopft	– tapado
gebrochen	– roto	Verteiler	– distribuidor
Getriebe	– cambio de marchas	Wasser	– agua
Hinterachse	– eje trasero	Werkstatt	– taller
Kabel	– cable	Zündkerze	– bujía
Keilriemen	– correa trapezoidal	Zündung	– encendido
Kennzeichen	– placa de matricula	Zylinder	– cilindro
Kolben	– pistón		
Kontakt	– contacto	**Gesundheit**	
kontrollieren	– controlar	Apotheke	– farmacia
Kühler	– radiador	Arzt	– médico
Kupplung	– embrague	Durchfall	– diarrea
Kurzschluß	– corto circuito	erbrechen	– vomitar
Leitung	– conductor	Erkältung	– resfriado
Lenkung	– dirección	Fieber	– fiebre
Lichtmaschine	– dínamo	gebrochen	– fracturado
locker	– suelto	Kopfschmerzen	– dolor de cabeza
löten	– soldar	Krankenhaus	– hospital
Luftdruck	– presión de aire	Krankenwagen	– ambulancia
Öl	– aceite	Menstruation	– menstruación
ölen	– lubricar	Mullbinde	– venda de gasa
Ölwechsel	– cambio de aceite	Nieren	– riñones
Panne	– avería	Ohrenschmerzen	– dolor del oído
parken	– estacionar	Pflaster	– emplasto
prüfen	– examinar	Verband	– vendaje
Pumpe	– bomba	verstaucht	– dislocado

Apotheken

Die mittelamerikanische *farmacia* (in Belize: pharmacy) ähnelt einem Warenhaus; außer Medikamenten werden z. B. auch Spielwaren und Zigaretten verkauft. Alle gängigen Arzneimittel sind rezeptfrei und erheblich preiswerter als in Europa. Aralen (zur Malaria-Prophylaxe), Aspirin, Gammaglobulin sowie Antibiotika sind für etwa ein Zehntel der hiesigen Preise zu haben.

Man sollte die gewünschten Medikamente in der Apotheke nennen und sich keinesfalls Ersatzarzneien geben lassen. Achten Sie auf das Verfallsdatum!

Diebstahl

Die Hauptstädte und Touristenorte Mittelamerikas ziehen natürlich auch Taschendiebe an. Diebstähle sind hier nicht selten, auf dem Lande jedoch kaum zu erwarten. Hauptsächlich arbeiten die Diebe in Bussen, auf Bahnhöfen und Märkten. Man muß auf immer neue Tricks gefaßt sein. Aus hinteren Hosentaschen verschwindet alles in Sekundenschnelle, ohne daß man es merkt. Selbst die Innentasche der Jacke und der Brustbeutel sind nicht sicher. Überall da, wo Gedränge herrscht, sind auch Taschendiebe am Werk. Gepäck muß auf Flughäfen, in Hotelhallen und auf Bahnhöfen immer im Auge behalten werden.

Die beliebten Geldgürtel sind von den Profis sofort als solche zu erkennen und fordern, wenn sie dick sind, besonders in abgelegenen Gegenden zu einem Überfall heraus. Solche Gürtel sollten deshalb nicht sichtbar getragen werden. Generell gilt, Geld und Reisedokumente verdeckt am Körper zu tragen und in der Geldbörse, die ständig benutzt wird, nur kleinere Beträge zu haben.

Orte, in denen besondere Vorsicht geboten ist, sind Guatemala City, Panajachel, Chichicastenango und Puerto Barrios in Guatemala, Tegucigalpa und Belize City. Insgesamt muß man jedoch nicht mit aggressiven Räubern oder Gewalttätern rechnen; es handelt sich vielmehr in der Mehrzahl um trickreiche Freizeitdiebe, deren Geschick man manchmal bewundern muß und die, wie überall in der Welt, die Unachtsamkeit und Unvorsichtigkeit der Fremden ausnutzen.

Drogen

In Mittelamerika unterscheidet man nicht zwischen weichen und harten Drogen. Haschisch, Heroin und Hustensaft sind gleich verdächtig. Der Besitz bereits kleiner Mengen an Marihuana kann mit Gefängnis und Geldbuße bestraft werden. Wer mit Drogen handelt, muß mit hohen Freiheitsstrafen rechnen. Individualreisende können beim Landübergang sorgfältig durchsucht werden, aber auch während ganz gewöhnlicher Busreisen im Lande sind Kontrollen nicht ungewöhnlich.

In Touristenorten werden Drogen angeboten, worauf man in keinem Fall eingehen sollte. In Belize sind überall eindeutige Angebote gang und gäbe, woraus sich allerdings keineswegs auf eine liberale Handhabung durch die Polizei schließen läßt! Daher: schnell und nachdrücklich ablehnen!

Einkaufen

In den größeren Städten gibt es Supermärkte europäischen Zuschnitts, in denen man kaum Waren vermißt. In kleinen Orten überwiegen Geschäfte, in denen es »alles« zu kaufen gibt, nur gerade das nicht, was man sucht.

Als Mitbringsel aus Guatemala bieten sich u.a. handgewebte Textilien (siehe S.157f.) und Wolldecken *(ponchos)* an. In Honduras werden Holzarbeiten aller Art angeboten, hauptsächlich Holzschnitzereien und Holzmöbel mit Maya-Motiven. Darüber hinaus findet man schöne und preiswerte Lederwaren. In Belize ist das Angebot an Stroh- und Panamahüten überwältigend.

Essen und Trinken

Man geht in Mittelamerika gern essen. Nahezu überall finden sich Restaurants in allen Preisklassen und in den größeren Orten neben unzähligen nationalen auch chinesische, französische und italienische Lokale. In Guatemala kann man außerdem indisch und japanisch essen, während in Belize die chinesische Küche dominiert.

Achten Sie in Guatemala und Honduras auf die *comida corrida,* ein wechselndes Tagesmenü mit mehreren Gängen zum Vorzugspreis. Auf Straßen und Märkten gibt es Garküchen, in denen Frauen und ganze Familien mit wenig Aufwand preiswerte Gerichte anbieten, die man oft im Stehen ißt, aber auch auf Kleinst- oder behelfsmäßigen Sitzmöbeln zu sich nimmt. Salat, Kohl, Käse, Gemüse, Tomaten, Chilis, Bohnenbrei, Fleisch- und Fischstückchen sowie natürlich Tortillas bilden die Grundlage der Mahlzeiten.

Hauptbestandteil der mittelamerikanischen Küche ist der Mais, der in allen Variationen verarbeitet wird. Bekannt sind Tortillas (eine Art Pfannkuchen aus Maismehl), die zu jedem Gericht und zu jeder Tageszeit gehören. Enchiladas sind in Tortillas eingewickelte Fleisch- oder Gemüsestückchen, Enchiladas Suizas enthalten zusätzlich Käse und eine Soße. Tostadas, knusprige Tortillas, werden mit Bohnen, Salat, Käse und Tomaten belegt. Selbst eine Suppe, die Sopa de Maiz, enthält Tortillastücke. Tamales nennt man eine Mischung aus Maisbrei, Rindfleisch, Huhn und Pfefferschoten, in Mais- oder Bananenblättern serviert. Quesadilla heißt der Tortillateig mit Käse und Gemüsen. Die gebratenen Tortillas nennt man Tacos, die zur Hälfte geklappt sind und Fleisch oder Gemüse enthalten. Freuen Sie sich in Guatemala auf Gallo en Chica (Huhn in Wein) mit Plátanos fritas (gebratenen Bananen)!

Fotografieren

»Andere Länder, andere Sitten«, auch beim Fotografieren. Militärische Einrichtungen, Flugplätze, Brücken und Hafenanlagen sind tabu. Wenn man Einheimische ungefragt fotografiert, kann man leicht in heikle Situationen geraten. Denn Kreolen und Mestizen stellen sich zwar gern in Positur, wenn man sie um ein Foto bittet. Indios dagegen lassen sich nicht gern fotografieren. Deshalb unbedingt vorher um Erlaubnis fragen, die oft auch verweigert wird. Ebenso muß teilweise mit aggressiven Verhaltensweisen gerechnet werden. In Museen und archäologischen Stätten ist meist eine Fotografiererlaubnis einzuholen, die ein paar Pfennige extra kostet.

Filme sind in Mittelamerika teuer, deshalb genügend Material mitnehmen! Kamera und Filme auf Flugplätzen von Hand kontrollieren lassen, da nicht alle Röntgengeräte filmsicher sind.

Frauen alleinreisend

Der mittelamerikanische Machismo macht das Leben für alleinreisende Frauen nicht ganz einfach. Sich als Frau alleine in der Öffentlichkeit zu bewegen heißt oft, mit eindeutigen Angeboten rechnen zu müssen. Dagegen helfen keine Maßnahmen außer solchen, die darauf ausgerichtet sind, Konfrontationen zu vermeiden, und die manche Einschränkungen der persönlichen Handlungs- und Bewegungsfreiheit bedeuten. Konkret heißt das: Frauen sollten allein keine Cantina aufsuchen, einheimische Männer möglichst nicht ansprechen, Augenkontakt vermeiden, besser keine Wanderungen an einsamen Stränden und durch den ›Busch‹ unternehmen. Oft wird in diesen Fällen angenommen, die Frauen suchten ein Abenteuer. Kurze Hose und Bikini sind außerhalb der größeren Badeorte nicht angebracht. Und auf dem Land gehört über das T-Shirt ein Schal oder eine weite Bluse.

In Belize City kann ein Spaziergang durch die Stadt, so schön er auch ist, recht nervend sein: Frauen werden ständig angesprochen, -gepfiffen, sogar -gesungen. Da heißt es dann, die verschiedenen Aktivitäten der vielen kontaktfreudigen Männer nach Möglichkeit zu ignorieren.

Fremdenführer

Wer allein durch eine mittelamerikanische Stadt schlendert, erlebt es nicht selten: Kaum hat man den Bus oder das Hotel verlassen, preisen sich junge Leute als Fremdenführer an. Besonders häufig passiert dies an historischen Stätten, wo die selbsternannten Führer besonders hartnäckig sind. Geht man auf das Angebot ein, landet man über kurz oder lang in einem Souvenirshop, bei Verwandten oder Bekannten, in einer besonders preiswerten ›factory‹. Man läßt sich Kunsthandwerksartikel aufschwatzen, und der Führer erhält seine Provision. Wenn Sie nichts kaufen, erwartet der Führer für seine Dienste ein Entgelt.

Um dem Ganzen zu entgehen, gibt es zwei Möglichkeiten: Entweder Sie lehnen die Angebote entschieden und ohne Zögern ab oder Sie heuern von vornherein einen Führer an, der Ihnen sympathisch ist; dann bleiben Sie von anderen unbehelligt.

Gesundheit

Die gesundheitlichen Risiken sind für Reisende in Mittelamerika größer als in Europa. Einige Vorsichtsmaßnahmen sind daher unerläßlich.

Gelbsucht vermeidet man durch peinliche Hygiene in Hotelzimmern, Toiletten und bei Speisen. Leitungswasser ist kein Trinkwasser. Selbst zum Zähneputzen Mineralwasser oder *agua purificada* benutzen!

Hitze und Luftfeuchtigkeit können zu Erschöpfung führen. Wer empfindlich ist, sollte zu Beginn der Reise deshalb die Küstengebiete meiden. In jedem Fall gilt: Viel trinken und salzige Speisen zu sich nehmen! Von Durchfall bleibt kaum jemand verschont.

Verdorbene oder fremdartige Speisen sind die Ursache, manchmal auch Alkohol und ungewohntes Klima. In Billig-Restaurants ist die Gefahr besonders groß. Früchte daher immer selbst schälen, Gemüse nur gekocht, Fleisch gut gebraten, Fisch nur in der Nähe von Gewässern essen, keine Eiswürfel in Getränke, kein Speiseeis. Vorsicht auch bei frischer Milch, Joghurt, Käse.

Gegen Insekten schützen Moskitonetze, Ventilatoren, Fenstergitter, Einreibemittel und Räucherspiralen *(mosquito coil)*.

Überall in den Großstädten findet man genügend Ärzte, die, außer in Belize, in der Regel kein Englisch sprechen. Ein Wörterbuch muß deshalb beim Arztbesuch dabei sein. Typische Landes- und Touristenkrankheiten behandeln die einheimischen Ärzte sehr gut. Bei ernsthaften Erkrankungen sollte man die Ambulanz eines größeren Krankenhauses aufsuchen, zum Beispiel in Guatemala City das Hospital Herrera Llerandi, 6 a Av. 8–71, Zona 10, ✆ 02/6 67 71–75. Die Erstkonsultation eines Arztes kostet in Guatemala 8–20 Q, in Belize 30–50 Bz-$, in Honduras 10–15 US-$.

Medikamente-Empfehlungen von Apotheken *(farmacia)* sollte man besser nicht Folge leisten.

Kirchenbesuche

Die große Religiosität der Lateinamerikaner und besonders der Indios fordert von Touristen beim Besuch katholischer Kirchen Zurückhaltung und Bescheidenheit. Dies gilt in besonderem Maße für kleinere Ortschaften. Männer sollten dort nie in kurzen Hosen die Kirche betreten, Frauen vollkommen bedeckt und möglichst mit Kopftuch.

Literatur und Landkarten

Geschichte und Kultur (s. auch S. 222 f.)

Arnold, P.: *Das Totenbuch der Maya*, München 1984

Baudez, C. F.: *Mittelamerika*, München 1972

Coe, W. R.: *Tikal*, Philadelphia 1967

Coe, M. D.: *Die Maya*, Bergisch-Gladbach 1968

Duby-Blom, G.: *Das Antlitz der Maya*, Königstein 1982

Hagen, V. v.: *Sonnenkönigreiche*, München 1966

Helfritz, H.: *Amerika – Inka, Maya und Azteken*, Wien 1979

Lothrop, S. K.: *Azteken, Mayas, Inkas – Kunst und Kultur in Mittel- und Südamerika*, Stuttgart 1980

de Madariaga, S.: *Die Erben der Conquistadoren. Das spanische Reich in Amerika*, Stuttgart 1964

Popol Vuh – das Heilige Buch der Quiché Guatemalas, Berlin 1976

Westphal, W.: *Die Maya*, Herrsching 1986

Wirtschaft und allgemeine Landeskunde

Boris, D./Rausch, R. (Hrsg.): *Zentralamerika*, Köln 1983

Castillo, C. M.: *Growth and Integration in Central America*, New York 1966

Cochrane, J. D.: *The Politics of Regional Integration. The Central American Case*, Den Haag 1969

Giesecke, H.: *Zentralamerika und sein gemeinsamer Markt*, Hamburg 1964

Grabendorff, W.: *Lateinamerika – wohin? Informationen und Analysen*, München 1970

Whetten, N. L.: *Guatemala – the Land and the People*, New Haven 1961

Politik

Gabriel, L.: *Aufstand der Kulturen – Konfliktregion Zentralamerika*, Hamburg 1987

Informationsstelle Guatemala (Hrsg.): *Guatemala – der lange Weg zur Freiheit*, Wuppertal 1982

Sozialistisches Büro (Hrsg.): *Strategien des Imperialismus in Zentralamerika*, Offenbach 1981

Tangermann, K.-D.: *Ein Vulkan – Zentralamerika*, Berlin ³1981

Romane und Erzählungen aus Guatemala, Honduras und Belize

Asturias, M. A.: *Der grüne Papst*, Berlin 1979
Die Augen der Begrabenen, Berlin 1977
Don Niño oder die Geographie, Berlin 1977
Der böse Schächer, Frankfurt 1981
Die Maismänner, Bornheim 1983

Maldonado, R. P.: *Tales from Chichicastenango – Legends of the Maya-Quiché*, Guatemala City 1975

Saravia, A.: *Popol Wuh – Ancient Stories of the Quiché Indians of Guatemala*, Guatemala City ³1987

Theroux, P.: *Moskito-Küste*, Frankfurt 1985

Landkarten

Hallwag: *Mittelamerika* (Bern und Stuttgart). 1:5 Mio., DM 12,80.

Sehr ausführliche und übersichtliche Legende, allerdings reicht die Karte von den südlichen USA bis zum nördlichen Südamerika mit Karibik-Inseln und Mexiko. 31 S. Ortsregister.

Das Fremdenverkehrsbüro in Guatemala City gibt eine brauchbare Straßenkarte (1:1 Mio.) des Landes ab; die fotokopierte Belize-Karte des Touristenbüros in Belize City ist unbrauchbar. Aus Tegucigalpa versendet das Fremdenverkehrsbüro eine kostenlose Straßenkarte (1:1 Mio.) (mit einem Stadtplan der Hauptstadt), die recht übersichtlich ist.

Empfehlenswert ist auch die *Mapa Vial Turístico* von Guatemala des Instituto Geográfico Militar, mit mehr als 10 Stadtplänen auf der Rückseite, die in Guatemala und bei einigen Ausrüstern in der Bundesrepublik erhältlich ist.

In Mittelamerika wird eine ESSO-Karte *Guía Informativa Centro América y Pánama* abgegeben, Maßstab 1:2,5 Mio., die in Guatemala hergestellt wird und daher die Grenze zu Belize nicht ausweist. Sie zeigt auf der Rückseite Stadtpläne der sieben Hauptstädte.

Maße und Gewichte

Offiziell gilt in Mittelamerika das in Europa bekannte metrische bzw. Dezimalsystem. Weit verbreitet sind aber auch US-amerikanische Maße und Gewichte.

Umrechnungshilfen

1 Meile = 1609 m
1 Gallone = 3,8 l
1 Pound = 450 g
1 Acre = 0,4 ha

Temperaturen

Fahrenheit	Celsius
104	40
95	35
86	30
77	25
68	20
59	15
50	10
41	5
32	0

Öffnungszeiten

Märkte sind überwiegend morgens geöffnet; nur bei überdachten Anlagen zieht sich die Öffnungszeit bis spät in den Abend hinein. Geschäfte schließen abends zu unterschiedlichen Zeiten, manche erst um Mitternacht. Alle halten eine lange Mittagspause von etwa 12 bis 15 oder 16 Uhr ein.

Sicherheit

Verhaltensempfehlungen für Touristen zu geben, die der Sicherheit dienen sollen, steht eigentlich nur den Einheimischen zu; die Grenze zwischen sinnvollen Hinweisen oder durchaus angebrachten Warnungen und der Diskriminierung ganzer Bevölkerungsschichten ist schnell überschritten. Da Mittelamerikabesucher zu ihrer eigenen Sicherheit doch ein paar Dinge beachten sollten, hier einige Hinweise:

Halten Sie sich nie zu dicht an der Fahrbahn auf. In der Öffentlichkeit keine größeren Mengen Geld zeigen, sondern für den ständigen Gebrauch kleinere Beträge in einer separaten Geldbörse haben; kein Taxi benutzen, in dem bereits ein Fahrgast sitzt (außer bei Kollektivtaxis); bei Kontrollen durch Militär oder Polizei immer sachlich und höflich bleiben und sich nicht aufregen. Busreisen nach Möglichkeit so planen, daß Sie vor Anbruch der Dunkelheit am Zielort ankommen.

Siesta

Die übliche lange Mittagspause ist ebenso angenehm wie nützlich. Während der größten Hitze des Tages, etwa zwischen 12 und 15 oder 16 Uhr, ruht in Mittelamerika das Geschäfts- und Büroleben. Man fährt nach Hause und kehrt erst am Spätnachmittag an den Arbeitsplatz zurück. Je kleiner der Ort, desto strikter wird die Siesta eingehalten.

Strom

Wie in den USA: 110 V, 60 Hertz, Wechselstrom und Flachstecker.

Trinkgeld

Propina ist im Rechnungsbetrag gewöhnlich nicht enthalten. Die Bedienung im Restaurant erwartet 10–15%, Zimmermädchen erhalten 5–10% pro Übernachtung. Taxifahrer rechnen nicht mit Trinkgeld. Bei Sonderwünschen im Hotel oder Restaurant (Taxi bestellen, Arzt rufen, Telefonverbindung herstellen) gibt man das Trinkgeld besser im voraus.

Uhrzeit

Mitteleuropäische Zeit minus 7 Stunden.

Verhalten im Alltag

Einige wichtige Verhaltensregeln: Wenige Worte Spanisch sind wirksamer als viele in Englisch.

Behörden sind hierarchisch gegliedert: Kontakte werden nur ›oben‹ wirksam und funktionieren dort nur mittels eines einheimischen *amigo*.

Verständnis für die hiesigen Sitten und Zurückhaltung mit vorschnellen Urteilen über Dinge, deren Hintergrund man nicht kennt, sollte selbstverständlich sein. Arrogantes Verhalten, also etwa Belustigung über regionale Besonderheiten, werden in der Regel sehr übel genommen. Erwarten Sie weder übertriebene Disziplin noch Pünktlichkeit. Man hat hier viel Zeit; *mañana* (›morgen‹) heißt das Zauberwort.

Wichtig ist aber ein freundliches und höfliches Benehmen.

Rückreise nach Europa

Bei der Rückreise lassen sich **zollfrei** in die EG-Länder einführen:

200 Zigaretten oder 100 Zigarrillos oder 50 Zigarren oder 250 g Tabak, 1 l Alkohol mit mehr als 22% oder 2 l mit weniger oder 2 l Wein/Likör, 250 g Kaffee, 100 g Tee, 50 g Parfüm, Geschenkwaren im Wert von max. DM 115,–.

Übergepäck: 1 kg kostet bei den meisten Fluggesellschaften 1% des 1.-Klasse-Tarifs. Als unbegleitetes Gepäck (unaccompanied baggage) kann man es 2 Tage vor der Abreise bei der Frachtabteilung der jeweiligen Fluggesellschaft aufgeben (Ticket vorzeigen), dann kostet es nur die Hälfte.

Airport departure tax: Bei internationalen Abflügen ist an Flughafensteuer zu bezahlen:

Mexiko: 10 US-$
Guatemala: 20 Q
Belize: 20 Bz-$
Honduras: 10 US-$

Guatemala

Diplomatische Vertretungen

... in der Bundesrepublik Deutschland

Botschaft
Zietenstr. 16
5300 Bonn 2
✆ 02 28/35 15 79

Honorarkonsulat
Schillerstr. 15–17, 6000 Frankfurt 1
✆ 0 69/28 41 72

Generalkonsulat
Lessingstr. 7, 2000 Hamburg 76
✆ 0 40/2 50 54 34

... in Österreich

Embajada de Guatemala
Andreas-Gasse 4–5
1070 Wien
✆ 02 22/36 12 23

... für die Schweiz

Embajada de Guatemala
73 Rue de Courcelles
75008 Paris 8, Frankreich
✆ 1 42 27 78 63

Diplomatische Vertretungen in Guatemala

Botschaft der Bundesrepublik Deutschland

Embajada Alemana
6 a Av. 20–25
Edificio Plaza Maritima (2. Stock)
Guatemala City (Zona 10)
✆ 0 05 02/(0)2/37 00 28/29/31

Österreichische Botschaft

Embajada de Austria
10 a Calle 7–43
Edificio Torín
Guatemala City (Zona 1)
✆ 0 05 02/(0)2/8 10 57

Schweizerische Botschaft

Embajada Suiza
4 a Calle 7–73
Edificio Seguros Universales
Guatemala City (Zona 9)
✆ 0 05 02/(0)2/6 57 26

Einreisebestimmungen

Für einen bis zu 90 Tage dauernden Aufenthalt benötigen Deutsche, Schweizer und Österreicher kein Visum. Der Reisepaß muß bei der Einreise noch mindestens 6 Monate gültig sein.

Ein Visum erhält man bei der Botschaft Guatemalas in Bonn oder in Guatemala bei Dirección General de Migración, 8 a Av./12 a Calle (Zona 1), Guatemala City.

Die Einreise ist problemlos, es sind jedoch diverse kleine Gebühren zu entrichten, bei denen oft zweifelhaft ist, ob sie offizieller Natur sind, da nicht für alle eine Quittung ausgestellt wird. Als Anlässe hierfür werden genannt: die Einreisegenehmigung, das Kontrollieren des Gepäcks, das evtl. mitgeführte Auto, Abfertigung außerhalb der Dienstzeiten (auch in der Mittagspause), der Brückenübergang (falls Brücke vorhanden). Insgesamt kommen ca. 1–3 US-$ zusammen.

Feste und Feiertage

Feste, meist religiösen Charakters, werden in Guatemala das ganze Jahr hindurch und ausgiebig gefeiert. In größeren Orten können die Festivitäten und Vorbereitungen bereits mehrere Tage vor dem eigentlichen Ereignis beginnen, während sich in kleinen Dörfern alles auf diesen einen Tag konzentriert. In Gegenden mit hohem Indioanteil sind die Feste auch heute noch stark traditionell orientiert. Neben farbenprächtigen Wallfahrten und Prozessionen werden auch überlieferte Tänze aufgeführt, darunter der aus Spanien stammende und unter arabischem Einfluß stehende *Baile de la Conquista*. Ansonsten gehören sportliche Wettkämpfe, Schönheitswettbewerbe, Feuerwerk und reichlicher Alkoholgenuß zu fast jeder von der Bevölkerung geschätzten Festivität.

Bei der guatemaltekischen Botschaft kann man eine Übersicht über alle Feste *(Directorio de Fiestas Guatemalteco)* anfordern.

Nationale Feiertage

1. 1.   Neujahr

Osterwoche: Mittwoch, Donnerstag und Freitag der Osterwoche. Abertausende von Besuchern und Pilgern nehmen an den Prozessionen in Chichicastenango und Antigua teil (frühzeitige Hotelreservierung notwendig!). Die Feierlichkeiten beginnen bereits am Palmsonntag und enden am darauffolgenden Ostersonntag; Höhepunkt ist der Karfreitag. Reiter in der Tracht römischer Soldaten traben an diesem Tag über die alten Kopfsteinpflaster von Antigua. Laut wird der Tod Jesu von Nazareth ausgerufen. Um 8 Uhr verläßt eine Prozession purpurrot gewandeter Männer und Knaben die Kirche La Merced. Die 7000 Pfund schwere Trage wird auf ihre Schultern gehievt. Unter Wolken von Weihrauch bewegt sich die Prozession bis zum frühen Nachmittag durch die Straßen. Eine weitere Prozession verläßt die Kirche Escuela de Christo um 16 Uhr.

1. 5.   Tag der Arbeit
30. 6.   Tag der Wehrmacht
15. 8.   Himmelfahrt
15. 9.   Unabhängigkeitstag
20. 10.   Tag der Revolution
1. 11.   Allerheiligen: Wallfahrten zum lokalen Friedhof; in Santiago Sacatepequez steigen riesige Drachen auf, die Nachrichten an die Toten übermitteln sollen.
24./25. 12.   Weihnachten
31. 12.   Silvester

Geld und Zahlungsmittel

Die guatemaltekische Währungseinheit ist der Quetzal (1 Q = 100 Centavos). Im Umlauf sind 50-Centavoscheine und 1-, 5-, 10-, 20-, 50- und 100-Q-Scheine. An Münzen gibt es 1-, 5-, 10- und 25-Centavo-Münzen.

Der Quetzal ist eng an den Dollar gebunden: mit dem offiziellen Kurs (1 US-$ = 1 Q) bedient Guatemala seine Auslandsschulden, mit dem Kurs der Handelsbanken (1:2,5) die Touristen. Allerdings kann der Kurs von Bank zu Bank differieren. Geldwechsler an der Grenze bieten einen den Banken entsprechenden Kurs.

Da deutsche Währung fast nirgendwo akzeptiert wird, empfiehlt sich die Mitnahme von US-$, Reiseschecks auf US-$-Basis sowie international bekannte Kreditkarten.

Die Einfuhr von Quetzales ist nicht gestattet.

Informationsstellen

... in Guatemala

Instituto Guatemalteco de Turismo (INGUAT)
7a Av. 1–17, Centro Cívico, Zona 4, Guatemala City, ✆ 0 05 02/(0)2/31 13 33
Deutsch-Guatemaltekische Industrie- und Handelskammer/(Cámara de Comercio e Industria Guatemalteca-Alemana),
6a Av. 20–25, Zona 10, Edificio Plaza Maritima, 3. Stock, Apartado Postal 1163, Guatemala City, ✆ 0 05 02/(0)2/68 29 71

... in der Bundesrepublik

Institut für Touristik Guatemala, Spaldingstr. 1/IV, 2000 Hamburg 1, ✆ 0 40/23 26 91

(Repräsentant des guatemaltekischen Fremdenverkehrsamtes INGUAT)
Botschaft von Guatemala (s. S. 240)
Bundesstelle für Außenhandelsinformation, Postfach 10 80 07, 5000 Köln 1, ✆ 02 21/2 05 71
Dokumentationsleitstelle am Institut für Iberoamerika-Kunde, Neuer Jungfernstieg 21, 2000 Hamburg 36, ✆ 0 40/3 56 25 81
Arbeitsgemeinschaft Deutsche Lateinamerikaforschung, Godesberger Allee 149, 5300 Bonn 2, ✆ 02 28/88 31
Deutsche Stiftung für Internationale Entwicklung, Hans-Böckler-Str. 5, 5300 Bonn 3, ✆ 02 28/4 00 10
Sozialwissenschaftliche Studiengesellschaft Zentralamerika, Achtermannstr. 10–12, 4400 Münster, ✆ 02 51/51 13 25
Zentralamerika-Gesellschaft e. V., Brentanostr. 20, 5300 Bonn 1

Guatemala-Gruppen in der Bundesrepublik

Informationsstelle Guatemala, Oscar-Romero-Haus, Heerstr. 205, 5300 Bonn 1, ✆ 02 28/63 45 52
Informationsstelle Guatemala e. V., Maistr. 29, 8000 München 2, ✆ 0 89/53 66 25
Guatemala-Komitee Bonn, Frongasse 6, 5300 Bonn 1
Informationsstelle Guatemala, Friedrichstr. 25, 8000 München 40

Mittelamerika-Gruppen in der Bundesrepublik

Informationsstelle Lateinamerika e. V., Heerstr. 205, 5300 Bonn 1, ✆ 02 28/65 86 13 (Zeitschrift: ILA-Info)
Mittelamerika-Informationsdienst, Hanauer Landstr. 147–149, 6000 Frankfurt 1

Mittclamerika-Komitee, Schweffelstr. 6, 2300 Kiel (Zeitschrift: Mittelamerika-Magazin)
Forschungs- und Dokumentationszentrum Chile/Lateinamerika, Gneisenaustr. 2 (Mehringhof), 1000 Berlin 61, ✆ 0 30/6 93 40 29

... in Österreich

Lateinamerika-Institut, Postfach 3 34, 4010 Linz
Österreichisches Lateinamerikainstitut, Schmerlingplatz 8, 1010 Wien, ✆ 02 22/93 33 15 (Zeitschrift: Zeitschrift für Lateinamerika)
Österreichischer Informationsdienst für Entwicklungspolitik, Tuchlauben 8, 1010 Wien (Zeitschrift: Entwicklungspolitische Nachrichten aus Afrika, Asien, Lateinamerika)

Mittelamerika-Gruppen in Österreich

Lateinamerika-Komitee, Wiener Philharmoniker-Str. 2, 5020 Salzburg, ✆ 06 62/4 13 27
Informationsgruppe Lateinamerika, Münzwardeingasse 2, 1060 Wien, ✆ 02 22/56 34 68 (Zeitschrift: Lateinamerika anders Report)
Lateinamerikaforum Tirol, Universitätsstr. 3, 6020 Innsbruck, ✆ 0 52 22/2 24 18
Lateinamerika-Institut, Innrain 52, 6020 Innsbruck, ✆ 0 52 22/3 36 01–1 93

Kunsthandwerk

Das größte Angebot an Kunsthandwerksartikeln in Mittelamerika findet man in Guatemala. Grundlage sind u. a. handgewebte Stoffe in bezaubernden Farbtönen mit Indio-Motiven, aus denen Hemden, Schals, Röcke, Blusen, Tücher und andere Bekleidungsstücke hergestellt werden. Daneben gibt es Lederwaren, Arbeiten aus Holz und Ton, Jade- und Silberschmuck sowie Korbflechtarbeiten. Überall findet man eine große Vielfalt indianischer Muster. In Geschäften ist die Auswahl oft größer, dort gibt es Festpreise. Auf Märkten hingegen muß man handeln.

Märkte

Das Obst- und Gemüseangebot auf den Märkten ist sehr groß. Touristen sind immer wieder fasziniert von der Vielzahl wohlschmeckender tropischer Früchte. Man erhält außerdem Souvenirs, Kunsthandwerksartikel, Textilien, alle Lebensmittel, lebende Tiere und Waren aus zweiter Hand. In vielen Ortschaften finden an bestimmten Wochentagen Märkte statt, auf denen die Bevölkerung der umliegenden Dörfer lokale Produkte anbietet (vgl. Ortsbeschreibungen). In großen Städten bestehen permanente Mercados. Die Botschaft von Guatemala hält ein *Directorio de fiestas* bereit mit einer Liste aller täglichen und wöchentlichen Märkte. Große tägliche Märkte findet man u. a. in Guatemala City, Antigua Guatemala, Huehuetenango, Quetzaltenango und Santiago Atitlán.

Museen

Guatemala City

Nationalmuseum für Volkskunst
10a Av. 10-72, Zona 1
Di-Fr 9-16.30, Sa/So 10-12 u. 14-16 Uhr

Nationalmuseum für Moderne Kunst
No. 6 La Aurora, Zona 13
Mo-Fr 9-16, Sa/So 9-16 u. 14-16 Uhr

Nationalmuseum für Archäologie
No. 5 La Aurora, Zona 13
Di-So 9-16 Uhr

Antigua Guatemala

Museo Colonial
Universidad de San Carlos
5a Calle Oriente
Di-So 9-17 Uhr

Museo del Libro
Universidad de San Carlos
5a Calle Oriente
Di-So 9-17 Uhr

Museo Santiago
Palacio Municipal
Di-So 9-17 Uhr

Tikal

Museo Sylvanus G. Morley
Tikal, Petén
Di-So 9-17 Uhr

Öffnungszeiten

Banken: Mo-Fr 9-15 Uhr
Behörden: Mo-Fr 8-16.30 Uhr
Firmen: Mo-Fr 8-12 und 14-18 Uhr
Geschäfte: Mo-Sa 9-12 und 15-19 Uhr

Orientierung in Guatemala City

Die Anschriften (z. B. 10a Av. 10-72) sind nach folgendem System aufgebaut: Die erste Zahl nach dem Straßennamen bezeichnet die nächst kreuzende Calle oder Av., die folgende gibt die Meter von der Kreuzung an.

Post

Teilweise benötigt die Post mehrere Wochen bis Europa, deshalb sollte man wichtige Post lieber zurückreisenden Touristen mitgeben. Postämter sind im allgemeinen von 8–16.30 Uhr geöffnet. Das Porto für Postkarten beträgt ½ Quetzal. Luftpostsendungen sollen den Vermerk *correo aereo* tragen.

Paketsendungen müssen in einen festen Karton verpackt und mit Packpapier umwickelt werden. Versand auf dem Seeweg nur in Guatemala City. Luftpostpakete nur bis 2 kg (etwa 20 Quetzales). ›The Pink Box‹ in Antigua Guatemala (5 a Av. Norte 14) kümmert sich gegen einen geringen Aufpreis um Verpackung und Versand.

Preise

Das Preisniveau liegt deutlich unter dem europäischen. Insbesondere öffentliche Verkehrsmittel, Unterkunft im Mittelklassehotel, Essen und Trinken in landestypischen Restaurants sind ausgesprochen preiswert. 7% Mehrwertsteuer (IVA) sind gewöhnlich im Preis enthalten; in den Geschäften gibt es im allgemeinen Festpreise. Gehandelt wird auf den Märkten, am Strand und bei Straßenverkäufern.

Reisen in Guatemala

... mit dem Bus

Busfahren ist in Guatemala sehr preiswert. Die langen Strecken zwischen größeren Städten und zu den Grenzen werden auch von 1.-Klasse-Bussen bedient, die recht bequem sind und in denen man in der Regel einen festen Sitzplatz erhält. Kürzere Strecken werden nur von 2.-Klasse-Bussen befahren, in denen es enger ist (2 × 3 Personen pro Reihe), mit harten Sitzen und sehr kurzem Abstand zwischen den Bänken. Sie halten oft, sind immer überfüllt, meist überladen; die Fahrt kann zur Qual werden.

In Guatemala City fahren die Busse nach Norden u. a. von der Station ›Fuente del Norte‹, 17 a Calle 9–08 (Zona 1), täglich nach Flores (12–16 Std.) und Puerto Barrios (6 Std.). Busse nach Antigua: ›Orellano‹ in der 8 a Av. Die internationalen Busse fahren in der Zona 9, 4 a Av., z. B. Melva in der Nr. 1–20. Nach Huehuetenango und Quezaltenango mit ›El Condor‹, 19 a Calle 2–01 (Zona 1). Nach Panajachel, Sololá, Chichicastenango mit ›Rebuli‹, 20 a Calle 1–56 (Zona 1). Nach Chiquimula und Esquipulas (Weiterfahrt nach Honduras) mit ›Rutas Orientales‹, 10 Calle 8–18 (Zona 1).

Es ist ratsam, früh am Morgen an der Busstation zu sein, bei längeren Strecken die letzte Sitzreihe zu vermeiden, weil man über dem Motor sitzt. Wer aussteigen will, ruft *baja*.

Mit Kontrollen durch Militär oder Polizei muß immer gerechnet werden, bei denen alle Passagiere aussteigen müssen und das Gepäck durchsucht wird.

... mit der Eisenbahn

Das 900 km lange Streckennetz steht nur teilweise dem Personenverkehr zur Verfügung. Die Fahrt von Guatemala City nach Puerto Barrios an der Karibikküste dauert 12 Stunden bei 3 Abfahrten pro Woche, davon eine nachts. Die Strecke nach Zacapa (weiter nach San Salvador) wird zur Zeit nicht bedient, jedoch gibt es eine Verbindung von der Hauptstadt über Escuintla nach San José an der Pazifikküste (10 Std.). Die Strecke von Escuintla nach Tecún Umán an der mexikanischen Grenze wurde 1988 nicht befahren. Der Bahnhof liegt in Guatemala City in der Zona 1, 9a Av./18a Calle. Die Züge sind langsam, halten oft und lange, es gibt keinen Speisewagen, der Fahrpreis ist außergewöhnlich niedrig.

... mit dem Auto

Das eigene Auto läßt sich gegen Vorlage der internationalen oder US-Zulassung und des internationalen Führerscheins für 60 Tage einführen. Mehrere kleine Gebühren werden erhoben. Es ist ratsam, eine ausreichende Versicherung abzuschließen, was in Guatemala City möglich ist (außer Vollkasko). Versicherungspflicht besteht nicht.

Die Preise für Benzin sind in Guatemala niedriger als in Europa.

Reparaturen sind überall im Land an kleineren Werkstätten *(taller, mecánico)* möglich, Ersatzteile gibt es jedoch hauptsächlich in Guatemala City.

... mit dem Flugzeug

Inlandflüge gibt es nur zwischen Guatemala City und Flores im Petén, einfacher Flug ca. DM 80,-. Die Landebahn von Tikal wird im Charterverkehr bedient, ebenso Puerto Barrios, Lívingston und weitere Orte.

Aviateca, Guatemalas Fluglinie, und die kleinere Gesellschaft Aerovias (Flughafen La Aurora, Puerta No. 9, ☎ 02/32 56 86) bedienen die Strecke nach Flores täglich. Aeroquetzal und Tapsa bieten gelegentlich Charterflüge nach Tikal und Flores, Auskunft im Reisebüro oder im Flughafen La Aurora in Guatemala City.

Straßen

Etwa 3000 km geteerte Straßen zu allen touristisch interessanten Orten (außer Tikal/Flores). Schotterstraßen sind staubig, in der Regenzeit matschig bis unpassierbar. Daher bei Tankstellen *(gasolinera)* erkundigen! Verkehrszeichen sind mit internationalen Symbolen versehen und verständlich, auf dem Lande gelegentlich handgemalt. Schwellen *(túmulos)* sollen die Geschwindigkeit verringern, ALTO heißt STOPP.

Vorsicht: Vor Kurven wird gewöhnlich gehupt. Am Wochenende und während Fiestas muß immer mit betrunkenen Fußgängern gerechnet werden. Polizeiposten und Militär kontrollieren gelegentlich Autos. Daher internationalen Führerschein und Zulassung sowie Paß immer dabeihaben. In geparkten Fahrzeugen keine Wertsachen deponieren.

Leihwagen

In Guatemala City:
Avis, 12a Calle 1-73 (Zona 9), ☎ 02/31 69 90
Hertz, 7a Av. 14-76 (Zona 9), ☎ 02/31 24 21
Fahrzeuge sind nur in den Touristenorten erhältlich. Z. T. darf nicht jede beliebige Strecke befahren werden. Die Gebühren sind höher als in Mexiko, außerdem muß eine Geldsumme als Pfand hinterlegt werden. Unbedingt Versicherung (teilweise Fahrzeugversicherung möglich) abschließen!

Motorräder: Moto-Rental, 11a Calle 2-18 (Zona 9), Guatemala City, ☎ 02/6 14 16
Centro Internacional de Español, 4a Av. Norte/2a Calle Oriente, Antigua Guatemala, ☎ 03 20/7 48

Taxi

Taxis sind in Guatemala teurer und weniger häufig als im übrigen Mittelamerika. Sie haben kein Taxameter (Fahrpreis aushandeln) und stehen an festen Plätzen sowie vor großen Hotels. In Guatemala City kann es Zeit kosten, ein Taxi zu finden. Die Gebühr für eine Fahrt von den Hotels in der Zona 9 zum Zentrum (Zona 1) liegt bei ca. 10 Q.

Fähren und Boote

Regelmäßiger Fährverkehr besteht zwischen Puerto Barrios und Lívingston an der Karibikküste (2× tägl.), zwischen Panajachel und den übrigen Orten am Atitlán-See sowie zwischen El Estor und Mariscos am Lago Izabal. Die Fahrten sind sehr preiswert.

In den Orten an den Seen Izabal und Atitlán sowie in El Relleno (an der Brücke) und Lívingston am Río Dulce lassen sich Boote für Ausflüge mieten. Eine Fähre von Puerto Cortés (Honduras) verkehrt 2× pro Woche über Puerto Barrios und Lívingston weiter nach Punta Gorda (Belize).

Sprache

Obwohl Spanisch die offizielle Landessprache ist, verständigt sich ein Großteil der Indio-Bevölkerung in seiner jeweiligen ethnischen Sprache (ca. 20 unterschiedliche Indio-Sprachen), teilweise sind keine Spanischkenntnisse vorhanden. Englisch wird nur von wenigen verstanden, in Touristengegenden hauptsächlich vom Personal größerer Hotels und Restaurants.

Spanisch-Kurse

Hochburg der Sprachschulen ist *Antigua Guatemala*. Mehr als ein Dutzend zumeist kleinerer Sprachinstitute offerieren Kurse und vermitteln Unterkünfte bei einheimischen Familien. Angebote ab US-$ 80 pro Woche (5 Unterrichtsstunden täglich).

Cabaguil, 3 a Calle Oriente 19.
Centro Internacional de Español, 4 a Av. Norte/2 a Calle Oriente.
Tecún Umán Linguistic School, 6 a Calle Poniente 34.

Telefonieren

In Hotels muß bei internationalen Gesprächen mit einem kräftigen Aufschlag gerechnet werden. Inlandsgespräche in Hotels, Restaurants und den wenigen Telefonzellen sind preiswert.

Bei GUATEL, der nationalen Telefongesellschaft (in Guatemala City in der Zona 1, 7 a Av. 12–39), besteht ein 24-Std.-Service für Ferngespräche, 1 Minute nach Europa kostet ca. 15 Q.

Wichtige Rufnummern:
Polizei ✆ 120
Ambulanz (Rotes Kreuz) ✆ 125
Ambulanz ✆ 128
Ferngespräche ✆ 171
Auskunft Inland ✆ 124
Auskunft Inland ✆ 121 (Ferngespräche)
Telegrammaufnahme ✆ 127
Reklamationen ✆ 166

Unterkunft

Hotel-Preise sind in Guatemala höher als in den Nachbarländern, jedoch immer noch recht preiswert. In der 1. Kategorie kostet eine Übernachtung ab US-$ 50.–. In Häusern mit einem oder ohne Stern liegen die Preise zwischen DM 6 und 20, diese Unterkünfte haben jedoch oft nur ein Gemeinschaftsbad. Reizvoll sind die kolonialen Häuser mit großem Innenhof, Garten, Brunnen und Arkadengängen. Sie liegen in den Kategorien 2 bis 4 Sterne. Bei größeren Hotels werden 10% INGUAT-Steuern und 7% Mehrwertsteuer (IVA) zum Preis addiert, in kleineren sind diese meist im Übernachtungspreis enthalten. Preise müssen im Zimmer ausgehängt sein, bei Beschwerden kann man sich an INGUAT wenden.

Neben Hotels findet man **Gästehäuser** (casas de huéspedes), meist kleine Herbergen im Familienbetrieb und ohne bzw. mit einem Stern. Hier treffen sich vornehmlich jüngere Individualreisende.

Campingplätze sind in Guatemala selten. Man findet u. a. welche am Amatitlán-See, 30 km südwestlich der Hauptstadt, dort im UN-Park (nördlich) und südlich des Sees. Weitere Plätze gibt es bei Flores und in Tikal. Mit Wohnwagen kann man auf Hotelparkplätzen und bei Tankstellen übernachten.

Im folgenden nennen wir einige Hotels in ausgewählten Touristenorten; Klassifizierung:

*** gut und teuer, aber vernünftiger Gegenwert, Häuser mit 2 bis 4 Sternen, mehr als DM 40 pro Nacht im Doppelzimmer
** Mittelklasse, eigenes Bad/Dusche, DM ca. 20–40
* einfache Hotels und Gästehäuser, oft ohne eigenes Bad, DM ca. 10–20

Guatemala City

*** Pan American, 6a Av./9a Calle 5–63 (Zona 1), ℘ 02/2 68 07; 60 Zi., Nähe Hauptplatz.
** Posada Belén, 13 Calle A 10–30 (Zona 1), ℘ 02/2 92 26; 10 Zi., koloniales Dekor, sehr empfehlenswert.
* Colonial, 7a Av. 14–19 (Zona 1), ℘ 02/2 29 55; 42 Zi., kolonialer Stil.

Flores/Tikal

** Jungle Lodge, Tikal, ℘ 76 02 94, am Eingang zur archäologischen Stätte.
** Maya International, Flores, ℘ 0 81/23 52; 16 Hütten am See auf der Santa Elena-Seite in der Nähe des Damms.
* Petén, Flores, Westseite, ℘ 0 81/13 92; 22 Zi.

Atitlán-See

*** Atitlán, Panajachel, ℘ 0 62/14 41; 44 Zi., kolonialer Stil, 2 km vom Zentrum am See.
** Cacique Inn, Panajachel, ℘ 0 62/12 05; 30 Zi., am Stadtrand Richtung Sololá, Swimmingpool, Zimmer mit Kamin.
* Monterrey, Panajachel, ℘ 0 62/11 26; 30 Zi., am See.
Mayan Palace, Panajachel, ℘ 0 62/10 28; 24 Zi., an der Hauptstraße gelegen.

Chichicastenango

*** Santo Tomás, Santo Tomás, ℘ 0 56/10 61; 25 Zi., neues Haus in kolonialem Stil mit Kaminzimmern.
** Maya Inn, an der Plaza im Stadtteil Santo Tomás, ℘ 0 56/11 76; 2 schöne koloniale Häuser mit 30 antik möblierten Zimmern.
* Pension Chuquilá, 5 a Av. 5–24, ein koloniales Haus mit Patio und 23 Kaminzimmern.

Antigua

*** Posada de Don Rodrigo, 5 a Av. Norte 17, ℘ 03 20/2 91; koloniales Haus im Zentrum mit großem Patio, Gärten, Arkaden und antiken Möbeln; es handelt sich um die gut restaurierte Casa de los Leones (s. S. 207 f.).

** Aurora, 4a Calle Oriente 16, ℘ 03 20/ 2 17; ruhiges koloniales Haus mit Patio und 36 großen Zimmern.
* Pension El Arco, 5 a Av. Norte 28.

Lívingston

*** Tucán-Dugú, Izabal; Oficina Central: Guatemala City, Av. Reforma 13–70 (Zona 9), ℘ 02/3 22 28 61.

Zollbestimmungen

Gegenstände des persönlichen Gebrauchs können ohne Beschränkungen eingeführt werden, Geschenke bis zum Wert von 250 Q. Zollfrei sind 3 l Alkohol, 400 Zigaretten, 1 Kamera, 10 Filme. Die Abwicklung wird großzügig gehandhabt.

Honduras

Diplomatische Vertretungen

Die Beziehungen zwischen der Bundesrepublik Deutschland und der Republik Honduras sind als gut zu bezeichnen: Die BRD gehört zu den wichtigsten Abnehmern honduranischer Waren und ist umgekehrt eines der bedeutendsten Lieferländer.

In der entwicklungspolitischen Zusammenarbeit engagierte sich die BRD mit einer beträchtlichen Gesamtsumme, einen nicht rückzahlbaren Kredit von mehreren Millionen DM eingeschlossen.

... in der Bundesrepublik Deutschland

Botschaft von Honduras
Ubierstr. 1, 5300 Bonn 2, ℘ 02 28/35 63 94
Generalkonsulat
An der Alster 21, 2000 Hamburg 1,
℘ 0 40/2 80 22 05

... in Österreich

Honorarkonsulat
Breitenfurterstr. 380 a, 1235 Wien,
℘ 01/88 70 77

... in der Schweiz

Mission d'Honduras
6 Rue de Meyrin, 1205 Genf,
℘ 0 22/73 36 91

Diplomatische Vertretungen in Honduras

... der Bundesrepublik Deutschland

Botschaft in Tegucigalpa
Embajada de la República Federal de Alemania
Post: Apartado Postal 3145
Adresse: Edificio Paisén (3. Stock), Boulevard Morazán, Col. Palmira
℘ 0 05 04/32 31 61, 32 31 62

Honorarkonsulat in San Pedro Sula
Consul Honorario de la República Federal de Alemania
Post: Apartado Postal 588
Adresse: c/o Berkling Industrial S.A.
Carretera Puerto Cortés
℘ 0 05 04/53 12 44

... Österreichs

Generalkonsulat in Tegucigalpa
Consulado General de Austria
Col. Miramontes, Octava Av. Tegucigalpa
℡ 0 05 04/31 47 88

... der Schweiz

Botschaft in Tegucigalpa
Embajada de Suiza
Col. Alameda, 4 a Av./Calle 1811
℡ 0 05 04/32 62 39

Einreisebestimmungen

Deutsche, Österreicher und Schweizer benötigen für die Einreise nur einen gültigen Reisepaß; Sichtvermerk ist nicht erforderlich. Gelegentlich wird nach einer ausreichenden Geldmenge und dem Weiterreise-Ticket gefragt. Die Besucher müssen eine Touristenkarte ausfüllen (gegen eine geringe Gebühr), danach wird ihnen der Aufenthalt für 30 Tage gewährt. Eine Verlängerung um jeweils 30 Tage bis zu 6 Monaten ist ohne Visum möglich (Tegucigalpa, *Dirección General de Migración*).

Geschäftsreisende erhalten bei der Einreise am Flughafen eine Aufenthaltsgenehmigung von bis zu drei Monaten gegen eine Gebühr von etwa 10 US-$.

Eine Aufenthaltsgenehmigung über drei Monate für Geschäftsleute bzw. sechs Monate für Touristen hinaus kann von der zuständigen Behörde im Innenministerium (Población Migratoria, Ministerio de Gobernación) erteilt werden; diese ist gebührenfrei.

Der eigene PKW kann für einen Zeitraum von 3 Monaten zollfrei eingeführt werden.

Impf- und Gesundheitszeugnisse sind nicht erforderlich. Von Ärzten empfohlen wird generell eine Tetanusimpfung und bei Reisen in die Provinz und die Küstengebiete Hepatitis- sowie Malariaprophylaxe.

Feiertage

An den nachstehenden Feiertagen sind alle öffentlichen Einrichtungen geschlossen:

1. 1. Neujahr
Osterwoche Do–Sa (Feiern und Prozessionen)
14. 4. Amerika-Tag
1. 5. Tag der Arbeit
15. 9. Unabhängigkeitstag
3. 10. Geburtstag von Francisco Morazan
12. 10. Christoph-Kolumbus-Tag (Tag der Entdeckung Amerikas)
21. 10. Tag der Streitkräfte
25. 12. Weihnachten

Geld und Zahlungsmittel

Landeswährung ist die Lempira (1 L = 100 Centavos), eine der stabilsten Währungen des Kontinents, weil per Gesetz ihre Parität zum US-Dollar garantiert ist (1 L = 0,5 US-$).

Seit geraumer Zeit – wenn auch gemildert durch die derzeitige Schwäche des Dollars – wird die Parität der Lempira als nicht mehr realistisch angesehen. Da einerseits eine Abwertung aus politischen Gründen nicht vorgenommen wird, es andererseits aber gilt, den unkontrollierten Devisenabfluß zu verhindern, wurde 1980 eine Devisenkontrolle eingeführt. Folge: Der Schwarzmarktkurs liegt derzeit bei 2,5 L für 1 US-$.

Es empfiehlt sich die Mitnahme von US-$-Reiseschecks, da DM oder andere Währungen nicht überall bekannt sind. Sehr hilfreich sind auch kleine Dollar-Noten (bis zu 10 US-$-Scheinen), da man mit ihnen im ganzen Land bezahlen kann.

Informationsstellen

... in der Bundesrepublik Deutschland

Ibero-America Verein e. V.
Alsterglacis 8, 2000 Hamburg 36, ✆ 0 40/41 20 11

Bundesstelle für Außenhandelsinformation Postfach 10 80 07, Blaubach 13, 5000 Köln 1, ✆ 02 21/20 57–1

... in Mittelamerika

Ministry of Culture and Tourism (Instituto Hondureño de Turismo), Plaza la Merced, Apdo. 154-C, Tegucigalpa, ✆ 0 05 04/22 11 83

Deutsch-Guatemaltekische Industrie- und Handelskammer (Cámara de Comercio e Industria Guatemalteco-Alemana)
6 a Av. 20–25, Zona 10, Edificio Plaza Maritima, Apdo. 1163, Guatemala City, ✆ 00 50 2/(0)2/68 13 97, 68 29 71

Klima

Mehr als ein Drittel des Landes sind von tropischem Regenwald bedeckt, die Küstenebene des Moskito-Gebietes ist stark versumpft.

Ort Monat	La Ceiba NN	San Pedro Sula 80 m	Copán 1100 m	Tegucigalpa 1000 m
Durchschnittliche Lufttemperatur (°C)				
Februar	19	17	12	14
Juli	24	22	17	18
Niederschläge (mm)				
Februar	100	40	15	5
September	420	200	330	180

Öffnungszeiten

Banken: Mo–Fr 9–15 Uhr
Behörden: Mo–Fr 7.30–15 Uhr
Geschäfte: Mo–Sa 8–12 und 14–18 Uhr

Post

geöffnet Mo–Fr 7–20 Uhr, Sa 7.30–12 Uhr.
Porto: Postkarte per Luftpost nach Europa 0,80 L, Brief 1 L.

Preise

Die Preisentwicklung in Honduras wird wesentlich von der der importierten Güter bestimmt. Grundnahrungsmittel wie z. B. Mais, Bohnen, Brot, Obst und Gemüse sind relativ billig, zumal bei überdurchschnittlichen Inflationsraten die Regierung auch einen Preisstopp für diese Güter verfügen kann.

Alkoholische Getränke werden hoch besteuert, langlebige importierte Konsumgüter wie z.B. Elektrogeräte oder Autos unterliegen sehr hohen Zöllen.

Hinweise für Besucher, die sich länger in Honduras aufhalten wollen:

Bekleidung, insbesondere leichte Sommerkleidung aus Baumwolle, sollte mitgebracht werden, da das örtliche Angebot sehr begrenzt und qualitativ unbefriedigend ist.

Der Wohnungsmarkt ist beschränkt. In der Regel werden von Europäern Häuser angemietet, deren Mietverträge in US-Dollar abgeschlossen werden. Die Mieten in Tegucigalpa für einfachere Häuser beginnen bei 1200 L; für Einfamilienhäuser in besseren Wohngegenden werden ab 2500 L verlangt. Die Trinkwasserversorgung ist mangelhaft, Wasser muß gefiltert bzw. abgekocht werden. Der übliche Lohn für Hauspersonal ist relativ niedrig.

Reisen in Honduras

... mit dem Leihwagen

Benötigt werden der internationale Führerschein und eine Kreditkarte (um eine Kautionszahlung zu vermeiden). Die Gebühren sind relativ hoch: pro Tag ca. 50 US-$ bei *unlimited mileage*. Agenturen gibt es nur in Tegucigalpa und San Pedro Sula.

Leihwagenagenturen

Tegucigalpa:

Agencia Marinakys, Boulevard Suyapa, ✆ 32 25 10

Avis, Hotel Honduras Maya, ✆ 32 00 88

Blitz, Hotel La Ronda, ✆ 22 81 51

Budget, Aeropuerto Internacional de Toncontín, Comayagüela, ✆ 33 51 70

Margus, Colonia Rubén Dario Frente Campo Scout, ✆ 32 87 35 und in den Hotels Honduras Maya und Alameda

Molinari, 1a Av., 10 Calle Comayagüela, ✆ 22 40 91

Nacional, Barrio La Granja, Comayagüela, ✆ 33 26 53

San Pedro Sula:

Budget, Aeropuerto Internacional Ramón Villeda Morales, ✆ 56 22 67

Maya, 3a Av., 7–8 Calle 51, ✆ 52 26 70, 52 26 71 und Aeropuerto Internacional Ramón Villeda Morales, ✆ 56 24 63

Nacional, Hotel Copantl Sula, ✆ 53 21 08

... mit dem Bus

Reisen mit den (meist sehr alten) Überlandbussen ist billig und dauert lange:

z. B. Tegucigalpa – San Pedro Sula 4,5 Std.
San Pedro Sula – Copán 3,5 Std.

An allen Stopps bieten Straßenhändler ihre Produkte an, darunter auch Getränke.

... mit der Eisenbahn

Es gibt insgesamt drei Eisenbahnstrecken, die alle im karibischen Küstengebiet liegen. Ihr ca. 2000 km langes Schienennetz verbindet in erster Linie die Bananenanbaugebiete mit den

Ausfuhrhäfen Puerto Cortés, Tela und La Ceiba. Von der gesamten Streckenlänge steht nur etwa die Hälfte für die öffentliche Benutzung zur Verfügung; die andere Hälfte wird als private Plantagenbahn betrieben. Die Staatsbahn *Ferrocarril Nacional de Honduras* verbindet vor allem Puerto Cortés und Potrerillos.

... mit dem Flugzeug

Fast 30% der Besucher kommen mit dem Flugzeug, und angesichts der unzureichenden Landverbindungen spielt der Luftverkehr eine bedeutende Rolle. Die beiden internationalen Flughäfen Toncontín (Tegucigalpa) und Ramón Villeda (San Pedro Sula) haben mit einer Viertel Million Fluggäste das größte Verkehrsaufkommen, gefolgt von La Ceiba an der Karibikküste. Daneben gibt es 35 kleinere Flugplätze und ein paar Landepisten.

Die nationalen Fluglinien TAN (Transportes Aereos Nacionales, abgek.: TX) und SAHSA (Servicio Aero de Honduras, abgek.: SH) fliegen
4× tgl. von Tegucigalpa nach San Pedro Sula (Dauer: 30 Min.),
3× tgl. von San Pedro Sula nach La Ceiba (Dauer: 20 Min.),
2× tgl. von San Pedro Sula nach Roátan (Dauer: 1 Std. 15 Min.),
Fr, Sa, So einmal von Tegucigalpa nach La Ceiba (Dauer: 45 Min.).
Buchungen über
TAN/SAHSA, Av. Colon/4a Calle, ✆ 22 01 31 oder Toncontín-Airport, ✆ 33 33 33

Drei internationale Linien fliegen z. Z. Tegucigalpa an:
TACA (TA), Edificio Banfinan, ✆ 0 05 04/ 22 72 37, 22 72 38, TAN/SAHSA (TX, SH) s. o. und Eastern Airline (EA).

Sie verbinden die Hauptstadt
4× tgl. mit Belize City (TX und SH)
3× tgl. mit Miami (TX und EA)
2× tgl. mit Guatemala City (TA und SH)
3× tgl. mit San Salvador (TA, SH und EA)
1× tgl. mit Managua (SH)

... mit dem Schiff

Die Binnenschiffahrt beschränkt sich auf die Mündungsläufe der großen Flüsse an der Karibikseite des Landes. Die drei wichtigsten Seehäfen an der Karibikküste sind Puerto Cortés (hier wird über die Hälfte aller Exportgüter verschifft), sowie La Ceiba und Tela. Auf der pazifischen Seite wird Fracht in den Häfen von San Lorenzo und Amapala, beide im Golf von Fonseca, umgeschlagen.

Straßen

Wegen der abwechslungsreichen Landschaft, der schönen Strände an der karibischen und pazifischen Küste, der Maya-Ruinen und der Bauten aus der Kolonialzeit kommen jedes Jahr über 100 000 Touristen ins Land, die meisten aus Zentral- und Südamerika, ca. 20% aus den USA und nur 5% aus Europa.

Die meisten Besucher (ca. 60%) kommen auf dem Landwege, obwohl nur etwa 2000 km Straße asphaltiert und die Beschilderung generell sehr schlecht ist. Die *Carretera Panamericana* durchquert mit ca. 240 km Länge nur den Süden des Landes. Die Hauptstadt ist über die Atlantik-Pazifik-Straße mit Puerto Cortés am Karibischen Meer sowie San Lorenzo am Pazifik verbunden, und über Choluteca führt auch ein Fahrweg zur Grenze nach Nicaragua. Den wenigen Asphaltstraßen entspricht der Grad der Motorisierung. Mit 6 PKWs pro 1000 Einwohner gehört Honduras weltweit zu den Staaten mit dem niedrigsten Fahrzeugaufkommen.

Sprache

Landessprache ist Spanisch. Nur in Tegucigalpa, in Puerto Cortés und auf den Islas de la Bahía (Bay Islands) kann man sich manchmal in Englisch verständigen.

Im Landesinneren werden verschiedene indianische Sprachen gesprochen.

Unterkunft

Ein ausreichendes Angebot an Hotels europäischen Standards gibt es nur in der Hauptstadt, in San Pedro Sula sowie auf den karibischen Islas de la Bahía, z.B. auf den Inseln Roatán, Utila und Guanaja.

Tegucigalpa

Honduras Maya, Av. República de Chile, Colonia Palmira, ∅ 32 01 91/95
EZ 70 US-$, DZ 100 US-$
Holiday Inn Plaza, Calle Peatonal, ∅ 22 61 10
EZ 50–60 US-$, DZ 80 US-$
Alameda, Boulevard Suyapa, ∅ 32 68 74
EZ 45 US-$, DZ 60 US-$
La Ronda, Av. Jerez 1104, ∅ 22 81 51–54
EZ 50 US-$, DZ 60 US-$
Prado, Av. Cervantes, ∅ 22 01 21–27
EZ 50 US-$, DZ 55 US-$
Istmania, Barrio los Dolores, ∅ 22 16 38–39
EZ 40 US-$, DZ 50 US-$

San Pedro Sula

(Preise: EZ 16–24 US-$, DZ bis zu 30 US-$)
Copantl Sula, Carretera a Chamelecón, ∅ 53 21 08, 53 41 70
Gran Hotel Sula, 1a. Calle, 3–4 Av., ∅ 53 48 11

Bolivar, 2a. Calle, 2a. Av., N.O. 8, ∅ 53 32 18, 53 81 11
San Pedro, 1–2 Av., 3a. Calle, S.O., ∅ 53 15 13, 53 40 14
Suite Los Andes, Av. Circunvalación, ∅ 53 44 25, 53 40 14

Copán

(Preise: EZ 25 US-$, DZ 30 US-$)
Marina, Barrio El Centro Copán

Die **Islas de la Bahía,** die Bay Islands, sind der karibischen Küste in Entfernungen zwischen 50 bis 100 km vorgelagert und ein ideales Tauch- und Badegebiet. Man erreicht sie per Schiff von La Ceiba oder per Flugzeug von San Pedro Sula (Flugplatz nur auf der Insel Roatán). Sportangebot und Preise werden von US-amerikanischen Touristen bestimmt: DZ in den meist sehr kleinen Hotels zwischen 40 und 60 US-$.

Insel Utila

Trudy's Hotel, 20 Zi.
Captain Spencer, 8 Zi.
Sonny's Villa, 6 Zi.

Insel Roatán

Anthony's Key Resort, Sandy Bay, ∅ 32 69 70; 50 Zi.
Pirate's Den Resort, Sandy Bay, ∅ 42 27 52; 34 Zi.
Roatán Lodge, Port Royal Harbour, ∅ 42 03 02; 10 Zi.
Cay View, Coxen Hole, ∅ 22 14 60; 15 Zi.
Caribbean Sailing Yachts Club, French Harbour, ∅ 32 69 70; 10 Zi.
Reef House Resort, Oak Ridge; 15 Zi.
Buccaneer Inn, French Harbour; 15 Zi.

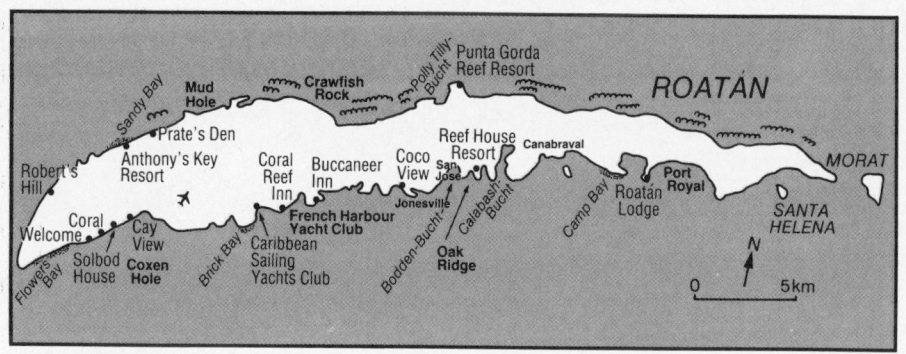

Die Insel Roatán

Coco View, Jonesville; 20 Zi.
Solbod House, Coxen Hole; 8 Zi.

Insel Guanaja

Posada del Sol; 16 Zi.
Bayman Bay Club; 8 Zi.
Harry Carter; 7 Zi.
Miller, ☏ 22 47 43; 16 Zi.

Insel Barbareta

Barbareta Beach Club; 24 Zi.

Zollbestimmungen

Seit dem Beitritt Honduras' zum Gemeinsamen Zentralamerikanischen Markt (Mercado Común Centroamericano – MCCA) unterliegen alle eingeführten Waren dem ›Zentralamerikanischen Einfuhrzolltarif‹; er beträgt durchschnittlich 10%. Um in Honduras den nationalen und internationalen Handel zu fördern, wurde in Puerto Cortés eine Zollfreizone geschaffen, in der die Waren und Unternehmen von Abgaben befreit sind. Alle importierten Güter sind somit in Puerto Cortés billiger als anderswo im Land.

Keinerlei Zollabgaben unterliegt das persönliche Reisegepäck, wozu auch eine Schreibmaschine, ein Tonbandgerät und ein Radio zählen. Darüber hinaus dürfen Geschenke bis zu einem Wert von US-$ 50,– zollfrei eingeführt werden.

Diplomatische Vertretungen

Belize unterhält in der Bundesrepublik Deutschland, Österreich und der Schweiz keine Botschaften oder Konsulate. Das Land wird in diesen Staaten repräsentiert durch die diplomatischen Vertretungen Großbritanniens, die auch die Visa ausstellen.

... in der Bundesrepublik Deutschland

British Embassy
Friedrich-Ebert-Allee 77
5300 Bonn 1
✆ 02 28/23 40 61

Von den britischen Konsulaten in der Bundesrepublik ist z. Z. das in Düsseldorf für Belize-Visa zuständig:
British Consulate General
Georg-Glock-Str. 13 (Nordsternhaus)
4000 Düsseldorf 30
✆ 02 11/4 37 4 55

... in Österreich

British Embassy
Jaurisgasse
1030 Wien
✆ 01 /7 13 15 75

... in der Schweiz

British Embassy
Thunstr. 50
3005 Bern
✆ 0 31/44 50 21

Diplomatische Vertretungen in Belize

Deutschland, Österreich und die Schweiz unterhalten keine Botschaften in Belize.

Honorarkonsulat der Bundesrepublik Deutschland
c/o Texaco Belize Ltd.,
6 Regent Street
P.O. Box 627
Belize City
✆ 0 05 01/7 26 05, 7 26 10

Übergeordnete Deutsche Auslandsvertretung: Botschaft in Kingston, Jamaika

Wichtige Botschaften in Belize

USA: Belize City, 20 Gabourel Lane; ✆ 0 05 01/(0)2/7 71 61
Großbritannien: Belmopán, Embassy Square; ✆ 0 05 01/(0)8/7 21 46–7
Mexiko: Belize City, 20 Park Street; ✆ 0 05 01/(0)2/4 43 01–4 53 67

Einreisebestimmungen

Nur wenige Nationalitäten benötigen für einen Aufenthalt in Belize ein Visum, darunter auch Deutsche, Österreicher und Schweizer.

Das Visum (für maximal drei Monate Aufenthalt) erhält man bei

Belize High Commission
15 Taylor Street

London W 1

✆ 01/4 86 83 81

oder bei den diplomatischen Vertretungen Großbritanniens in der BRD, in Österreich und in der Schweiz. Es kostet DM 50,–, Bearbeitungszeit ca. 4 Wochen.

Wer sich erst in Mexiko für einen Belize-Besuch entscheidet, wendet sich an die
Britische Botschaft
Río Lerma 71
Mexico City
Bearbeitungszeit: 24 Std.

Gelegentlich verlangen die Grenzbeamten auch die Vorlage des Rück- bzw. Weiterflug-Tickets, bei Rucksackreisenden zusätzlich manchmal einen ausreichenden Geldbetrag zur Begleichung der Aufenthaltskosten (Regelsatz: 20 US-$ pro beabsichtigtem Aufenthaltstag).

Feiertage

1. 1.	Neujahrstag
9. 3.	Baron Bliss-Gedenktag
Karfreitag bis Ostermontag		
1. 5.	Tag der Arbeit
24. 5.	Commonwealth-Tag
10. 9.	St. George's Caye-Gedenktag
21. 9.	Tag der Unabhängigkeit
12. 10.	›Kolumbus‹-Tag (Tag der Entdeckung Amerikas)
25./26.12.	Weihnachten

Geld und Zahlungsmittel

Der Wechselkurs des Belize-Dollars (BD, Bz-$) ist fest an den US-amerikanischen Dollar gebunden: 1 US-$ = 2 Bz-$.

Die Wechselkurse für DM, Schilling oder Franken unterliegen demzufolge ihren Paritätsschwankungen zu der US-Währung.

In Belize gibt es viele private Geldwechsler, aber keinen Schwarzmarkt. US-$ werden fast überall als Zahlungsmittel akzeptiert.

Gesundheit

Malaria-Prophylaxe wird dringend empfohlen, Insekten- und Sonnenschutzmittel sind unerläßlich. Leitungswasser ist nicht zum Trinken geeignet. Seuchen oder Epidemien sind in Belize völlig unbekannt.

Die medizinische Versorgung ist zufriedenstellend. In den großen Städten gibt es Fachärzte und kleine Krankenhäuser, in Belize City zwei große Hospitäler.

Informationsstellen

... in der Bundesrepublik

Belize Tourist Board, The West India Committee
Lomerstraße 28, 2000 Hamburg 70
✆ 0 40/6 95 88 46

Caribbean Adventure
Denis S. Lyons
Lokstedter Weg 29, 2000 Hamburg 20
✆ 0 40/4 60 33 27

... in Belize

Belize Tourist Bureau
P.O. Box 325
53 Regent Street
Belize City, Belize, C.A.
✆ 0 05 01/(0)2/7 72 13

Klima

Belize liegt im Bereich der Tropen unter ständigem Einfluß des Nordostpassats, der hohe Feuchtigkeit bei beständig wehender Brise heranbringt. Deutlich wirkt sich eine Regenzeit von Mai bis November und eine winterliche Trockenheit von Dezember bis April aus. Die beständig hohen Temperaturen schwanken zwischen 24 °C (Januar) und 34 °C (September), die Wassertemperatur liegt im Jahresmittel bei 29 °C.

Preise

Belize ist das teuerste aller zentralamerikanischen Reiseländer; insbesondere die Übernachtungspreise sind hoch.

Reisen in Belize

... mit dem Bus

Die preiswerteste Fortbewegungsart auf dem Festland ist das Busfahren; eine Eisenbahn gibt es nicht. Alle größeren Städte werden mehrmals täglich angefahren, auch die Grenzorte nach Guatemala und Mexiko.

Verbindungen von Belize City nach Norden über Orange Walk und Corozal bis ins mexikanische Chetumal: Täglich zur vollen Stunde von 4 bis 18 Uhr, Preis: ca. 7 Bz-$, Abfahrtsstation: Büro der Busgesellschaft.
Batty's Bus Service, 54 East Collet Canal Street; ✆ 02/2 02 25 (Abfahrt 4, 6, 8, 10, 12, 13, 15, 17 Uhr)
Venus Bus Line, Magazine Road; ✆ 02/7 33 54
   (Abfahrt 5, 7, 9, 11, 14, 16, 18 Uhr)

Verbindungen von Belize City nach Süden bis Punta Gorda:
   Tgl. 10 Uhr, Preis: ca. 17,– Bz-$, Abfahrtsstation: Z-Line Bus Service, Magazine Road.
Weitere Busse: Mo bis Sa 9 Uhr, Di, Mi und Fr 6 Uhr. Abfahrtsstation: James Bus Service, Pound Yard.

Verbindungen von Belize City nach Westen über Belmopán, San Ignacio, Benque Viejo bis ins guatemaltekische Melchor de Mencos (Grenzstadt) und weiter über Tikal und Flores nach Guatemala City: Täglich nahezu im Stundentakt zwischen 6.30 und 17.30 Uhr, Preis: ca. 6,– Bz-$ bis Benque Viejo; Abfahrtsstation: Büro Batty's Bus Service, s. o.

... mit dem Auto

Erforderlich: Internationaler Führerschein und Haftpflichtversicherung.

Mit dem eigenen Wagen nach und in Belize zu fahren setzt ein nahezu reparatur- und wartungsfreies Fahrzeug voraus. Denn Ersatzteile für europäische Fabrikate lassen sich, wenn überhaupt, nur mit großen Schwierigkeiten und zudem sehr teuer beschaffen. Darüber hinaus kann es Schwierigkeiten mit dem Zoll und der ablaufenden Aufenthaltserlaubnis geben.

... mit dem Flugzeug

Der Flughafen Stanley International liegt 15 km nordwestlich von Belize City (Taxi in die Stadt: ca. 25,– Bz-$, Bus: ca. 2,– Bz-$; kommt aus Corozal).

Die staatliche Fluggesellschaft MAYA Airways und die private Fluggesellschaft Tropic Air fliegen regelmäßig mit kleinen Maschinen von Belize City nach Corozal, Punta Gorda, San Pedro auf Ambergris Caye und zum Caye Chapel.

Maya Airways, 6 Forth Street, ✆ 02/7 23 12
Tropic Airways, ✆ 02/4 56 71

International ist Belize City mit allen Hauptstädten Mittelamerikas außer Mexiko und Guatemala City verbunden.
Die **Departure Tax** beträgt bei internationalen Flügen 20,– Bz-$.

Fluggesellschaften in Belize City:
TACA, 41 Albert Street; ✆ 0 05 01/(0)2/ 77185, 773 63
TAN/SAHSA, Queen Street/New Road; ✆ 0 05 01/(0)2/7 70 80, 7 20 57

... mit dem Schiff

Täglich verkehren Motorboote zwischen Belize City und Caye Caulker; die Abfahrtzeiten ändern sich. Empfehlenswerter Service: Jan's Station (Shell), 73 North Front Street. Preis: ca. 15, Bz-$ für eine Fahrt.

Di und Fr fährt um 15 Uhr eine Fähre von Punta Gorda nach Puerto Barrios; Preis: etwa 8 US-$ pro Person. Buchen bei Carlos Godoy, Middle Main Street, Punta Gorda.

Straßen

Belize verfügt über ein bescheidenes Straßennetz; Schotterstraßen überwiegen, nur die vier Highways mit insgesamt ungefähr 700 km sind geteert: der **Northern Highway,** der Belize City mit der mexikanischen Grenze verbindet; der **Western Highway,** der von Belize City über Belmopán zur guatemaltekischen Grenze führt (Achtung: die Strecke von San Ignacio bis Benque Viejo ist eventuell noch immer nur eine Schotterstraße), der **Southern Highway,** der Dangriga mit Punta Gorda verbindet, und der **Humming bird Highway,** wie die Verbindung zwischen Belmopán und Dangriga genannt wird.

Von nahezu allen kleinen Städten und Dörfern führen Verbindungen zu einem dieser Highways.

Entfernungen von Belize City

nach Westen:
Belmopán 84 km
San Ignacio 116 km
Benque Viejo 130 km
Grenze zu Guatemala 132 km

nach Norden:
Orange Walk 104 km
Corozal 154 km
Grenze zu Mexiko 166 km
Chetumal 169 km

nach Süden:
Punta Gorda 330 km

Leihwagen

Mietwagen sind meist alt und relativ teuer (pro Tag: bis zu 120 Bz-$). Agenturen gibt es nur in Belize City:
Royal Rental, 5 Berkeley St.; ✆ 02/7 30 63, 02/7 27 59
Smith and Sons, 125 Cemetery Road; ✆ 02/ 7 37 79
Elijah Sutherland, 127 Neal Pen Road; ✆ 02/7 35 82
S and L Tours, 69 West Collet Canal; ✆ 02/ 7 30 62

Taxi

Einen geregelten Taxiservice gibt es nur in der Hauptstadt Belmopán und in Belize City. In Belize City kostet jede Fahrt innerhalb der Stadtgrenzen ca. 2 Bz-$ pro mitfahrende Person.

Sammeltaxis verkehren zwischen acht größeren Städten des Landes. Abfahrt in Belize City vor dem Central Market am Houlover Creek. Preise: ca. 50% teurer als die Busse.

Reisebüros

Wer Flüge und Rundreisen von Belize City aus nicht selbst organisieren will, dem seien folgende Reisebüros empfohlen:

Mopán Tours, 55 Regent Street; ✆ 02/7 73 51, 02/7 33 56

Royal Tours, 5 Berkeley Street; ✆ 02/7 30 63, 7 27 59

S and L Tours, 69 West Collet Canal; ✆ 02/7 30 62

Caribbean Holidays, 81 Albert Street; ✆ 02/7 25 93, 7 31 31

Universal Travel Service, 13 Handyside Street; ✆ 02/4 51 48, 4 51 05

Global Travel Service, 41 Albert Street

Sicherheit

Schwere und gewalttätige Kriminalität ist äußerst selten, kleine Diebstahldelikte, die oft von Ausländern begangen werden, mehren sich.

Die belizianische Polizei trägt keine Waffen.

Sprache

Amts- und Landessprache ist Englisch (›kreolisches Englisch‹), das überall verstanden wird. Spanisch ist weit verbreitet.

Unterkunft

In Belize gibt es ca. 200 Hotels aller Kategorien, allein 40 davon in Belize City. Eine Übersicht mit Anschriften und Preisen erhalten Sie beim Belize Tourist Bureau.

Übernachten ist in der Regel teuer, für eine Unterkunft der Mittelklasse muß man ca. 60–100 Bz-$, für eine ›preiswerte‹ Bleibe ca. 20–40 Bz-$ aufbringen. In San Pedro (Ambergris Caye) liegen die Preise um 50% höher.

Belize City

gut und teuer

Bellevue Hotel, 5 Southern Foreshore; ✆ 02/7 70 51 (DZ US-$ ca. 72)

Château Caribbean, 6 Marine Parade; ✆ 02/4 52 57 (DZ US-$ ca. 40)

Fort George Hotel, 2 Marine Parade; ✆ 02/7 74 00 (DZ US-$ ca. 100); Buchung in der BRD unter 02 11/36 99 03 möglich.

Villa Hotel, 13 Cork Street; ✆ 02/4 57 43, 4 57 55 (DZ US-$ ca. 40)

Mittelklasse

Belize Airport Hotel, 9 Mls. Northern Highway; ✆ 02/7 20 49 (DZ US-$ ca. 25)

Bliss Hotel, 1 Water Lane; ✆ 02/7 25 52, 7 33 10 (DZ US-$ ca. 24)

Four Fort Street Hotel, 4 Fort Street; ✆ 02/4 56 38 (DZ US-$ ca. 30)

Hotel Mona Lisa, 4 Regent Street; ✆ 02/34 00 (DZ US-$ ca. 22)

Hotel Mopán, 55 Regent Street; ✆ 02/73 51 (DZ US-$ ca. 32)

preiswert

Sea Side Guest House, 3 Prince Street

Riverside Hotel, 44 Regent Street West, am Creek; ✆ 02/34 11 (DZ US-$ ca. 10)

Riverview Hotel, 25 Regent Street West, am Creek; ✆ 02/33 92 (DZ US-$ ca. 10)

Corozal

Hotel Maya, am südlichen Stadteingang; ✆ 04/20 82 (DZ US-$ ca. 20)

Tony's Inn, am Strand; ✆ 04/20 55 (DZ US-$ ca. 25)

Dangriga

Pelican Beach Motel, Scotchman Town; ✆ 05/2004 (DZ US-$ ca. 80)

preiswert:
Camelon Central, 1198 Commerce Street; ✆ 05/2008 (DZ US-$ ca. 12)
Catalina Hotel, 35 Ceder Street (DZ US-$ ca. 10)
Riverside Hotel, 135 Commerce Street (DZ US-$ ca. 15)

Punta Gorda

In Punta Gorda gibt es 8 Hotels; die Stadt hat die Vorwahl 07.

gut und teuer
Mira Mar Hotel, 95 Front Street; ✆ 2033 (DZ US-$ ca. 40)
St. Charles Inn, 21 King Street; ✆ 2046, 2149 (DZ US-$ ca. 30)

preiswert
Hotel Isabel, Front Street (DZ US-$ ca. 11)
Mahung's Hotel, 11 Main Street (DZ US-$ ca. 11)
Verdes Guest House, 22 Main Middle Street (DZ US-$ ca. 10)

San Ignacio

San Ignacio Hotel, Buena Vista Road; ✆ 092/ 2034, 2125 (DZ US-$ ca. 25)

preiswert:
Hotel Belmoral, 24 Burns Av. (DZ US-$ ca. 12)
Maya Mountain Lodge (1 km Abzweig von Belmopán Road) 6 Christ Rey Road; ✆ 092/ 2164 (DZ US-$ ca. 10)

San Pedro/Ambergris Caye

In San Pedro (Vorwahl: 025) gibt es ca. 30 Hotels und Pensionen, alle ausnahmslos klein (zwischen 3 und 15 Zimmern).

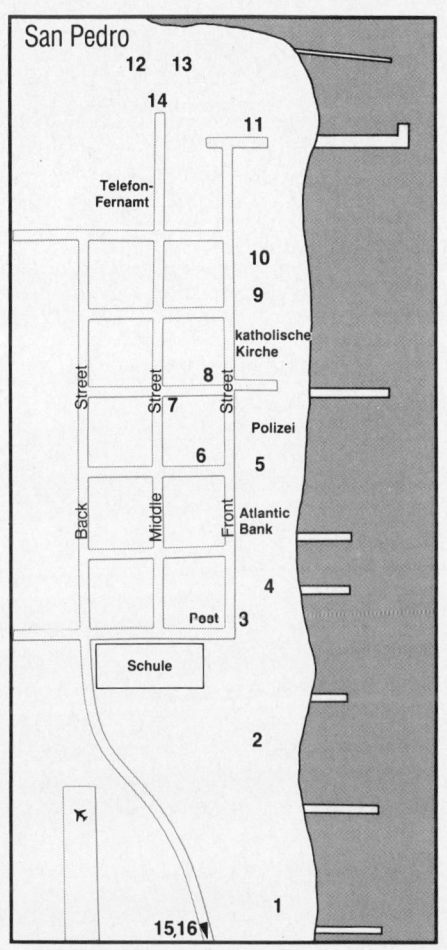

San Pedro/Ambergris Caya

Hotels

1 Ramon's Reef Resort 2 Sun Breeze Hotel 3 Rubies Hotel 4 San Pedro Holiday Hotel 5 Spindrift Hotel 6 Sands Hotel 7 Martha's Hotel 8 Barrier Reef Hotel 9 Ambergris Lodge 10 Lily's Caribena Hotel 11 Paradise Hotel 12 El Pescador Hotel 13 Captain Morgan's Retreat 14 Journey's End Caribbean Club 15 Victoria House 16 Hide a Way Lodge

gut und teuer:

Ambergris Lodge; ✆ 20 57 (DZ US-$ ca. 50)
Captain Morgan's Retreat (DZ US-$ ca. 60)
El Pescador Hotel; ✆ 72 15 (DZ US-$ ca. 60)
Journey's End Caribbean Club; ✆ 21 73 (DZ US-$ ca. 100)
Ramon's Reef Resort; ✆ 20 71 (DZ US-$ ca. 100)
San Pedro Holiday Hotel; ✆ 20 14 (DZ US-$ ca. 75)
Sun Breeze Hotel; ✆ 20 58 (DZ US-$ ca. 60)
Victoria House; ✆ 20 67 (DZ US-$ ca. 100)

Mittelklasse:

Barrier Reef Hotel; ✆ 20 75 (DZ US-$ ca. 24)
Hide a Way Lodge & Apartments; ✆ 21 41 (DZ US-$ ca. 35)
Paradise Hotel; ✆ 20 83 (DZ US-$ ca. 40)
Sands Hotel Apartments (DZ US-$ ca. 40)
Spindrift Hotel; ✆ 21 74 (DZ US-$ ca. 20)

preiswert:

Coral Beach Hotel; ✆ 20 13 (DZ US-$ ca. 20)
Lily's Caribena Hotel; ✆ 20 59 (DZ US-$ ca. 18)
Martha's Hotel; ✆ 20 53 (DZ US-$ ca. 15)
Rubies Hotel; ✆ 20 63 (DZ US-$ ca. 10)

Caye Caulker

Seit Jahren bevorzugt von US-amerikanischen Rucksackreisenden, immer sehr über-laufen, aber beständig ›in‹. Es gibt nur kleine Pensionen (ca. 20) mit sehr bescheiden ausgestatteten Zimmern; die Preise liegen zwischen 8 und 12 US-$ pro Person. Das ›Leben‹ spielt sich im Freien ab.

Die Insel Caye Caulker hat die ✆ 4 43 07 und 4 59 37, die Pensionen sind nur über ›Extensions‹ zu erreichen.

Edit's Hotel, kein Telefon
Hide Way Hotel, Ext. 103
Hotel Maria, Ext. 110
Hotel Martinez, Ext. 113
Lena's Hotel, Ext. 106
Tom's Hotel, Ext. 102
Vegas Far Inn, Ext. 142

Zollbestimmungen

Touristen unterliegen den üblichen Bestimmungen, deren Einhaltung aber kaum überprüft wird: Zollfrei ist Persönliches aller Art, außerdem 200 Zigaretten, 1 l Alkohol, 1 Flasche Parfüm und Geschenke im Werte bis zu 200 Bz-$.

Register

Orte

DuMont Kunst-Reiseführer

»Richtig reisen«